现代文献检索与利用

曾忠俊　著

吉林出版集团股份有限公司｜全国百佳图书出版单位

图书在版编目（CIP）数据

现代文献检索与利用 / 曾忠俊著. -- 长春：吉林出版集团股份有限公司, 2021.2

ISBN 978-7-5581-9829-8

Ⅰ. ①现… Ⅱ. ①曾… Ⅲ. ①文献检索与利用—职业学校—教材 Ⅳ. ①G254.97

中国版本图书馆CIP数据核字(2021)第033627号

现代文献检索与利用

XIANDAI WENXIAN JIANSUO YU LIYONG

作　　者：曾忠俊　著
责任编辑：何　武　杨　帆
开　　本：889mm×1194mm　1/16
字　　数：321千字
印　　张：13.25
版　　次：2022年6月第1版
印　　次：2022年6月第1次印刷
出　　版：吉林出版集团股份有限公司
发　　行：吉林音像出版社有限责任公司
　　　　　吉林北方卡通漫画有限责任公司
地　　址：长春市南关区福祉大路5788号
邮　　编：130062
电　　话：0431-81629660
印　　刷：三河市嵩川印刷有限公司

ISBN　978-7-5581-9829-8　　　　定价：48.80元

前言

PREFACE

信息技术进步速度非常快，数年前没有数字图书馆，云图书馆、移动图书馆、学习中心和远程访问等实用技术和数据库，现在这些技术和数据库已经比较成熟并被广泛应用，但目前还没有与之配套的教材和参考书，为填补这一空白，我们组织行业专家及各校一线教师编写了这本《现代文献检索与利用》教材。以求把时代最前沿的文献资源和检索工具介绍给读者。

我们深知，能够利用图书馆的知识去解决学习和工作中遇到的问题是一种获取知识的能力，而拥有获取知识的能力比掌握知识本身更为重要。任何人、在任何时间、任何地点，获取任何图书馆的任何文献资源是我们所有人的美好愿望。

为此，本书在编写方法上力图将概念、原理和实践三方面相结合，除了介绍简单的、先进的文献检索方法外，还通过“把复杂的工具简单用”的尝试，使深奥的文献检索简单化；在检索实践环节，通过图文并茂的方式，使读者一目了然，一看自明。其具体内容包括：图书馆概述、数字图书馆、文献信息检索方法、数字图书及检索、常用国内数据库、数字特种文献及检索、电子图书、云图书馆、怎样写作毕业论文。

本书可作为高等学校本科、专科学生信息素养教材，也可作为查找文献资料的相关人员的参考用书。

为了使概念准确，我们查阅了《中国大百科全书:图书馆学情报学档案学》部分数据库，参考和借鉴了大量的相关中文书刊和网站，由于篇幅所限，我们未能一一列出所有参考文献，在此对未能列出的参考文献作者表示深深的歉意和诚挚的谢意。

前言

限于编者的学识、水平、能力和时间，本书难免有疏漏和错误，恳请各位专家、学者和广大读者批评指正，以便在本书修订时加以补充、更正和完善。

编　者

目录

CONTENTS

模块一　图书馆概述　1

任务 1　图书馆及其构成要素　1

任务 2　图书馆的性质　3

任务 3　图书馆的职能　5

任务 4　图书馆的类型　8

任务 5　图书馆文献概述　13

任务 6　文献发展简史　18

任务 7　图书馆文献的分类　24

任务 8　图书馆文献的排架　27

任务 9　图书馆目录概述　31

任务 10　图书馆目录的类型　34

模块二　数字图书馆　40

任务 1　数字图书馆概述　40

任务 2　数字图书馆的建设　45

任务 3　数字文献资源　61

模块三　文献信息检索方法　77

任务 1　文献检索途径　77

任务 2　文献检索方法　82

任务 3　文献检索程序　86

任务 4　检 索 语 言　90

任务 5　文献信息检索步骤　96

任务 6　检索效果评价　97

模块四　数字图书及检索　99

任务 1　超星数字图书馆及检索　99

任务 2　Apabi 数字资源平台　115

目录

任务 3　书生数字图书馆　117

模块五　常用国内数据库　120

任务 1　国内主要数据库　120

任务 2　其他数据库　132

模块六　数字特种文献及检索　136

任务 1　使用读秀平台检索特种文献　136

任务 2　使用 CNKI 检索特种文献　139

任务 3　使用万方平台检索特种文献　144

任务 4　其他特种文献资源检索　149

任务 5　特种文献查询网站　152

模块七　电子图书　156

任务 1　电子图书简介　156

任务 2　国内的中文电子图书系统　157

任务 3　电子图书的使用　161

模块八　云图书馆　166

任务 1　云计算概述　166

任务 2　云计算技术在图书馆中的应用　170

任务 3　百链云图书馆　176

模块九　怎样写作毕业论文　195

任务 1　毕业论文的特点和类型　195

任务 2　毕业论文的格式与要求　198

任务 3　毕业论文的写作方法　202

参考文献　206

模块一　图书馆概述

任务1　图书馆及其构成要素

一、图书馆的定义

“图书馆”英文为Library，含义为藏书之所，来源于拉丁文的“Liber”（图书）一词。我国古代图书馆先后有府、宫、阁、观、院、斋、楼等称谓，一般通称为“藏书楼”。后经日本在中国唐代时多次派遣“遣唐使”，经过对中国文化的长期学习，将中国文化中的“图书”和存放、保存图书处所的“馆”相结合，在19世纪末“图书馆”一词由日本传入我国，并见诸于报刊。最早正式使用这个名称的是1904年建立的湖北省和湖南省图书馆。

现代图书馆的定义为：图书馆是收集、整理、保存、研究和开发、传递文献资料信息，并为读者及社会提供利用的科学文化教育和信息服务机构。在这一概念中，包括以下4个内容：图书馆的工作对象——文献信息和读者；图书馆的工作程序——对信息进行收集、整理、保存、研究和开发、传递；图书馆活动的目的——提供利用与服务，以用为主；图书馆的性质——学术性、文化性、教育性和服务性。

文献收集是整个图书馆业务工作的基础，它直接影响着图书馆的服务质量和业务水平。文献收集应采取科学的方法，在了解本馆馆藏的情况下，通过多种途径（如购买、复制和交换等）补充馆藏，以便建立具有特定功能的藏书体系。

文献整理。对于刚到馆的文献，是不能被广大读者利用的。这些文献必须经过整理，包括分类、主题标引、著录和目录组织等，才能被读者利用。

文献保存。主要包括书库划分、图书排列、馆藏清点和文献保护等内容。其中，书库划分的中心内容是馆藏组织，即对馆藏文献进行合理布局，组织各种的文献库，以便保管和利用图书文献。

文献研究和开发。包括对馆藏文献的内容及其物质形态进行研究，将其中具有价值的文献信息开发出来，以便供读者及社会利用。

文献传递。即图书馆服务（或称读者工作），是指图书馆利用馆藏和设施，直接向读者及社会提供文献及相关信息的一系列服务，这也是图书馆收集、整理、保存、研究和开发文献资料的目的。现代图书馆不仅通过外借和阅览的方式向读者提供印刷型的文献资料，而且还提供文献缩微复制、参考咨询、情报检索、定题情报服务以及宣传文献信息知识的专题讲座、展览等服务。

二、图书馆的构成要素

1. 藏书

藏书是图书馆所收藏的各种类型文献的总和，既包括传统的印刷型文献，也包括新型载体的视听资料、电子出版物等。藏书是图书馆赖以存在和开展工作的物质基础，是衡量图书馆规模大小的重要尺度，是根据图书馆的性质、任务和读者对象，有目的的、系统地收集起来的。它经过科学的加工、整理、合理的排列组织，成为有重点、有层次的图书馆藏书体系。这个藏书体系应该面向社会开放，适应广大读者的需要。

2. 读者

读者是图书馆的服务对象。凡是具有利用图书馆资源条件的一切社会成员，包括个人和团体，都可以成为图书馆的读者。图书馆的读者是多种多样的，他们具有不同的职业特点、不同的知识层次、不同的阅读需求和心理特征等，发展读者、研究读者、服务读者是图书馆读者工作的基本内容。读者的存在和需求决定着图书馆服务工作的价值。读者利用图书馆的情况反映了读者服务工作的发展水平。

3. 馆员

馆员是指图书馆的工作人员，包括各层次的领导干部、行政管理人员和业务技术人员。他们是图书馆各项工作的管理者和组织者，是最活跃的、对所有活动具有重大影响的因素，是联系图书馆藏书和社会读者的媒介。图书馆工作的优劣、图书馆社会作用的大小，在很大程度上取决于馆员的政治素质和业务水平。

4. 技术方法

技术方法是做好图书馆工作的规范和主要手段，图书馆发挥作用的主要决定因素之一，就在于工作人员能不能掌握正确的技术方法。文献的收集、整理、组织、管理、流通等各个部门工作的技术方法构成了图书馆工作的方法系统，这个方法系统包括传统的手工操作的技术方法和以计算机技术为代表的现代信息技术方法。现代社会科技飞速发展，知识信息迅速膨胀。图书馆作为社会知识信息的交流工具，必须紧跟形势，用新的技术方法和服务手段，进行文献的收集、加工和服务。

5. 建筑与设备

建筑与设备是图书馆进行各项活动所必要的物质条件，包括馆舍和技术设备、阅读设备、办公设备、水电设备等。建筑与设备是图书馆开展工作的物质条件，图书馆应当具有独立的馆舍，完善的书库，宽敞明亮的阅览室，以及各项工作所必须的相应技术设备。馆舍建筑如果不能适应工作需要，馆内设备不齐全、不符合标准，都会妨碍图书馆工作的开展，降低图书馆的社会功能。

在这五个要素中，藏书和读者是最基本、最主要的要素，它构成了图书馆的特殊矛盾，图书馆的其他要素都是围绕这两个要素产生和展开的。没有藏书与读者就构不成图书馆，有了藏书与读者，才需要有建筑和设备、技术方法以及馆员，而馆员、技术方法则是藏书与读者联系的桥梁，其中最具有主观能动性的要素是图书馆工作人员。因为图书馆工作人员是一切活动的管理者和组织者。图书馆的工作与服务方式，藏书的组织形式与结构，图书馆的社会效益与价值，都决定于图书馆工作人员的能动作用。因此，充分发挥图书馆工作人员的能动作用，是做好图书馆工作的前提。

任务2 图书馆的性质

一、图书馆的本质属性

图书馆的本质属性是文献的藏用性，即对文献信息的收藏与利用，或称文献的聚集和信息的传递。藏用性是图书馆区别于其他机构的特有属性。与图书相关的其他部门，或以销售为主，如书店，其基本属性是采购和出售图书；或以收藏为主，如档案馆，其基本属性是收藏和保存，一般不提供利用；或以用为主，如情报研究所，其基本属性是提供利用，而不以保存为主。

藏用性是古今中外所有图书馆都具有的基本属性。近代、现代图书馆自不必说，即使以藏书为主的古代藏书楼也是如此。在藏书楼时代，如果没有统治者使用图书的要求，收集图书也就失去了意义，不收集图书，古代图书馆即藏书楼也不会出现。无论社会如何发展，图书馆这一基本属性都不会改变。图书的收藏和利用，构成图书馆的特殊矛盾和主要矛盾，这对矛盾决定着图书馆的其他矛盾，这对矛盾的不断斗争、不断运动是推动图书馆事业发展的根本动力。这对矛盾是任何其他事物所没有的，也以此区别于其他事物。

二、图书馆的一般属性

1. 社会性

图书馆作为一种社会设施和为公众提供文献资料信息的社会机构，具有明显的社会性。

（1）图书馆的文献信息具有社会性。图书馆文献资料是人们征服自然、改造自然和人类社会的历史过程的记录，它集聚了古今中外人类创造和积累的知识，是人类智慧的结晶，因此，它是人类共同创造的精神财富。同时，这些文献资料又通过图书馆一代一代地积累起来，继承下去，在社会上得到广泛的传播和应用，人们从中吸取各种科学文化知识，文献资料又成为人类共同享用的精神财富。

（2）图书馆的读者具有社会性。图书馆是人们利用文献信息的场所，虽然各个具体的图书馆有自己的服务范围和服务对象，但从总体来说，图书馆是面向全社会开放，为所有的社会公众服务的。

（3）图书馆的网络化具有社会性。任何一所图书馆都不可能将世界上所有的文献信息收集齐全，也不可能满足所有读者的文献信息需求。为了解决这个矛盾，早在19世纪末、20世纪初，就开始建立了以编制联合目录、馆际互借等协作、协调活动为主要内容的传统图书馆网。20世纪70年代，现代计算机技术与现代通信技术结合起来，出现了以计算机检索为主要内容的现代化的图书馆网络，从而使“资源共享”成为现实，图书馆的社会性得以更加广泛地体现。

2. 学术性

图书馆的学术性表现在图书馆工作是科学研究的前期劳动，以及图书馆工作本身具有学术性两方面。

（1）图书馆工作是科学研究的前期劳动，是构成科研能力的主要因素。科学研究是一种社会劳动，它具有明显的连续性和继承性。任何一个科学工作者，在开始从事某项科研工作的时候，总是首先要对所选择的题目进行大量的调研活动，了解其研究历史、目前的研究水平以及今后的发展趋势，以此作为定题的依据和进行科学创造的参考，使科研工作在前人已取得成就的基础上进行。这就是科研前的准备工作，即以文献调研为主要内容的调研活动。图书馆及情报系统完整地保存了记载有人类知识和智慧的文献资料，是这种文献调研活动的主要承担者，图书情报工作是决定科研能力的三因素（即科学家队伍的研究能力、实验设备和图书情报工作效率）之一。图书馆工作是科学劳动的一部分，图书馆对文献信息研究的成果，直接影响科学研究工作的进行。

（2）图书馆工作本身具有学术性。图书馆的各项工作，如文献资料信息的采购与收集、分类与编目、组织与保管、流通与阅览以及参考咨询等，都具有一定的学术性。因为这些工作要求对图书馆的馆藏文献和读者、对各项业务工作的技术方法进行深入的研究，从而摸索出规律，不断提高工作质量和工作效率。特别是现代信息技术的迅猛发展，广泛而深刻地影响着图书馆工作的研究与开发。因此，应用现代信息技术去改造传统的图书馆工作，是新时期图书馆工作面临的新内容。

3. 服务性

图书馆作为信息服务产业的一个组成部分，其服务性十分明显。

（1）图书馆收藏文献信息的主要目的就在于利用，图书馆存在的价值也在于利用，因此，利用文献资料信息为读者服务是图书馆工作的主要目的。但图书馆作为服务性的机构，不同于商店、旅店、餐馆等这些满足人们物质生活需要的服务部门。图书馆是科学文化意识形态领域的服务部门，其服务性从文献资料信息的传递过程中体现出来，以公益服务为主，免费为读者提供精神产品，服务成果主要表现为社会效益。

（2）图书馆既然是一个服务性机构，因此就要求图书馆工作人员应该具有从事这项服务性工作所必须的，比较广博的科学文化知识和图书馆业务知识，熟悉藏书，了解读者，具有全心全意为读者服务的精神和良好的职业道德。只有具备了这些能力，才能不断提高服务质量，积极主动地为读者提供服务，充分发挥图书馆在人类社会发展中的作用。

4. 教育性

图书馆通过提供文献资料信息，传播科学文化知识，对读者进行教育。早在1876年，美国图书馆学家杜威就指出：图书馆是一所学校，图书馆员是广义的老师。

（1）图书馆是对大众进行思想政治教育和科学文化教育的社会机构。图书馆是读者自学的场所，图书馆为读者提供了良好的学习环境，读者可以针对自己在工作中遇到的问题进行学习。图书馆教育既是学校教育的补充，又是学校教育的继续，也是终身教育的基地。

（2）图书馆教育的形式灵活多样。图书馆既可以通过文献资料信息的推荐宣传、辅导阅读等形式，充分发挥馆藏文献信息的向导作用，帮助读者获得所需要的知识和信息，又可以通过举办学术报告会、书评会、故事会、座谈会等各种形式的活动，激发读者的学习兴趣，获得更好的教育效果。

（3）图书馆的教育对象十分广泛，凡是一切有能力利用图书馆的社会读者都是它的教育对象。任何年龄、职业、性别、种族、专业、文化水平的读者，都可以按照自己的需要和兴趣，在浩瀚的馆藏文献海洋中选择文献资料信息，获取自己所需要的科学技术文化知识。

任务3　图书馆的职能

一、图书馆的基本职能

图书馆的基本职能贯穿于图书馆的整个发展过程，不随社会的发展而变化，也不随图书馆技术方法、服务手段等的进步而变化。

图书馆的基本职能是收集、整理、保存、研究和提供文献信息的利用。它包括以下几方面：对知识、信息的物质载体进行收集、选择、积累；对知识、信息的物质载体进行加工、整理、存储、控制、转化；对知识、信息的物质载体中所包含的文献信息进行揭示、研究与开发；对知识、信息的物质载体及其所含有的信息进行传递和提供利用。

图书馆的四项基本职能是由图书馆的本质属性决定的。图书馆的四项基本职能为：收集—整理—研究—提供利用，这是一个不断循环往复的动态过程，是图书馆生存和发展的基础，任何图书馆都必须具有这四项基本职能才能独立存在和发展。

二、图书馆的社会职能

1. 保存人类文化遗产的职能

图书馆是人类文明的载体，它从诞生之日起就承担起保存人类文化遗产的职能。图书馆按照一定的原则和范围，全面、系统地收集记载人类社会发展历史和知识经验的图书文献，并对它们进行加工、整理，使其得以长久地保存起来，并流传下去。

图书馆最广泛、最完整地保存着记载人类活动和知识的文化典籍，在整个社会系统中占有任何其他文化机构所不能代替的重要地位。因此，保存人类知识经验等精神财富的职能是图书馆所特有的职能。为了系统、完整地保存人类文化遗产，许多国家颁布了有关保存珍贵图书及地方文献的法令。大多数国家还制定了出版物的呈缴本制度，由国内有关图书馆来负责系统、全面地收集、保存国内出版物。版本图书馆的建立，也是为了这一目的。

随着科学技术的发展，图书馆保存文献的手段也有了很大的改进，不少国家的图书馆采用缩微技术和计算机技术保存珍贵的历史文献。我国于1985年开始的文献缩微工作，经过近20多年的努力，已抢救各种珍贵文献37 000余种。美国国会图书馆近年来制定了“美国记忆”规划，制作最完整、鲜明地反映美国历史的收藏物，以保存和推广历史文献。

2. 社会教育职能

图书馆是社会教育系统的重要组成部分。古代的图书馆就具有教育职能，但由于服务范围小，其社会教育职能不很明显。近代图书馆时期，图书馆的社会教育职能才比较充分地发挥。资本主义的大机器生产，要求工人有较多的知识和较高的技能，社会要求图书馆担负起对工人进行科学文化教育的任务，以满足社会生产的需要。在这种情况下，图书馆逐渐向社会开放，广大社会读者涌进图书馆，寻求知识，接受教育，使图书馆成为一个重要的社会教育机构。现代科学技术的发展日新月异，知识更新的速度越来越快，每个人的一生都需要不断地学习新知识，接受新信息，图书馆作为一个“社会大学”、“没有围墙的学校”，其社会教育职能得以更加充分地发挥。

图书馆的教育职能主要体现在进行思想政治教育和传播科学文化知识两个方面。另外，在科学技术发展日新月异的今天，知识与年龄同步老化，即使接受过良好专业教育的人，也会因为当代知识更新速度的加快而适应不了社会发展需要。因此，人们需要不断地学习新知识，图书馆成为人们接受终生教育的重要场所。人们通过利用图书馆，不断更新知识，接受继续教育。

3. 传递科学情报信息的职能

科学技术是第一生产力。一个国家要发展科学技术这种生产力，就要加强科学研究。而科学研究具有明显的继承性、连续性和创新性，这就要求迅速地进行科学交流和收集、掌握文献资料中的情报信息，才能避免重复劳动或走弯路，才能在前人已经取得研究成果的基础上，进行创造性的科学研究。第二次世界大战后，科学技术迅速发展，记载科学技术的文献情报资料信息急剧增长，情报的收集、整理要花费大量的时间和精力，那种由科学家们自发地、分散地、孤立地收集科学技术情报，已远远不能满足客观需求，因而需要有专职的人员和机构，从事科学情报信息的收集、加工、整理、检索和传递工作，于是专业的情报机构应运而生。图书馆作为文献情报的重要收藏机构，传递科学情报成为其重要的职能。

图书馆收集了国内外各学科、各专业、各学派、各种深度的文献及其线索，不仅提供科技情报信息，还提供政治、经济、文化、教育等方面的情报信息，以满足社会对情报信息的广泛需求。情报信息只有极少部分来自非公开渠道，其主要来源是公开的报纸、图书，公开或半公开的期刊、专利文献、会议文献、政府报告、研究报告、学位论文、电子文献等。这些文献资料既能提供回溯性的情报信息，也汇集了最新的科技成就，以及经济领域和社会生活各方面的最新动态。图书馆在收集、整理、分析、研究这些文献资料的基础上，及时、准确、全面地为用户提供各方面的情报信息，充分发挥传递科学情报信息的职能。

图书馆不仅具有情报信息的物质基础——各种文献资料信息，而且具有传递情报信息的技术方法。现在信息技术应用到图书馆，极大地提高了现代图书馆传递情报信息的效率，从而使图书馆传递科学情报信息的职能得以更好地发挥，成为现代社会的情报信息中心。

4. 开发智力资源的职能

智力是人们认识客观事物，并运用科学知识解决实际问题的能力。智力也是一种资源，它和煤、石油等自然资源一样，只有被人们开发和利用，才能发挥出巨大的能量，为人类和社会服务。图书馆开发智力资源的职能体现在开发文献信息资源和开发人力资源两个方面。图书馆收藏的文献中所蕴涵的知识、信息，是人类智慧的结晶，是一种智力资源，图书馆开发文献信息资源，也就是开发人类积累的智力资源。采用现代化的技术手段，将图书馆收藏的文献资料中的情报、信息充分地揭示出来，为每一条情报信息找到使用者，为每一个需要者准确地提供情报信息，从而使图书馆的智力资源得到充分的开发利用，去创造新的物质财富和精神财富。人力资源是一种潜在的资源，只有经过开发，才能最大限度地发挥作用。图书馆对这种智力资源的开发工作，与图书馆的教育职能是密切联系的。对读者进行学习方法和阅读方法的教育，帮助读者改进读书治学的方法；对读者进行文献信息检索和利用知识的教育，提高读者情报信息的开发利用能力；读者利用图书馆丰富的文献资料信息，不断地给自己的大脑“充电”，丰富自身的知识，更新和改变原有的知识结构；图书馆还举办各种学术交流会、专题报告会及其他活动，开阔读者的视野，启发读者的思维，培养读者的各种能力等，这些都是图书馆开发智力资源职能的具体体现。

5. 丰富文化生活的职能

健康的文化娱乐生活是人类社会生活中可缺少的重要组成部分。人们除了工作和睡眠之外，业余生活占 1/3 的时间。如何支配人生这 1/3 的宝贵时光，对一个人的道德修养、思想情操、工作成就，以至身体素质等方面都有密切的关系。图书馆是社会文化生活中心之一，在传播文化和活跃群众业余生活方面，与剧院、电影院、美术馆、音乐厅、俱乐部等各种文化设施具有同等重要的地位和作用，而且其方式灵活多样，其活动内容丰富而广泛，因而能引起人们的兴趣，能全面地满足读者业余文化生活的需要。

图书馆是一所各科文献知识俱全的社会大学校。它拥有丰富的文献资料，既有学科的专著，还有大量知识性和趣味性的读物、文艺作品、报纸、杂志、画报、画册、录音带、录像带、光盘、网络信息等。尤其是现代图书馆，除了收藏传统的印刷品供借阅外，还配备有唱片、录音、录像、幻灯、科教电影、计算机上网等各种多媒体的声像设备、资料和网络设备，人们可以充分地加以利用。人们可以到图书馆将自己感兴趣的图书借回家潜心研读，细细品味；也可以利用休息时间，到图书馆的阅览室浏览报纸、欣赏美术画册，享受阅读的乐趣；还可以到图书馆的电子阅览室通过光盘看电影、学习各种技能以及上因特网（Internet）在网上遨游。鲁迅先生曾把这种“当做消闲的读书——随便翻翻”比做游公园，随便走走，兴味盎然，是一种良好的休息和高尚的娱乐。图书馆还可以举办读书座谈会、音乐欣赏会、网络聊天会等各种活动，这些都可以开阔人们的视野，使其获得美的享受，丰富人们的业余文化生活。

任务4 图书馆的类型

图书馆的类型，通常是指具有共同特征、实现特有的共同功能的图书馆的种类。图书馆类型的划分，就是选取某种标准，将特有的图书馆加以分类而形成的，具有不同特征和特有功能的图书馆群体。同一类型的图书馆具有相同的特征和特有功能。

划分图书馆的类型，其意义主要在于两方面：其一，有助于掌握不同类型图书馆的特点和发展规律，成为指导不同类型图书馆发展的依据；其二，有利于在全国或一个地区范围内，对图书馆事业的发展做好全面规划和统筹安排，做到各种类型图书馆布局合理、协调发展。

国际标准化组织于 1974 年颁布了 ISO 2789—1974（E）《国际图书馆统计标准》。该标准将图书馆划分为 6 种类型，即国家图书馆、高等院校图书馆、其他主要的非专门图书馆、学校图书馆、专门图书馆、公共图书馆。目前我国图书馆的类型主要有：国家图书馆、公共图书馆、高等学校图书馆、科学和专业图书馆、工会图书馆、军事图书馆、儿童图书馆等。

一、国家图书馆

国家图书馆是指凡按照法律规定和其他编排，负责收集和保管本国的所有重要出版物的副本，并起储藏图书馆的作用，不管其名称如何，都是国家图书馆。它们通常行使下述某些职能：编制国家总书目；收藏并更新大量有代表性的外国出版物，包括有关该国的图书；担负国家书目情报中心的任务；编制联合目录；出版回溯性书目。

根据上述规定和联合国教科文组织召开的国家图书馆馆长会议的声明，以及人们对国家图书馆的认识，概括起来讲，国家图书馆是由国家举办的，面向全国的中心图书馆。它担负着国家总书库的职能，是国家图书馆事业发展的推动者，是国家各类型图书馆的指导者。

1. 国家图书馆的职能

根据有关规定，以及世界上大多数国家图书馆实际担负的职责来看，可以把国家图书馆的职能归纳为：完整、系统地收集本国正式出版物，成为国家总书库；有重点地收藏外国出版物，拥有丰富的外国文献馆藏，成为国家外国文献信息资源中心；编制全国总书目、全国新书目以及联合目录等书目，承担国家书目情报中心的职能；面向全国的读者和用户，特别是为国家的重点科研项目和重点工程，提供文献与信息服务，是全国的文献信息服务中心；组织图书馆工作标准化，以及图书馆技术现代化等方面的研究、应用、推广工作，推动国家图书馆事业和图书馆学研究的发展；代表本国图书馆界的利益，参加国际图书馆组织及国际交流，成为本国图书馆界对外交流中心。

2. 世界著名的国家图书馆

（1）中国国家图书馆

中国国家图书馆是亚洲最大的图书馆，是世界五大图书馆之一。中国国家图书馆的前身是始建于 1909 年，1912 年正式开馆接待读者的京师图书馆。1928 年京师图书馆改名为国立北平图书馆，1951 年开始称为北京图书馆，1998 年 12 月经国务院批准，北京图书馆更名为中国国家图书馆。中国国家图书馆的总建筑面积目前为 17 万平方米，其中新馆建筑面积 14 万平方米，分馆建筑面积 3 万平方米；共设有 38 个各具特色、满足读者不同需要的阅览室，其中 22 个为开架阅览室。2004 年底二期工程已开始兴建，将新增近 8 万平方米建筑面积，2007 年总建筑面积可达到 25 万平方米，居于世界第三位。

中国国家图书馆以丰富的藏书，尤其是拥有代表中华民族悠久历史和辉煌成就的珍贵文献典籍而享誉世界。截止到 2004 年底，馆藏文献已近 2 500 万册（件），并以每年 60 万 ~ 70 万件的速度增长；除了全面入藏中文文献外，还有重点地收藏外文书刊，是国内典藏外文书刊最多的图书馆；大量入藏国际组织和政府出版物，是联合国资料的托存图书馆。

中国国家图书馆拥有先进的千兆位以太馆域网，并开通了因特网（Internet）中国国家图书馆站点；成立了文献数字化加工中心，将《四库全书》等两万多册书籍原文扫描上网。它作为我国最大的文献中心、情报中心和书目中心，以及作为我国图书馆网络化的重要枢纽和图书馆学研究与现代信息技术推广应用的重要基地，将越来越发挥其应有的重要作用。

（2）美国国会图书馆

美国国会图书馆建立于 1800 年，是当今世界上规模最宏大、藏书量最多、设备最先进的国家图书馆之一。该馆 2002 年度统计馆藏为 1.26 亿册（件），其中图书 2 000 多万册，手稿约 5 600 万份（其中包括 23 位美国总统的手稿），地图 486 万幅，录音资料（如唱片、磁带、有声图书及其他录音载体）261 万余件，缩微资料 1 353 万件，乐谱 510 万件，视频资料 1 374 万件（含电影、照片、广告画、版画），中文图书 90 万册。目前每月的读者量为 200 多万人次，咨询 110 多万人次，因特网访问量为 7 亿多人次。

为国会服务是美国国会图书馆的首要任务，其所属的国会研究处，每年都要回答国会议员及其下属数 10 万次的咨询；它同时也为全国的居民服务，22 个阅览室及 Web 站点对全体民众开放。国会图书馆还负责为全国 70 多万各类残疾人发放盲文书籍、唱片、磁带等资料。

美国国会图书馆 20 世纪 60 年代开始，试验采用计算机进行文献编目，1969 年正式发行机读目录磁带 MARC Ⅱ，对世界图书馆自动化产生了积极影响。现在，美国国会图书馆拥有庞大的自动化系统以及网络设施，是用先进技术装备起来的最具现代化水平的图书馆。

（3）法国国家图书馆

法国国家图书馆被称为现代国家图书馆的始祖，始建于 1386 年。当时的法国国王查理五世，命令把历代皇家收藏的文献集中于卢浮宫内，成立皇家图书馆。1789 年大革命时期，制宪会议颁布充公法令，将该馆收归国有，改名为法国国家图书馆，开始向国民开放。

1537 年法国首先建立了图书的缴送本制度，规定凡是在法国境内出版的图书，都必须缴送一本样本给皇家图书馆保存。这种缴送本制度一直执行至今，这就使得法国的国家图书馆最完整、最系统地收藏着法国的文献典籍。经过几个世纪的积累，该馆已成为宏大的法兰西文化宝库，截止到 2003 年初，法国国家图书馆的馆藏文献总量达 3 557 万件（册）。其中，密特朗新馆收藏 1 334 万件（册），黎塞留老馆收藏 1 834 万件（册），阿桑那尔图书馆收藏 352 万件（册），大剧院图书馆收藏 37 万件（册）；包括手稿 24 万卷，印刷品和照片 1 111 万件（张），钱币、证章和古董 80 万枚，地图 60 多万件，音乐文献 35 万件。新馆于 1995 年 3 月 30 日在巴黎的塞纳河岸落成，建筑面积38.5万平方米，公共阅览室有座位1 656个，研究阅览室有座位2 000个。它作为国家的书目中心、外借中心、古籍与珍贵文献收藏中心以及国际交换中心，在全国图书馆事务中正发挥着重要的作用。

（4）英国不列颠图书馆

不列颠图书馆——英国国家图书馆是20世纪70年代由原大英博物馆的阅览室、中央图书馆、科技图书馆、国家书目局等单位合并而成，总藏书量1.5亿册（件），书架260千米。新馆舍11万平方米，1998年正式交付使用，读者座位1 200个。它担负着全国文献中心、参考咨询中心、外借中心、书目中心、情报工作和图书馆事业指导中心的职能。

（5）俄罗斯国家图书馆

俄罗斯国家图书馆的前身，是1862年建立于莫斯科的鲁勉采夫博物院图书馆。“十月革命”后，先后更名为俄罗斯列宁图书馆、苏联国立列宁图书馆，1993年始称俄罗斯国家图书馆。该馆藏书4 200多万册（件），设有22个阅览室，2 500多个座位，一年接待读者300余万人次，年度藏书流通量近1 400万册（次），工作人员有3 000多人。

俄罗斯国家图书馆的藏书不仅数量大，而且语种较全，共有247种文字的文献，其中国内民族的文字有91种，外文藏书约占1/3。该馆同世界上100多个国家和地区，约4 000个单位建立了书刊交换关系。

二、公共图书馆

由于历史传统和文化背景的不同，人们对公共图书馆含义的理解是不一致的。据国际标准化组织颁布的《国际图书馆统计标准》规定，公共图书馆是指那些免费或只收轻微费用，为一个团体或区域的公众服务的图书馆。它们可以为一般群众服务，或为专门类别的用户如儿童、工人等服务，它全部或大部分接受政府资助。

在我国，公共图书馆是由国家或群众举办、面向社会各阶层开放、为广大社会读者服务的图书馆。它基本是按行政区域建立起来的，受当地政府各级文化部门领导，均建在各级政府的所在地。目前，我国的公共图书馆包含以下几个层次和种类的图书馆：国家图书馆、省（直辖市、自治区）图书馆、市（直辖市、地区）图书馆、县（县级市、市辖区）图书馆、乡镇图书馆，以及各级少年儿童图书馆。

1. 省（直辖市、自治区）图书馆

省（直辖市、自治区）图书馆（以下简称省级图书馆），是我国公共图书馆的骨干力量，是全省藏书、目录和图书馆协作、协调及业务研究、交流的中心，是全国图书馆事业的重要组成部分之一。省级图书馆主要有以下几个特点：

（1）藏书具有综合型和地方性的特点。省级图书馆收集各学科领域，以及各种等级和各种类型的文献资料，满足不同层次、不同职业读者的广泛需要。同时，各省馆收集反映本省区特点的地方文献，形成具有地方特色的馆藏。总的来说，省级馆的藏书具有综合型、通用性、科学性的特点。

（2）服务对象广泛的特点。省级馆面向社会，对各种职业、各种年龄、各种文化程度、各个民族的读者提供服务。

（3）业务活动面广的特点。省级图书馆既要为全社会的普通读者服务，还要为本地区科学研究和经济发展提供情报服务。同时，省级馆在本地区还要对市、县等公共图书馆进行业务辅导，并担负本地区中心图书馆委员会和图书馆学会的日常工作。

省级图书馆的主要任务是：宣传马克思主义、列宁主义、毛泽东思想和邓小平理论；宣传党和政府的政策、法令，向人民群众进行共产主义和爱国主义教育；建立起具有地方特点的综合性藏书体系；根据本地区政治、经济、科学和文化教育事业当前和今后发展的需要，全面收集各种书刊资料，特别是本地区的地方文献应收集齐全，为本地区的经济建设和科学研究提供书刊资料和情报服务。省级馆应通过馆内流通、阅览、馆际借书、书目参考、解答咨询、定题服务等多种服务方式，来满足本地区一般读者以及科研和生产单位的需要；传播科学文化知识，提高广大群众的科学文化水平；开展图书馆学理论和技术方法的研究，对市（地）、县（区）图书馆进行业务辅导，努力促进图书馆业务水平的提高和基层图书馆事业的发展；在省（自治区、直辖市）政府有关部门的领导下，推动本地区各系统图书馆之间的协作协调。

2. 市、县（区）图书馆

（1）市图书馆

这里所指的市图书馆，主要是指省辖市，包括地级市、各州、盟图书馆。这类图书馆在全国有一定的数量。它们一般都有一定的规模，藏书基础比较好，服务工作有一定水平，并积累了较丰富的经验，是公共图书馆事业中的一支重要力量。市图书馆隶属于本地区的政府文化行政部门，它是其所在地区的藏书目录、馆际协作和业务辅导中心。

市图书馆的具体任务是：根据国家的需要和工作重点，在同省级图书馆分工的情况下，把服务工作的重点放在本市的重点生产和科研项目上；搞好馆内借阅，满足一般读者对图书资料的需要；对县（区）图书馆进行业务辅导。

（2）县（区）图书馆

县（区）图书馆（包括县级市图书馆）是我国公共图书馆的基础，是公共图书馆中数量最多的一部分。它联系着我国广大的城镇、农村和人口最多的农民，因此，发展县（区）图书馆，对于普及科学文化知识、活跃人民群众的文化生活具有十分重要的意义。

县（区）图书馆的具体任务是：根据普及与提高相结合、以普及为主的原则，收藏比较通俗的社会科学、自然科学、农业技术、文艺读物，以及其他的一些适合中等文化水平读者的文献，建立起一个适合广大城镇居民、乡村农民实际文化水平的综合性藏书体系。在侧重普及科学文化知识的同时，大力加强为农业生产及农业科技人员服务；在开展馆内流通阅览的同时，到工矿、农村开办借书站和流通点，把图书送到农村，送到基层；积极开展业务辅导，协助和辅导农村、街道的基层图书室，建立城乡基层图书馆网。

3. 少年儿童图书馆

少年儿童图书馆是少年儿童校外的社会教育机构，是学校教育的重要补充，是对广大少年儿童进行思想和道德教育、普及科学文化知识的社会文化教育机构。与其他类型的图书馆相比，少年儿童图书馆有自己明显的特点：

藏书的广泛性和普及性。少年儿童图书馆的藏书，大都是浅显易懂、生动有趣、图文并茂的普及读物。除印刷品外，有条件的少儿图书馆还收藏有直观性强、形象生动的视听资料，如唱片、录音带、电影胶片、幻灯片、光盘等。少年儿童图书馆同时还收集少年儿童的小发明、小创造、小论文等资料，以及少年儿童教育工作者需要的参考资料。

服务形式多样化。针对少年儿童的特点，少年儿童图书馆通过举办读书报告会、故事会、图书展览等丰富多彩的活动，引导少年儿童正确读书，读好书。

三、高等学校图书馆

高等学校图书馆是为教学和科研服务的学术性机构。现代化的图书馆、先进的实验设备，以及高水平的教师队伍被视为现代化高校的三大支柱。由于高等学校有综合型大学、专科性大学、多科性文科或理工科大学之分，高等学校图书馆也可相应地区分为综合性、专科性、文科、理科等各种类型。1981 年 9 月全国高校图书馆委员会正式成立，负责整个高校系统的图书馆事业。

1. 高等学校图书馆的特点

服务对象主要是学生和教师。这些读者的文化程度比较整齐，读者的需要随着教学活动和科研进度的变化，其阅读需要有着明显的规律性。这种规律性主要表现在读者需求的稳定性（师生对教学参考书的品种、数量的需要是稳定的），读者用书的集中性（师生用书的品种集中于正在进行教学的有关课程的主要参考书刊上）和读者用书的阶段性（在各个不同的学习阶段，读者对所需图书资料的种类、范围和深浅程度有着明显的差别）。

藏书丰富。以本校所设专业和科研项目为依据，全面、系统地收集国内外有较高水平的基本理论著作，并适当收藏相关学科、边缘学科的有关书刊。教学参考书的复本量大。

与系（所）资料室共同组成一个校内图书情报信息网络。学校图书馆为该网络的中心，在为本校教学与科研服务的总目标下，与资料室互相配合、各负其责，有效地保证师生员工对图书文献信息的需要。

2. 高等学校图书馆的任务

高等学校图书馆作为高等学校的一个组成部分，它必须服从于高等学校的基本任务。高等学校的基本任务，是根据国家的教育方针，努力培养德、智、体全面发展的专门人才。

高等学校图书馆的主要任务是：根据学校的性质和任务，收集各种文献信息资料，进行科学的加工和管理，为学校的教学和科学研究工作提供文献信息保障；根据教学、科研和课外阅读的需要，积极主动地开展流通阅览和读者辅导工作；开展用户教育，培养师生的情报意识和利用文献信息的能力；开发文献信息资源，开展参考咨询和情报服务工作；统筹、协调全校的文献信息工作；参加图书情报事业中的整体化建设，开展多方面的协作，实现文献信息资源共享；进行图书馆学、目录学和情报学理论、方法及现代化技术的应用研究和推广工作。

四、科学和专业图书馆

科学和专业图书馆属于专门图书馆。它是指政府部门、议会、协会、科学研究机构（大学研究所除外）、学术性学会、专业性学会、事业单位、社会群众组织、博物馆、商业公司、工业企业等或其他有组织的集团所属的图书馆。它收藏的文献大部分是某一特殊领域或课题的图书资料，提供适合个别需要的服务是专门图书馆赖以存在的理由。

我国的科学和专业图书馆数量众多，类型复杂，是图书馆事业的重要组成部分。我国科学和专业图书馆主要包括：中国科学院系统的图书馆、中国社会科学院系统的图书馆、国务院各部、委、办、所所属的研究院图书馆，以及各省、市政府厅（局）所属的研究院图书馆、报刊社和广播电视系统的图书馆、医院系统的图书馆、公交系统的图书馆、金融系统的图书馆、厂矿企业的技术图书馆等。

1. 科学和专业图书馆的特点

科学和专业图书馆类型多种多样，规模大小不等，业务基础和工作水平参差不齐，但从总体上看，它们均具有以下特点：

藏书具有很强的学科性和专业性。除少数大型综合性科学与专业图书馆外，一般都是收集某一学科或某一领域的文献信息，馆藏的范围比较狭窄，内容比较专深，本学科的文献收藏比较齐全。

服务对象主要是从事专门研究和在专业领域工作的研究人员、专业工作者，他们的专业知识和外语水平较高，具有一定的文献检索能力，对外文文献需求量较大。

业务活动开展的较为专深。除一般图书馆所开展的服务项目外，重视针对用户的需要开发书目、文摘、索引、述评等文献信息产品。

重视现代信息技术的应用。科学与专业图书馆在技术力量和经费上比一般图书馆较有优势，所以不少图书馆比较重视采用现代化设备装备图书馆，以提高文献信息工作的水平。

2. 科学和专业图书馆的任务

科学和专业图书馆是为科学研究和生产服务的学术性机构。由于各馆的主要服务对象存在着很大的差异，因此各馆的具体任务也各有侧重。但从总体上说，其基本任务是：根据本单位的任务和读者的专业需求，系统、完整地收集、整理和保存国内外的文献资料，形成具有特色的藏书体系，努力成为某学科、某专业的特藏中心；为科研、生产以及业务工作第一线提供文献情报信息保障，开展多方位的图书情报服务；参加国内外专业学术交流活动，了解国内外科学技术的发展情况和趋势，收集国内外科学情报，进行分析研究，为制定政策、规划、计划和科学研究工作服务；开展专业情报工作理论和方法的研究，加速新的信息技术设备的采用。

任务5 图书馆文献概述

一、文献的定义

文献是指专门记录和传播知识的一切人工有形载体。即以文字、符号、图形、声像等方式，通过一定的技术手段（如写、刻、印、制等）记载于专门用于记录和传递人类知识的一切可以看得见的有形人工载体之上的一种信息载体，是人类脑力劳动成果的一种表现形式。

此前对文献的定义，一般是采用“文献是记录有知识的一切载体”，但此定义是不确切的。因为人的大脑也是记录有知识的一种载体，但大脑并非文献。因此，文献仅仅是指记录有知识的一种人工载体。其次，记录有知识的一种人工载体很多，除了图书以外，还有钱币、邮票乃至具有某种艺术风格的建筑物。它们都记录有一定的知识，并且都是一种人工载体，但它们也不能称之为文献。因为文献必须是专门用于传播知识和交流知识的，它在用途和功能方面具有知识传播的惟一性。再者，专门用于传播知识和交流知识的人工载体有许多，常见的广播电视就属于此类。但它们只是用于传播知识和交流知识，并不能记录知识，因此也不属于文献。而记录广播电视节目内容的录音带、录像带、磁盘、光盘等，则恰恰符合文献的定义，因此它们属于文献。

文献的概念要比传统的图书更为广泛。文献的种类繁多复杂，本模块讲的文献是以图书馆收藏的文献为主。文献是图书馆工作的物质基础。社会上生产出的各种文献，经过图书馆的搜集、整理、加工和组织成为图书馆馆藏文献，再通过向读者借阅、流通，传递使用，使来自于社会的知识，经过图书馆这个中介体，向广大读者传播，再应用于社会。在科学技术高度发展的 21 世纪，知识和记载知识的文献在不断增加，任何个人都无法做到像图书馆那样大量、全面地收藏文献，科学、系统地整理文献，方便、快捷地获取文献，这些都无疑地增加了人们对利用图书馆文献的依赖性。

二、文献的类型与特点

图书馆收藏的文献类型多种多样，各具特点，采用不同的标准可以将文献划分为不同的类型。下面介绍常用的按照文献的载体形态、加工级次和出版形式划分文献类型的方法。

1. 按文献的载体形态划分

文献按其载体形态，可分为印刷型文献、缩微型文献、机读型文献、声像型文献和复合型文献 5 种类型。

（1）印刷型文献

印刷型文献是以纸张为存储介质，以印刷或书写为记录手段生产出的一种传统的文献类型。印刷型文献目前仍占据着文献类型的主导地位，其物质形式为书本型或非书本型的各种文献，例如图书、期刊、报纸、资料、地图等。

印刷型文献的最大优点是阅读方便，因而流传广泛。图书、期刊、报纸、资料、地图等可以随身携带，随时随地阅读，而不需要任何其他辅助设备。印刷型文献的缺点是存储密度低，篇幅大，体积比较笨重，占用的储藏空间大，不便于实现自动化输入和检索。

（2）缩微型文献

缩微型文献是以感光材料的存储介质，以缩微摄像为记录手段生产出的一种文献类型。其物质形式为缩微胶卷、缩微胶片、缩微平片、开窗卡片等。随着全息摄像技术的应用，又出现了缩微倍率更高的超缩微胶片，一张超缩微全息胶片的可存储信息量可相当于印刷型文献 20 万页。缩微型文献的优点是存储密度高、体积小、传递方便，可节省储藏空间，反映资料全貌，复制成本低，保存时间最长，便于实现自动化输入和检索。现在作为缩微胶片基片的涤纶片的预期寿命可达到500年以上，因此缩微品是世界公认的替代纸质品永久保存文献的最为理想的信息载体。缩微型文献和其他非印刷型文献一样，必须借助相应的设备才能阅读和使用，而且查阅速度缓慢。

（3）机读型文献

机读型文献的全称为计算机可读型文献，是以磁材料为存储介质，以打字、穿孔或光学字符识别装置为记录手段，经过计算机处理生产出的一种文献类型。其物质形式为磁带、磁盘和磁鼓等。机读型文献的优点是存储密度高，存取速度快，原有记录可以修改、删除或更新。缺点是需要较先进的电子计算机设备才能阅读，使用费用较高。

（4）声像型文献

声像型文献又称视听资料或直感资料，是以磁性材料和感光材料为存储介质，借助特殊的机电装置，直接记录声音和图像生产出的一种文献类型。其物质形式为唱片、录音带、幻灯片、电影片、电视片、录像带和录像盘等。声像型文献的最大优点是直感性强，具有其他类型文献不可替代的优越性。它在帮助人们认识某些复杂或罕见的自然现象、探索物质结构和运动机制等许多方面都具有独特的作用。声像型文献不仅适用于表现那些难以用文字来描述的事物或情况，而且也是快速传播各种文献信息的有力工具。它的缺点是必须借助各种相应的技术设备，一般需要一定的场地才能使用。

（5）复合型文献

复合型文献是一种集缩微、机读和声像型文献多种特征为一身的新型文献类型。其物质形式以光盘为代表，是以轻金属或塑料基片和涂覆材料为存储介质，以弱激光束扫描或蚀刻为记录手段生产出的一种文献类型。一张直径为12厘米的光盘，存储信息可相当于16开的书本型文献10万页。如我国某研究所引进的ASFA高密度激光光盘，每张直径为12厘米，可存储汉字3亿个，而存取时间仅为1秒钟。

复合型文献的优点：一是存储密度极高，被称之为“海量存储”，可达到普通缩微型文献的成百上千倍，缩小倍率可达数万倍；二是可实现声像存储，兼有声像型文献的特点；三是寿命长，由于激光读写头不与存储介质直接接触，因此延长了使用寿命，一般可达10~30年。它的缺点：一是因为具有机读型文献的性质，因此必须借助计算机等设备方可使用；二是不易复制，大批量的复制要由生产厂要先制成母盘，因此成本较高；三是影像的保真度相对较低。利用光盘存储信息，在由文字到数字编码，再到压缩存储的二次转换过程中，对原件影像的保真度和还原解像能力不如缩微品。

2. 按文献的加工级次划分

文献按加工级次可划分为四个等级，即零次文献、一次文献、二次文献和三次文献。四次文献类型的划分，不仅反映了文献信息的内涵和外延，也反映了文献在使用中的不同用途及相互关系。

（1）零次文献

零次文献又称为灰色文献或非正式文献，是指作者以在科学研究和生产实践中所取得的直接成果为基本素材创作的各种尚未公开的原始文献，它虽然已经形成为文献，但却是尚处于未正式公开发表状态的文献。由于零次文献在大多数情况下是一次文献的雏形，所以其中含有许多重要的文献信息，它往往是作者真实思想的具体体现。零次文献的类型如常见的文章草稿、手稿、文献初稿、私人笔记、会议记录、未经发表的名人手迹、内部资料等，可以是手写型的，也可能是内部印刷型的。正是由于零次文献尚未公开或发表，且又往往是情报性很强的文献资料，所以使得其获取具有相当的困难。零次文献的显著特点是其非正式性。

（2）一次文献

一次文献又称为原始文献，是指作者在零次文献的基础上，经过进一步修改、整理、加工而形成的，并且已公开出版或发表的各种文献。这些文献无论是否参考和利用了其他文献，或以何种载体形式和出版形式出现均属于一次文献。一次文献的类型如大多数论文和专著、科研和生产报告、专利说明书、科技档案、会议文献和技术标准等。一次文献的显著特点是内容上具有新颖性。一次文献中含有首次发现和系统总结的新知识、新技术、新观点、新论证，或对已知思想观点与事实材料的新理解与新探讨。很显然，一次文献增加了人类的知识总量，是信息含量最大的文献，也是读者参考使用的最基本文献。

（3）二次文献

二次文献又称为检索性文献，是将分散的和无序的一次文献经过整理、加工组织和编排形成的，作为报道和查找一次文献线索的各种文献。二次文献的主要作用是用于文献检索，以提高一次文献的传递率和利用率。二次文献的类型有各种书目、索引、题录、文摘等。二次文献的显著特点是其具有报导性和检索性。二次文献并没有增加人类的知识总量，而是为人们利用一次文献提供了方便的条件。

（4）三次文献

三次文献又称为参考性文献，是在合理利用二次文献形式的基础上，根据一定的需要，就某一专题集中一次文献的内容，经过分析、选择、编排和加工所形成的各种只要用于参考性的文献。三次文献的显著特点是内容上具有集中性。三次文献的作用是排除了与某一专题不相关的文献内容，使文献的主题高度集中与浓缩，便于读者用较少的时间掌握较多的某一专题文献内容。三次文献的类型有各种年鉴、手册、百科全书、综述、述评等。三次文献一般讲也没有增加人类的知识总量，而是为人们专门集中利用某一类型的一次文献提供了方便的条件。

（5）零次、一次、二次、三次文献的关系

零次文献是最原始的文献，它是一次文献产生的基础。一次文献是公开的原始文献，它是二次和三次文献产生的基础。二次文献是报道和检索文献的工具，无论如何完善也不能完全代替一次文献，离开了一次文献，它将失去存在的意义。三次文献是经过集中与浓缩的文献，虽然对集中使用文献提供了方便，但是要全面了解情况，还是要使用一次文献。二次和三次文献都是根据人们对文献的不同需要，从不同角度对一次文献进行加工的产物，都是为把一次文献的知识内容传递给使用者这一根本目的。如果把零次文献比做临时列车，一次文献比做正式列车，那么二次文献就是列车时刻表，三次文献就是专门列车。应当看到，二次文献和三次文献基本上都没有增加人类的知识总量，只是为了解和使用人类的知识提供了方便和工具，但这已对一次文献的利用和在生产起到了非常重要的作用。从零次文献、一次文献到二次文献和三次文献的加工过程，是一个由分散到集中，由无组织到系统化的过程。

读者了解了这四级文献的内容含义，会有助于理解和选择文献，为更好地使用文献提供方便。比如，读者要获得情报性极强且多为内部性的文献信息，应当首选零次文献，要系统地学习一门知识和技术应当使用一次文献，要了解和查找有关文献的线索应当使用二次文献，要了解某一方面的知识梗概，或公式、数据、综述等应当使用三次文献。

3. 按文献的出版形式划分

文献按出版形式可划分为图书，期刊、报纸和特种文献。这是传统的文献类型划分标准，目前在图书馆中仍然作为重要的标准来划分文献类型。

图书是一种比较成熟和定型的印刷型出版物，一般是由封面、书名页、内容提要、前言、目录（次）、正文、后记、版权页、封底和书脊等部分组成，并装订成册。图书的特点是具有中心主题，论述问题比较系统全面，观点较成熟。图书是绝大多数图书馆馆藏文献的最主要成分，在衡量一个图书馆时，馆藏图书的数量和质量往往是非常重要的指标。因为在相当长的历史时期内，图书始终是图书馆开展工作最常用的物质基础，它也是图书馆名称的原始由来。图书按内容特点又可分为以下几种类型。

（1）政府文献

政府文献是指党和国家各级政府发表的有关政策、决议、指令、法令，条例和报告等，对生产和生活具有普遍指导作用的文献。政府文献是图书馆馆藏文献的重要内容之一。政府文献的特点是具有指导性、政策性和现实性。

（2）科学著作

科学著作是指革命导师、古今中外的思想家、科学家、社会活动家、学者、科学技术人员，以及一般作者所著述的科学论著、学术专著和与之有关的资料性文献。科学著作是人类记载知识和传播知识的文献主体，因此也是图书馆馆藏文献的主要成分。科学著作的特点是比较系统、全面、成熟、可靠，具有一定的新颖性。它对于读者进行系统地学习和研究某一学科、专业、专题具有较大的参考价值。

（3）教材和教学参考书

教材一般是指各级各类学校的教科书、讲义、讲授提纲等教学用书，是根据教学大纲和实际需要为师生教学应用而编选的文献资料。其中有的大学教科书也可作为科学著作。各种教材都是按一定的学科体系，针对学生的知识水平，系统编写而成的一种图书。教材具有内容相对稳定、观点比较成熟、阐述系统完整、表达概括清楚和使用对象有针对性等特点，同时也存在出版周期较长、内容相对陈旧、不能及时反映最新的学科成就等缺点。

教材有公开出版发行、内部出版发行和自编讲义之分。公开出版发行的教材内容比较成熟定型，内部出版发行的教材和自编讲义的成熟程度不如公开出版发行的教材，但其中往往含有较新的理论和观点，能及时反映学科的发展，具有很大的参考价值。许多公开出版发行教材的前身就是内部出版发行的教材或自编讲义。

教学参考书是为配合学校的各种教学活动而编制的参考文献，包括各学科、各专业及各门课程的教学大纲、教学参考资料、学习指导书，习题集和习题解答等。教学参考书的特点是辅助性强。它们是专为配合某学科、专业、课程及某种教材而编写的一种图书。教材和教学参考书都是学校图书馆馆藏文献的重点，其中以教学参考书的收藏更为广泛和全面。

（4）工具书

工具书是收集材料，按照特定的方法加以编排，供读者解难释疑和查考之用的一种图书。工具书是各种图书馆的必备馆藏成分。

工具书具备丰富、系统而又全面的内容和完好的编排体例，是一定领域里的学科知识高度浓缩的二次和三次文献，是用以积累和查询文献线索的工具。工具书涉及的知识内容广泛，用途各异，类型多种多样，主要类型有字典、词（辞）典、百科全书、类书、年鉴、手册、书目、索引、表谱、图录、名录等，是学习和研究的有力助手，是帮助读者解难释疑、提供文献线索的重要工具。

工具书按内容性质，可分为综合性工具书（例如《中国大百科全书》、《辞海》等）和专门性工具书（例如《地质辞典》、《机械工程手册》等）。按用途可分为参考性工具书（例如各种年鉴、手册等）和检索性工具书（例如各种书目、文摘、索引）。工具书的特点是具有查考性、概括性和检索性。

（5）科学普及读物

科学普及读物是以通俗易懂的语言，向人民普及宣传科学知识，以普遍提高人民的科学技术水平为目的而编写的一种图书，是图书馆不可缺少的馆藏成分之一。科学普及读物特点是通俗性与科学性的密切结合。

（6）文艺作品图书

文艺作品图书是作者以语言和图形塑造典型形象，反映社会生活，表达作者思想感情，陶冶读者情操，给人以教育和精神享受的一种图书。它是人们文化生活的一个重要组成内容，拥有广泛的读者群。因此，在藏有此类图书的图书馆中利用率都较高，是许多图书馆不可缺少的馆藏成分。

文艺作品图书不是学校图书馆馆藏文献的重点，其品种经过一定的选择，复本量较小。鉴于其读者对象广泛，利用率较高，各图书馆都采取了相应的措施以缓解供需矛盾，如控制其借阅数量、限制借阅周期等，以加快周转速度。

任务6 文献发展简史

一、文献概述

文献是人类社会发展到一定阶段的产物。自古以来，文献无论是从内容上讲，还是从形式上看都是异常丰富的。不同的历史时期，人们对文献概念的认识也不相同。文献产生之初，是以书契、档案的形式出现的。随着文献从零星、片断的记载，到系统的著述，对文献的解释也在不断地发生着变化。目前对文献的定义是：文献是记录有知识和信息的一切载体。所以，如甲骨文献、金石文献、简牍文献、纸质文献、电子文献等都属于文献的范畴。

文献一般由以下四个要素组成：其一，所记录的知识和信息，即文献的内容。其二，记录知识和信息的符号，即文献内容的形式。文献中的知识和信息，是借助于文字、图表、声音、图像等形式记录下来，并为人们所感知的。其三，用于记录知识和信息的物质载体，即文献的物质形式，如青铜器、石碑、甲骨、竹简、木板、纸张、胶卷、磁盘、光盘等。其四，用于记录知识和信息的方式，即文献的记录手段，如铸造、刻写、书写、印刷、录制、扫描、复制等，是知识和信息与载体的联系方式。

图书的概念是：将文字、图形或其他符号，用刻、写、画等一定的技术方法，记录在纸张上，一般应具有相当的篇幅，并以供人们阅读为目的文献。由此可见，图书需要记录在纸张上，而不是像文献可记录在一切载体上。所以，文献的概念要比图书的概念更广泛。图书与文献概念的差别在于，后者所包含的范畴要比前者广泛，前者只是后者的一部分。为了既保留习惯称谓，又方便说明问题，图书与文献的概念有时是交叉重复的，即广义概念上的图书就是指文献。

我国的文献起源很早，《尚书·多士》就有“惟尔知，惟殷先人，有典有册”的说法，说明我国远在殷商时代就产生了文献。由于材料和制作方法的不同，在纸发明之前以及与纸质文献同时存在的文献有各种不同的形态，包括我们通常所说的甲骨文献、金石文献、简牍文献、缣帛文献等。在国外有书写在纸草、泥板和羊皮上的文献。造纸术的发明，使纸逐渐成为人们书写的重要工具，加之印刷术的发明，使印刷型的纸质文献成为文献的主流。随着现代科学技术的发展，新型信息载体的出现，电子出版物不断增多，出现了各种新型的电子文献。现代化图书馆的馆藏文献成为多种载体文献并存的集合。

信息、知识与文献是互相关联，密不可分的，文献是信息和知识的载体。

信息一词最早见于唐代诗人李中的诗句“梦断美人沉信息”，但20世纪80年代以来才被广泛应用。信息就是消息、音信、信号等所包含的内容。信息通过声波、文字、符号、图像、电磁波等进行传递，一个完整的信息传递过程包括信息的产生、传递、接收、储存、加工和利用。知识是人们对自然和社会的认识和描述的总和，包括感性认识和理性认识，也包括人们通过实践经验直接获得的知识和从文献中间接获得的知识。

二、甲骨文献

我国现存最早的文献当属甲骨文献，即通称的甲骨文。甲，是指龟甲，即乌龟的腹甲和背甲，以腹甲为多。骨，是指兽骨，其中以牛的肩胛骨最多，因其表面光滑，又宽阔。早在殷商时代，我国就将文字、符号书写或刻在龟甲、兽骨上，作为王室占卜和记录当时祭祖、战争、狩猎、疾病，及其他自然现象及社会现象的文字载体。

甲骨文献最早在1899年发现于河南省安阳县小屯村，由于那里是殷代后期国都的遗址，所以又称殷墟。清代内阁学士、文字学者，金石学者王懿荣最早从药店中发现了作为中药的“龙骨”上雕刻着文字样的图案，将其送给对古文字颇有研究的刘鹗鉴定后开始进行研究。王懿荣死后，刘鹗继续研究，于1903年出版了对甲骨文献最早的研究著作《铁云藏龟》，并由此引发了甲骨学之热，也引起了世界的关注。自发现、研究甲骨以来，先后已发掘出甲骨文献10万余片，上有文字4 600余个，多是象形文字，但更多的是仿照绘画的最原始文字。甲骨文献上面记载的内容以占卜为主，所以也称为甲骨卜辞。另外也有用于记录王室的史实，以及用于记录献给王者龟甲类的芳名录，即账本。从“卜”字的形状看，也是表示龟甲被火烤裂所形成的纵横裂纹。“占”字是由“卜”字加一个“口”字形成的，表示用口叙述卜的结论。

文字的发明为人类文化的积累和继承创造了先决条件，有了文字，就有了创造书体的可能，但并不是一有文字就有文献的。我国目前已知的最早的文献就是甲骨文献。今天的人们可以通过甲骨文献，了解到我国3 000多年前的社会生活各方面的概况。

三、金石文献

金石文献是金属文献和石刻文献的合称。

金属文献就是将文字或其他符号铸造于金属，特别是青铜器上所形成的一种文献类型。由于其文字多铸造于钟、鼎等器具上，所以被称为钟鼎文，又可总称为青铜器铭文。“铭”即在金属器物上铸造、刻写记录之意。“铭”字即为表示形义的金字旁加表示读音的“名”字所组成的形声字。青铜器上的铭文，有的是与器物同时铸造的，有的是在器物铸造完成后，再刻写上去的。青铜器历代都有出土，至今已发现几万件，其中有铭文的就有1万多件，现存具有铭文的金属文献有6 000多件。上面铭文的字数多少不一，少的仅有几个字，多的则有数百字，平均为20～30个字。铭文的内容，有铭记应祭祀的祖先的名字、器物名称、铸造者名称，也有表示战争及重大事件等社会现象的文字。由于在殷代青铜器上的铭文，是表示马、牛、猪、象等动物的象形文字，以及表示战争及重大事件等社会现象的文字字形是原始的，且是写实性的，所以可以推测金属文献产生的年代应比甲骨文献更为久远。周代是金属文献的黄金时代，有铭文的器具极多，且多为长篇铭文，字形也正规。其中有代表性的是“毛公鼎”和“散氏盘”。“毛公鼎”是周天子武王的弟弟毛公记载国家大政的策令书，共有32行，497个字。“散氏盘”的铭文内容，是记载氏、散两国有关交界的契约，共有19行，350个字。“毛公鼎”和“散氏盘”现都存于台湾的故宫博物院。

石刻文献就是将文字或其他符号刻于石头上所形成的一种文献类型。中国最早的石刻文献是相传4 000年前，在建有夏禹王庙的湖南省岣嵝山立起的一块碑，被认为是战国初期的石刻，用做材料的石头是块普通的磐石。现存最早的石刻文献是唐代初期在今陕西省凤翔县出土的10个秦代石鼓，上面的文字是用大篆书写的，刻文的内容是用韵文浮雕的夸赞狩猎的四言诗句。据传是宣王时太史史籀的作品，被称为石鼓文。石鼓上的文字原有600多个，由于长期的天灾人祸，现仅存301字，它们现保存于北京故宫博物院。汉代时，刻石之风更加盛行。石刻文献的形式各不相同，一般将石头加工成长方形再刻上字的立石称为碑，将石头加工成上圆下方形状的称为碣，将在天然岩壁上雕刻文字的称为摩崖。

在中国图书历史上，最重要的石刻文献是熹平石经。石经即雕刻在石上的儒家经典。熹平石经始刻于后汉灵帝熹平四年（公元 175 年），历时 8 年完成。皇帝命令当时的博学者、大书法家蔡邕等诸学者，首先完成 7 种儒家经典文字的校定，先用朱笔写在石头上，再让刻工雕刻。历时 8 年完成了这一宏伟的大业。将两面雕刻的共计 46 块石碑，放在当时首都洛阳国立太学讲堂的门外。这 7 种书籍是《易经》、《尚书》、《诗经》、《仪礼》、《春秋》、《公羊传》、《论语》，文字共计 20 余万。这些石刻文献是当时国家公布的儒家经典的标准教科书，受到热烈欢迎。从全国各地来的许多学子，为了阅读、书写这些儒家经典，纷纷云集于此。由于石刻文献所特有的耐保存性和易于观览性，至今仍在一些特定的场合被使用着。石刻文献在文献发展史上具有重要意义的是，由于石刻文献的文字，可以通过拓印的方法予以复制成石拓或称拓本，使它在唐代时，诱发了制版技术——雕版印刷术的发明。

四、简牍文献

简牍文献是简策文献和版牍文献的合称。竹和木在很早的周代末期就已被就地取材用做文献的书写材料了。

在竹子的产地，人们就地取材，以竹片作为书写材料。一根写有文字的竹片称为简，“简”字即是由表示形义的竹字头和表示读音的“间”字组合而成的形声文字。许多片简用绳（称为编）连接起来称为策，策也称为册，文字“册”的象形和今义即由来于此。这就是简策文献。以“简”、“策”字为代表，有许多带竹字头的文字，都是与文献有关的上形下声的形声文字，如常用的“篇”、“笺”、“籍”、“笔”、“簿”、“符”等。已知最早发现的简策文献，是汉武帝时，鲁恭王要扩建宫廷，从拆毁的孔子旧宅的墙壁中发现的古代竹简，其中有《尚书》、《礼记》、《论语》、《孝经》等，是战国时代的简策文献。

在不产竹子或产竹子很少的地方，人们也是就地取材，以木材代替竹子，用木片作为书写材料。一块木片称为札，即木札，写有文字的木札称为版，许多版用绳连接起来称为牍，也称木牍。这就是版牍文献。以“版”、“牍”字为代表，有许多带片字旁或木字旁的文字，都是与版牍文献有关的文字，如常用的“牒”、“检”（盖在通信用的版上面的木盖）等。已知最早发现的版牍文献，是 1900 年中外联合西北考察团在新疆楼兰发现的数 10 片木牍。经考证，确认为是晋代的版牍文献。木版的长度有一定的规格和用途，最长的木版为 3 尺，称为椠；木版长 2 尺的称为檄，所说的“檄文”即来源于此；木版长 1.5 尺的称为传信，用做传递信件之用；木版长 1 尺的称为牍，“尺牍”即来源于此；木版长 5 寸的称为传，用做出入城门的通行证。木版的宽度一般为其长度的 1/3。正方形的木版称为方，在方上不仅可以书写文字，更为方便的是可以绘制幅面较大的地图，这就是“版图”的由来。

五、缣帛文献

缣帛文献是指书写在缣（一种纹路细密的丝织绢）和帛（丝织物的总称）上的文献的总称。将书写在绢上称之为帛书，即指写在薄绢上的书。缣帛文献产生于春秋时代，在战国时已非常多见。缣帛具有质地轻薄、体积小、重量轻，具有吸水性，着墨性好，不易腐蚀，经久耐用，纤维能适当伸缩，卷舒和折叠自如，在书写、阅读、携带和保存时都很方便，且可随意裁剪等优点。加之用黑墨在白绢上写出的文字，黑白鲜明，艺术感强，在白绢上画出的图画更是色彩鲜艳，特别漂亮，因此在当时缣帛被推崇为最好的文献书写材料。

到汉代时，不仅王侯、贵族使用，就连文人之间也开始使用。由于帛书一般被卷起保管，所以使用了“卷”这个计量单位名词，一直沿用至今。不过，终究由于缣帛的产量不多，生产工艺较复杂，因此价格较高，比较贵重，使其很难在平民百姓中普及开来。如后汉末年，天文与历数大家崔瑗，用纸书写贵重的汉籍赠予友人，并在书中写到“贫不及素”，“素”即白绢。根据后汉时班固编辑的《汉书·艺文志》中，表示文献的数量采用不同的计量单位的情况推算，在当时国家图书馆的馆藏文献中，约有1/4为缣帛文献，其余为简策文献。这也可以说明缣帛文献由于材料价值较高的因素，难以大量使用。尽管如此，缣帛文献仍然是我国历史上与简牍文献共同存在的一种重要的文献类型。缣帛文献起始于春秋时代，盛行于战国、秦、汉时代，它是作为一种珍贵的文献书写材料，与同期的简牍、纸张并用的。到隋唐时代，缣帛只用于绘画了，它主要用做文字书写材料的历史有1 000年左右。

我国现存最早的帛书是《缯书》。这是一件用毛笔墨书、彩绘在丝织品上的帛书，高约30厘米、长约39厘米，中间写有600多字。在文字的四周绘有图像及图像的说明文字。《缯书》1942年9月出土于湖南长沙东郊子弹库纸源冲的战国楚墓中，距今已有2 000多年的历史。1946年被美国人柯克思带到华盛顿，现收藏在美国耶鲁大学图书馆。

六、纸质文献

纸质文献是以纸张为文字或其他符号的记录载体而形成的一种文献类型。它在文献发展的历史上是使用时间最长久的文献类型，至今已有2 000多年的悠久历史，并且至今仍然在大量使用之中。狭义概念上的图书，主要就是指纸质文献。纸的发明和纸质文献的出现，不仅对于中国，而且对于全世界的文献发展史无疑都具有巨大而深远的影响。

一般认为，纸是公元105年由东汉的蔡伦发明的，其实纸的发明还要更早。在出版于公元100年，即比蔡伦发明纸早5年的中国最早的辞书，东汉许慎著的《说文解字》中，不仅已经出现了“纸”字，而且还有较为详细的说明。“纸”字也是由表示意义的动物性纤维的丝和表示读音的“氏”字组成的形声字。在考古发现中，还有关于比蔡伦造纸更早时间纸的证据。如1933年，中国西北科学考察团在新疆南部罗布泊湖旁的烽火台废墟中，发现了长10厘米，宽4厘米左右的白色古纸。这块纸质地粗糙，可见麻质纤维，经判断，认为这是最初期的遗物。由于同时还出土了写有前汉宣帝黄龙元年（公元前49年）年号的木简，因此更明确地证实了纸的发明年代。1957年，在陕西省西安府古都长安灞桥的前汉武帝（公元前141年—公元前87年）时代的古墓中，也发现了10厘米的四方纸片，用电子显微镜进行科学的分析后，证实是麻类植物性纤维质，从实物来看，大概是用旧麻制作的。

由此可见，纸的发明者并非蔡伦。然而，蔡伦在总结前人造纸经验的基础上，进行了改良和创新，并采用了树皮、麻布头、破布、旧鱼网之类的新型廉价原料造纸，大大降低了成本，容易进行大量生产，对于造纸术的发展起到了重要的推动作用。宋太宗时，在著名文章家苏易简所著的《文房四谱》中，记载了当时纸的主要产地及代表性原料：造纸的原料，四川用麻，福建用嫩竹，北方用桑，河北用藤，南方用苔，湖南、湖北用楮。从那以后，又经过了 600 年，到 19 世纪中叶以后，发明了用各种木材加工成纸浆，大量生产纸的方法。

我国发明的造纸技术流传到全世界，花费了 1 000 多年的时间：3 世纪中叶即公元 250 年前后，向西流传到西域一带；向东传入朝鲜；向南传入越南；610 年经由朝鲜传入日本；到 5 世纪时，整个中亚细亚都在使用；6 世纪时传入印度；751 年传到阿拉伯国家。因其价格便宜且易得，迅速代替了当地原使用的羊皮纸和埃及开发的纸莎草纸；900 年在非洲的埃及开罗开设了以亚麻为主要原料的造纸厂；1151 年，在多伦多开设了造纸厂，这是向欧洲传入的最早时期。恰好 13 世纪以后，欧洲随着活字印刷术的普及，纸质文献出版业迅速发展；1370 年经由瑞士传到大洋洲的澳大利亚；1690 年在美国费城建立了美洲第一个造纸厂；1803 年才传到现代木材纸浆的生产王国——加拿大。

纸的普遍应用直接促进了纸质文献的激增和科学文化的传播，同时，科学文化和纸质文献的发展，又进一步推动了造纸技术的进步。在印刷术广泛使用以前的两晋、南北朝和隋唐时期，对于纸质文献而言，无论是官修文献，还是私人著作，都是用笔抄写而成的。当时抄书已成为一种职业，“经生”就是专门从事抄书的。尤其是隋唐时代，抄写的写本书已进入空前的兴盛时期。如隋炀帝曾在洛阳令人抄书 8.9 万卷，唐李泌有私人藏书 3 万卷，这些藏书几乎都是抄写本书。即使在印刷术发明以后，写本书仍在被广泛使用。在写本书中，影响最大的两部图书是《永乐大典》和《四库全书》。明代编纂的中国最大的类书《永乐大典》，是由 2 169 人花费了 5 年多时间编撰而成，清代编纂的中国最大的丛书《四库全书》，是召集当时全国著名的学者，以及缮写、装订要员 3 800 余人，花费了 10 年功夫编撰而成的，它们也是世界上最著名的写本书文献。我国古代的纸质文献虽然丰富，可惜流传于世的为数不多。我国目前保存的历史最早的纸质文献，是在新疆发现的晋人写本《三国志》的残卷。纸质文献的大规模生产和发展是在印刷术发明之后。印刷术也是中国人首先发明的，并由我国传播到全世界。

我国于唐代初年武则天到唐玄宗期间，发明了雕版印刷术，从此采用雕版印刷的纸质文献在我国大量生产。在我国现存的古籍文献中，雕版文献占主要地位。我国乃至世界现存已发现的最早的雕版印刷品，是 1889 年在甘肃敦煌千佛洞储藏的《金刚经》，它是公元 868 年（唐咸通九年）的作品，这是世界上已发现的具有确切日期的最早的雕版印刷纸质文献。《金刚经》1907 年被英国人斯坦因带走，现收藏在英国不列颠博物馆。到北宋时，雕版印刷已沿用了 200 多年，雕版印书业日趋发达，官府、私家与书坊竞起刊刻，印书业几乎遍及全国。此时，雕版印刷逐渐取代了手工抄写而成为纸质文献制作的主要形式。如宋太宗、真宗时，官府曾刻印了《太平御览》1 000 卷、《文苑英华》1 000 卷、《太平广记》500 卷和《册府元龟》1 000 卷著名的四大类书等卷册浩繁的大型文献。

明清两代的雕版印刷文献，在品种和质量上都超过了以前，其中清代的雕版印刷文献存世最多。雕版印刷术的发明，极大地方便了知识的传播，对继承和发扬我国的学术传统起到了很大的推动作用。相比以前的手写传抄，大大节省了人力和时间，对阅读文献的人来说，确是很大的方便。但雕版印刷术必须一叶一版，如果要刻印一部大书，往往要花费若干年的工夫，且若一版刻错就要报废返工，费用浩大，储存版片还要占用很多空间，管理较困难。

1041—1048 年，北宋的毕昇在总结前人经验的基础上，发明了泥活字印刷术，大大提高了印刷的效率，推动了书籍的生产。由于活字可以反复使用，克服了雕版印刷中错版就要报废的缺点。但是，一则活字印刷术的优越性，只有在不断地印刷大量的书籍时才能显示出来，而在毕昇发明活字的时候，书籍的需要量还不十分巨大；二则当时的统治者并不重视新技术的发明和推广；三则当时的活字排版非常麻烦、费工费时，因此，使得毕昇发明的泥活字印刷技术没有被人们广泛采用，用活字印刷的文献也没有流传下来。泥活字印刷的文献在宋、元、明三代均未见传世。我国现存最早的泥活字印本书是《泥版试印初编》，由清代翟金生于道光 24 年（即公元 1844 年）印刷，现收藏在国家图书馆。

继宋代泥活字印刷之后，活字印刷技术在元代有了重要发展。其中有元代创造的锡活字；元仁宗皇庆年间，即 1312—1313 年元代科学家王祯创造的木活字及其排字架和排、捡字技术；元代元统元年，即 1333 年最早的铜活字印刷本的《御试策》。现存最早的铜活字印刷本文献，是明代弘治五年（1492 年），在无锡华氏会通馆刊行的宋无名氏编的《锦绣万花谷》。清代有用铜活字印刷的著名的类书《古今图书集成》，用木活字印刷的《武英殿聚珍版丛书》。我国著名的古典小说《红楼梦》，其最早的版本也是用木活字排版印刷的。

我国的古籍（指周秦至 1911 年间成书的图书）在千百年的发展过程中，不但数量极多，内容丰富，而且随着文献制作方法的不断进步，其装帧形式也丰富多彩，出现了不同的书籍制度。依时代先后有简册制度、缣帛制度、卷轴制度和册页制度。其中册页制度是随着雕版印刷术的出现而发展形成的。雕版印刷使书纸变成一页一页的单页，然后将每一单页装订成册而成为书本。这种书籍制度是我国文献发展史上的一大进步。在此基础上，又创造了“线装”的方法。这种书籍形式，既方便阅读，又美观牢固，因此成为我国古籍最后的、也是最通行的形式。现在保留下来的古籍，绝大部分是线装书。

任务7　图书馆文献的分类

一、文献分类的意义

图书馆搜集到各种文献之后，还要进行科学的组织，才能被读者方便地利用，否则只能是一批杂乱文献的无序堆积。有人把图书馆比喻为人类知识的宝库，也有人把它比喻为知识的海洋。确实，图书馆不仅收藏文献的数量庞大，形式多样，内容丰富，而且涉及到的知识门类非常广泛。

众多的图书馆文献，往往使初到图书馆的读者感到无从选择。然而，图书馆的文献经过科学的组织，并非杂乱无章，而是相当整齐有序的。这就是图书馆工作人员对各类文献经过分类和排架以后，组织起来的一个科学的体系结构，它是一个条理化、系统化，具有各种联系的有机的图书馆馆藏文献整体。

读者利用图书馆文献，目的是接受某一方面的教育，获取某一种知识，或解决工作、学习和生活中的某些问题。图书馆为了满足读者的不同需要，就要对各种文献进行科学的组织，将馆藏文献的内容系统地揭示出来，供读者检索使用。揭示和组织馆藏文献的主要方法就是对馆藏文献进行分类。

在图书馆文献分类中，习惯上将类称为类目。分类，其中有两层含义：一是区分，即将不同的事物区分开；二是类集，即将相同的事物归纳集中在一起，并根据彼此的关系组成一个相互具有联系的系统。图书馆文献分类，就是按照文献内容的学科性质及其他特征，根据一定的文献分类工具揭示图书馆馆藏文献，并分门别类地予以系统组织起来的一种方法。

二、图书馆文献分类的作用

1. 编制分类目录

图书馆分类目录是从文献内容的学科性质方面来揭示馆藏文献的一种检索工具，能够满足读者按类检索文献的要求。在采用手工检索的图书馆中，分类目录是读者利用率最高的一种目录。即使在已经采用计算机检索的图书馆中，分类检索途径仍然是机读目录数据库中的重要检索途径之一。

2. 组织分类排架

世界上各种类型的图书馆很多，但绝大部分是以分类排架方法为主，这是图书馆为符合大多数读者的检索与阅读习惯而实行的一种文献排架方法，同时也便于图书馆工作人员按类熟悉馆藏文献，向读者宣传推荐馆藏文献，并迅速地提取、归还和整理文献。

3. 进行分类统计

图书馆的文献分类为图书馆按类统计提供了条件，而按类统计文献的馆藏与流通等情况，并进行定期地分析、总结和研究，是图书馆做好服务工作的重要基础，也是图书馆学中文献计量学的重要研究内容。

三、图书馆文献分类工具

图书馆使用的文献分类工具习惯上称为图书分类法。图书分类法是按照一定的思想观点，以科学分类为基础，结合文献的内容和特点，通过一定的标记符号来代表各级类目，并固定其先后次序的分类体系表，是图书馆用以类分和组织馆藏文献一种工具。目前，我国绝大多数图书馆文献分类采用的分类法，是由《中国图书馆分类法》编辑委员会编辑，北京图书馆出版社出版的《中国图书馆分类法》第四版印刷版，简称《中图法》第四版，以及《中图法》第四版的电子版，即我国第一部电子分类法，简称《中图法》电子版。

《中图法》是结合各种文献的内容和特点，采用一定的科学逻辑方法编制而成的在我国最具有影响的一部文献分类工具书。在《中图法》的分类体系中，其类目排列顺序的一般规律为：

由总到分，由一般到具体，由低级到高级，由简单到复杂，层层划分，逐级展示出全部类目及其分类号码。

《中图法》分类体系的分类号码采用汉语拼音字母和阿拉伯数字相结合的混合号码，即基本大类（也称一级类目）和部分类目的二级类目采用汉语拼音字母，其余采用阿拉伯数字。采用混合号码的优点，是可以突破阿拉伯数字十进制的限制，容纳较大基数的类目，层次也较清楚。《中图法》共分为 5 大部类，22 个基本大类，其各类的类目名称和分类号码见表 1-1。

表1–1 《中图法》类目名称和分类号码表

部类名称	基本大类分类号	基本大类名称
马克思主义、列宁主义、毛泽东思想、邓小平理论	A	马克思主义、列宁主义、毛泽东思想、邓小平理论
哲学	B	哲学、宗教
社会科学	C	社会科学总论
	D	政治、法律
	E	军事
	F	经济
	G	文化、科学、教育、体育
	H	语言、文字
	I	文学
	J	艺术
	K	历史、地理
自然科学	N	自然科学总论
	O	数理科学和化学
	P	天文学、地球科学
	Q	生物科学
	R	医药、卫生
	S	农业科学
	T	工业技术
	U	交通运输
	V	航空、航天
	X	环境科学 安全科学
综合性图书	Z	综合性图书

由于工业技术发展较快，门类繁多，为了适应其文献分类的需要，在《中图法》“工业技术”基本大类的二级类目也采用了汉语拼音字母，形成了双字母形式。

分类法每个类目都是根据该类文献的内容和形式特征，划分出若干个下一级的类目，每个下一级的类目，又可以再划分出若干个更下一级的类目。依次类推，逐级细分下去，最多可达 11 级类目，已经具有相当高的专指性。这样层层划分的结果，形成了一个有条理、有系统、有一定内在联系并逐级展开的类目表。整个类目的体系，就是通过众多类目之间的关系，来表示文献的属性及其在整个分类体系中的位置。

图书馆文献分类是以科学分类为基础的，但又区别于科学分类，同时兼顾了文献的特点。分类法的所有类目，均以其内在联系，按照一定的规律系统地组织排列起来，整个分类体系呈现一种倒树状结构，而反映在分类法中则是直线排列式。

类目的级别除了分类号能基本反映外，还可以通过类目名称在分类法上的进、缩格形式，以及类目名称所用字号大小和不同的字体来反映。另外，每个类目都配有相对应的分类号。分类号是类目的代表，是现代分类法所特有的标记符号，起到代替类目名称和组织图书馆文献分类排架的作用。常到图书馆的读者，对于自己经常使用文献的分类号很熟悉，可以根据分类号熟练地利用卡片式分类目录或计算机目录中的分类检索途径，很快查找到自己所需要的文献资料，从而提高了借阅文献的效率。因此，作为图书馆的读者，要了解《中图法》的分类体系，尽量熟悉和掌握这个分类体系，至少要掌握常用的一些类别文献的分类号及其类目名称，才能更方便、更顺利地到图书馆借阅文献，获取知识信息。由于《中图法》不仅是在全国各个图书馆、资料室和情报单位普遍采用的文献分类工具，也是在全国所有出版社出版的图书上所采用的文献分类工具，同时，还是在全国普遍推广的学术论文写作中需要采用的文献分类工具，所以了解《中图法》的分类体系，可以在全国范围内利用。对于那些一时不太熟悉《中图法》分类体系的读者，或者需要查找更为详细类目文献的读者，可以利用计算机检索系统中的主题词检索途径进行直接检索。对于没有建立主题检索途径的图书馆，可以利用主题概念查找与其相对应的分类号码，然后再利用分类号进行检索，这种方法称为主题分类检索法。

总之，内容丰富，门类繁多，数量庞大的图书馆文献，经过分类这一方法的科学组织，变得井然有序。展现在读者面前的是一个文献的网络，知识的网络，这本身就会使人感觉到知识的力量。

任务8 图书馆文献的排架

任何图书馆的馆藏文献，都是按照一定的方法，系统地依次排列在书架上，使每一种文献都具有明确的位置，以便于读者查找、使用和图书馆工作人员提取、归还、清点和整理。

图书馆文献的排架方法（见表 1-2）可以分为两类，一类是按文献内容特征排架的内容排架法；另一类是按文献的形式特征排架的形式排架法。在图书馆实际工作中，这两类文献排架方法经常互相结合，配合使用。内容排架法又可分为分类排架法和专题排架法。形式排架法又可分为类型排架法、文种排架法、登录号排架法、固定排架法、书型排架法、字顺排架法和出版序号排架法等。

表1-2 图书馆文献排架方法一览表

<table>
<tr><td rowspan="9">图书馆文献排架方法</td><td rowspan="2">内容排架法</td><td>分类排架法</td></tr>
<tr><td>专题排架法</td></tr>
<tr><td rowspan="7">形式排架法</td><td>类型排架法</td></tr>
<tr><td>文种排架法</td></tr>
<tr><td>登录号排架法</td></tr>
<tr><td>固定排架法</td></tr>
<tr><td>书型排架法</td></tr>
<tr><td>字顺排架法</td></tr>
<tr><td>出版序号排架法</td></tr>
</table>

一、内容排架法

1. 分类排架法

在内容排架法中，分类排架法是根据文献内容所属的学科门类，按照一定的文献分类体系组织排架。目前我国大多数图书馆采用《中图法》分类体系排架。分类排架具体说就是按照文献的分类号、书次号以及附加号的次序排架。

分类排架法是图书馆文献的主要排架方法。它可以将馆藏文献按其内容所属的学科门类集中到一起，组成一个具有内在联系、有逻辑性的科学体系。分类排架法为读者使用文献提供了极为方便的条件，因为大多数读者都习惯于按不同的类别查找文献。在同类众多的文献品种中，不仅可以较快地找到所需要的品种，往往还能发现更好的品种。读者这种按类选择的习惯，不仅体现在图书馆查找文献过程中，读者到新华书店购书，乃至去商店购物都有这种习惯。在实行闭架管理的图书馆中，读者不能直接接触文献，需要通过目录查找。在手工检索卡片目录的条件下，读者利用率最高的目录也是分类目录。即使在利用计算机检索的特点下，分类检索途径也是利用率较高的。分类目录的索书号与文献在书库中的排架次序是完全一致的，读者查找分类目录犹如到书库中按类查找文献。分类排架法不仅符合大多数读者的查找习惯，同时也便于图书馆工作人员通过分类排架了解、熟悉和研究文献，更好地向读者按类别宣传推荐文献和辅导读者阅读文献。

分类排架法的缺点，一是为了集中同位文献，排架时必须在每类文献后面留下一定的空余位置，以便插排新入藏的文献，这样就占用了较多的储藏空间，而当新入藏的文献大量增加，将预留的空位占满时，又需要倒架甚至倒库；二是分类排架号码比较冗长繁杂，在整理排架时速度慢，容易出现差错。对于不熟悉文献分类的读者，在实行开架借阅时，也不利用读者快速地查找文献。但这些缺点多数只是给图书馆工作人员增添了不便，对于读者的影响较小。分类排架法正是以少数图书馆工作人员的不方便，换取了大多数读者使用文献的方便，使得它成为图书馆文献排架的主要方法。

2. 专题排架法

专题排架法是将文献划分为若干个专题，按这些专题的内容范围集中排列文献的方法。它的优点是可以突破学科体系的限制，具有较大的灵活性，能够将同一专题内容的文献集中到一起，便于配合图书馆的工作任务，为读者进行对口服务。专题排架法一般只用于特定的用途，例如为读者举办专题文献展览，在外借处、阅览室及开架书库等处开设专架陈列，向读者宣传推荐某一专题和某一体裁的最新文献等。专题排架法的专指性虽好，但由于缺乏系统性，而且专题与类目在内容上也存在着一定的交叉重复现象，因此它不适宜作为图书馆文献的主要排架方法，只适于作为辅助排架方法。

二、形式排架法

1. 类型排架法

在形式排架法中，类型排架法是按照文献的不同类型分别组织排架的方法，也是许多图书馆的首选辅助排架方法。例如，可将文献区分为图书、期刊、报纸、特种文献资料、内部文献资料、保密性文献资料、电子文献等分别组织排架。排架时通常要结合其他方法共同组成排架号，例如，可按文献的类型号、分类号、书次号、附加号等共同组成排架号。类型排架法便于读者选择使用不同类型的文献，同时也便于图书馆开展内部工作。

2. 文种排架法

文种排架法是按照文献使用的不同语言文字种类区别排架的方法。例如，首先将文献区分为中文文献和外文文献。在中文文献中，又可进一步区分为汉语，及其他各少数民族语言文字的文献。在外文文献中，又可进一步按英文、法文、德文、俄文、日文，及其他文种的文献分别组织排架。文种排架法通常也要与其他排架方法结合使用，共同满足读者对不同文种的需要。

3. 登录号排架法

登录号排架法是直接利用文献入藏时所获得的登录号顺序进行排架的方法，即直接利用文献的登录号作为排架号。这种方法简单清楚，节省空间，不需要倒架，便于文献的提取、归架、清点和整理；但不能按类集中文献，无法反映文献的内容，也不能集中前后到馆的同种文献的不同复本、不同版本、不同翻译和注释本、不同卷册等，使同一种文献的各卷册不能集中，缺乏连续性。因此，登录号排架法不便于读者查找使用文献。

4. 固定排架法

固定排架法是根据文献到馆的先后次序，编成固定的排架号进行排架的方法，即排架号=库室号+书架号+层格号+顺序号。例如2/12/4/20或212·420，表示该文献是第2书库第12架第4层的第20本，该文献将永久地固定排列在这个位置上。这种排架方法的优点，是文献的位置固定，易记易排，书架利用充分，不存在倒架问题。固定排架法的缺点，是不利于读者查找使用文献。由于同一种文献的不同卷册、不同版本等往往并不是同时到馆的，采用固定排架法人为地分散了同种文献。因此，它主要适用于一些工具书库的文献排架。

5. 书型排架法

书型排架法是按照文献的外形特征进行排架的方法。例如可按文献的外形尺寸大小、装帧形式等进行分组排架。这种排架方法的优点，是文献排列整齐美观，节约空间（如同为32开本尺寸的文献可压缩书库的层间高度），但要同时便于读者查找使用文献，往往还需要配合其他排架方法。

6. 字顺排架法

字顺排架法是按照文献名称或责任者名称的字顺排架的方法，其排架次序与组织字顺目录的方法相同。期刊排架和使用拼音文字的国家常使用这种方法。而作为我国图书馆主力文献的图书一般不采用这种方法，因为它同时具有不能按类集中文献和存在倒架问题的缺点，不便于读者使用文献。也有的图书馆将它作为辅助方法，配合分类排架法共同组织排架。例如，可先按分类，再按文献名称排架，可以集中同类相同名称的文献。

7. 出版序号排架法

出版序号排架法是按照某种特种文献原有的出版序号排架的方法。例如，专利文献可按专利号顺序排架，标准文献可按标准号顺序排架，科技报告可按报告号顺序排架等。由于文献出版序号并不反映文献的内容，因此这种排架方法不利于读者按内容查找使用文献。但由于它简便易行，目前仍然被较多地用来排列具有出版序号的特种文献。

三、各种排架方法的特点

由上述介绍可以看出，形式排架法一般都具有排检文献迅速、简便，书架利用充分，节省空间，较少或不出现倒架、倒库现象等优点。而这些优点一般只是对图书馆工作人员比较方便。形式排架法的缺点，是不能集中同类的文献，不便于集中先后到馆的同种文献的不同复本、不同版本、不同卷册和不同译释本等，不利于读者由内容系统地直接使用文献，同时也不便于图书馆工作人员了解、熟悉和研究文献，不便于向读者宣传推荐文献，更不适于对读者开架借阅文献。这些缺点都直接影响读者使用文献，不符合现代图书馆的文献以用为主的原则。因此，形式排架法不能作为图书馆文献的主要排架方法，而只能作为辅助排架方法和特定文献的排架方法。目前，在形式排架法中，除类型排架法和文种排架法配合分类排架法被广泛使用外，其他形式排架法和专题排架法较少使用或只在特定条件下使用。

图书馆可以根据馆藏文献的类型、数量、特点、流通率等不同条件采用不同的排架方法，也可以同时采用几种不同的排架方法，取长补短，配合使用，以满足读者利用文献和图书馆工作人员管理文献的需要。现在大多数图书馆采用的是内容与形式相结合的排架方法，其中使用最多的是按照类型—文种—分类的次序进行排架的混合方法。即首先将文献按类型分别排架，这样比较符合读者的需求习惯；其次将文献按文种分别排架，这样有利于满足不同层次读者的需求；再按分类方法进行排列，以便于读者按学科知识门类系统地查找使用文献和便于图书馆工作人员开展工作。

在采用类型和文种排架法的基础上，期刊除按分类排架法外，也常按刊名字顺排架，便于读者按照刊名查找。内部文献资料和零散的文献资料，由于篇幅较少，装订简单，一般装入资料袋或资料盒中，采用分类排架或登录号排架的方法。专利文献、标准文献、科技报告、会议录等具有原始出版序号的文献，目前多采用出版序号排架法。对于非印刷型的特种文献资料，如缩微胶片、磁带、磁盘、唱片、录像带、光盘等电子文献，由于它们需要特殊的保存条件，一般是按顺序编号，或按自身号码的次序排放。

总之，各种文献排架方法各有利弊，又各有特点，能够适应不同文献的排架需要。总的来讲，要以尽量符合读者的查找习惯，方便读者使用文献为原则来选择排架方法。同时，文献排架方法与文献目录、计算机机读目录的检索途径有密切联系，应当在选用合适的文献排架方法的基础上加强目录工作或文献书目数据库建设。在现有的形势下，尤其要重视高质量的图书馆计算机数据库检索系统的建立。要把图书馆文献的科学组织和科学揭示有机地结合起来，最大限度地满足读者对文献的需求，充分提高文献的利用率。

任务9　图书馆目录概述

一、图书馆目录的意义

图书馆目录是揭示、检索和管理图书馆馆藏文献的工具。所谓揭示文献，包括记录文献、报道文献和识别文献。记录文献是指通过各种款目，准确地将文献的内容特征和形式特征予以描述，向读者提供有关各种文献的目录学知识，帮助他们了解馆藏文献的内容；报道文献是指根据读者的需要，从一定的编制目的出发，围绕某一问题，向读者宣传、报道有关文献；识别文献是指通过各种款目的著录内容和结构形式，向读者提供鉴别和确认文献的依据。所谓检索文献，就是通过款目的集中和组配，分别从题名、责任者、主题、分类及其他等各方面，向读者提供选择文献、索取文献的途径。所谓管理文献，就是通过目录对馆藏文献和图书馆业务工作进行管理和协调。其中，揭示文献是基础，检索文献、管理文献都是由此演化而来的。

二、图书馆目录的功能

1. 揭示馆藏文献的功能

图书馆馆藏文献是长期积累的结果，内容涉及古今中外各个领域，质量参差不齐，版本新旧不一，语言文字种类繁多，单凭人脑记忆馆藏各种文献的形态、内容、特征及其收藏地点，并在需要时将其逐个查找出来是根本不可能的。馆藏目录正是人脑记忆的延伸。它通过对文献的客观记录，向读者揭示馆藏文献，提供识别馆藏文献的根据。从宏观上看，它全面反映馆藏文献信息，报道馆藏的数量、质量、种类、各种特征，以及在图书馆中的组织与分布状况，使目录使用者了解现有馆藏的概况；从微观上看，它模拟每一种具体的文献，描述文献的识别特征，显示一种文献与它种文献的区别与联系，是某种文献的缩影，使目录使用者可以区分、检验、选择文献及其版本。

图书馆目录实现检索职能的前提，是识别款目中的文献著录内容，即必须经过从揭示职能到检索职能这一环节。揭示职能具有不同的层次：第一层次是使用相同的语言文字者对目录的识别，只要著录文字规范即可。《国际标准书目著录》(《International Standard Bibliographic

Description》，简称 ISBD），为了适应国际书目信息交流和目录工作自动化的需要，使目录的识别提高到了第二及第三层次，即解决了不懂得著录项目和著录单元含义的人，通过目视和机读能够为那些使用不同语言文字者和计算机所理解，这就是有关著录用标识符号体系的规定。就目前我国图书馆目录的现状而言，国际标准化著录格式的含义及使用，已经普遍被人们接受和掌握。但在标识符号的使用方面，尤其在实行计算机管理的图书馆目录中，作为检索者的读者，仍然需要在馆员的帮助下了解这方面知识。我国教育系统在全国各级学校普及推广的图书馆利用和信息检索教育，也包括向读者进行此相教育的任务。

2. 检索馆藏文献的职能

众所周知，占有必要的材料，对于读书治学和科学研究工作极为重要。这些材料，除了可直接来源于社会实践以外，还必须间接地从查阅古今中外的文献信息中获取，两者是互相补充、相辅相成的关系。随着现代科学技术的迅速发展，不仅文献的数量剧增，而且形式日趋多样化，这就使得巨大的文献信息财富与广大读者的特定需求之间发生了矛盾。这种矛盾对于个人来说，表现在利用文献时，总是从一定的目的和一定的水平出发，其间存在着千差万别的不同情况。即使是同一个人，在不同的时间范围内，对于文献信息的需求也是不尽相同的。在图书情报部门，文献与读者之间的矛盾是多方面的。如文献资料的丰富性与读者需求的特定性，文献内容的复杂性与图书情报部门报道、宣传文献的目的性，广大读者需求的多样性与不同读者需求的特殊性等。由于这些矛盾的存在，必须有一种帮助读者了解、掌握文献状况，并在此基础上，可根据自己的需要进行选择的工具和方法。图书馆目录是以读者的检索要求、馆藏文献特征和目录编制方法三者之间的关系，作为自己的研究对象的。读者是目录的使用者，馆藏文献是目录的描述对象。在读者检索的主观意念与馆藏文献特征的客观实际之间，图书馆目录通过一定的编制方法，及其形成的目录体系（包括手工的或计算机的），解决丰富的馆藏文献与特定的读者需要之间的矛盾。图书馆目录的这一作用，正如德国柏林图书馆大门上镌刻的一句话："这里是人类知识的宝库，如果你掌握它的钥匙的话，那么全部知识都是你的。"

编制图书馆目录是建立检索系统的重要环节。读者只有通过广泛地查阅目录，深入地了解入藏情况，才能广泛地阅读文献；有了广泛的阅读，才能恰如其分地作出评论；而评论又有赖于通过目录工具查阅原始文献，并从中得到验证和深化。图书馆目录正是在文献检索的过程中，发挥着重要的基础工具的作用。

由于图书馆目录的检索职能与其揭示职能有着紧密的联系，所以，就要求图书馆在编制目录时，提供尽可能多的检索点，不仅要从文献的主要特征方面提供检索点，而且还要从文献的次要特征方面提供检索点。在手工编目阶段，在图书馆目录中设置的检索点，由于受到目录载体材料等方面的制约，最多只设立题名、分类、责任者、主题四种目录。而且每种目录对文献的检索点都有所约束，尽量简化，这无疑影响了图书馆目录检索职能的充分发挥。但是，随着计算机应用于图书馆目录，新型机读目录的普及和新型目录材料的问世，计算机化的图书馆目录可以充分地实现一次输入，多项输出的功能，以及计算机在数据处理方面特有的高速度，使得在手工目录阶段中，制约图书馆目录的主要因素，如因检索点多所带来的各种款目数量激增和工作量巨大的问题已不复存在。所以，以计算机为核心的新型图书馆目录的最重要进展，就是其检索功能和检索速度的大幅度提高。

3. 管理馆藏文献的职能

这是最早赋予图书馆目录的一种功能。初期的馆藏目录，就是专门为了管理文献而编制的。目前，馆藏目录的管理职能包括两个方面：一是管理文献的职能，即通过对文献形态和有关业务信息的记载，帮助图书馆工作人员或读者了解文献的物理状况，一次文献排列的有序性，以及掌握文献的去向，如文献的借阅情况和在库情况。二是管理目录的职能，即通过有关业务信息的记载，帮助图书馆工作人员维护、保养和改进目录，确保目录检索途径的合理性和目录排列的有序性，并保持馆藏文献与馆藏目录记载的一致性。图书馆目录是图书馆业务工作中必不可少的重要工具。图书馆的各项业务工作，如采访、分类、编目、典藏、流通、参考咨询等，都同收集、整理、保管、利用馆藏文献有关，都需要通过图书馆目录掌握馆藏文献的情况，因此许多图书馆的业务部门还设置了专用的目录。

图书馆目录在管理文献的职能方面具有反映馆藏情况、文献情况、馆藏特点和存放地点的作用。在开展图书馆各项业务工作方面，如采购、分类、编目、典藏、读者服务等方面，图书馆目录具有保证各工作部门有效地完成工作任务的作用。同时，图书馆目录还是图书馆业务工作自动化的核心，是建立书目数据库——即机读形式的馆藏目录。图书馆自动化集成系统的任何一个子系统，包括采访、编目、流通、连续出版物管理、检索、产品输出、书库管理等，都必须含有建立、更新或查询书目数据库的功能。由于文献的复杂性、读者要求的多样性，以及书目工作标准化的要求等诸多因素，图书馆自动化系统的设计独具特点。因此，那种在图书馆自动化初期，单靠某一个或几个图书馆的力量，自行编制图书馆计算机管理软件的做法，是远远不能满足实际使用要求的。目前，国内已有较为成熟的数家大规模图书馆计算机管理软件公司的产品，其功能、性能、价格都较为优良，可以满足图书馆机读目录的需要。

综上所述，图书馆目录无论对于广大读者，还是图书馆工作者，都是不可缺少的重要文献检索工具。正如我国近代图书馆学教育家沈祖荣教授所说："夫图书馆活动全持目录，目录者如网之纲，如丝之绪，绝对不可少也。馆中书籍若无适当目录，即欲阅览，无从问津，欲谋书人之便利，可以永久使用，除目录外，别无他法。故人谓目录为知识宝库之钥匙也。"

三、文献开架借阅与图书馆目录

必须指出，即使在图书馆文献实行部分或全部分类开架借阅的情况下，图书馆目录也丝毫不会降低它存在的价值。这是因为图书馆目录具有以下特性。

1. 检索途径的多样性

某些涉及几个门类的文献，在书架上只能排在一处，即为单线式排列。但在目录中却可以采用多个检索点、多种检索途径的方法，同时在几个类目中予以反映，从多种检索途径、多个角度揭示文献的各种形式和内容特征。如果不使用图书馆目录，只在书架上反复寻找，往往无所适从，不仅可能出现漏检，也无法确定究竟在哪个书架上。

2. 反映文献的全面性

图书馆的文献往往是处于流通状态之中的，即是一种动态性的。许多有价值的文献，或经常使用的文献，往往正在读者手中流通，因此在书架上的文献并不能反映全部文献。而图书馆目录所反映的文献，却是具有全面性和相当的稳定性，所以读者只有通过目录，才能了解全部的馆藏文献情况。

3. 文献类别的集中性

若只了解文献的具体题名，而不能确切知道它的类别，便无法在书架上查阅。而图书馆目录可以将某一类别的文献予以集中，便于读者按文献内容的学科类别检索。

4. 文献责任者的集中性

同一作者的不同类别，或不同著作方式的文献，在分类排架时总是分散的，对研究某一个特定的科学家、文学家、政治家等的读者，如果不利用图书馆目录中所编制的责任者目录，就难以得到所需要的该责任者的全部文献。

5. 文献主题的集中性

某些研究某一主题或专题的读者，他们所需要的文献往往分散在不同的类目中，如果不利用相应的图书馆目录，在书架上同样无法确定从哪些类目中去查找。因此，图书馆目录具有将某一主题或专题的文献予以集中的特点。

6. 目录排序的规则性

开架式借阅容易引起文献的乱架和错架，导致文献排架的无序性。而图书馆目录，尤其是计算机化的图书馆目录，可使文献的排序非常有规则，并且可实现快速方便地按任意已有条件排序。这样，便于图书馆工作者为读者主动推荐和提供有关文献。

由此可见，开架式借阅并不能完全取代图书馆目录的职能。读者对图书馆文献的需求是多种多样，只有依靠完善的图书馆目录，才能得到最大程度的满足。

任务10 图书馆目录的类型

图书馆目录是为了适应读者检索文献需求的多样性和图书馆开展业务工作需要而产生的检索工具。由于读者检索文献信息需求的多样性，以及图书馆业务工作需求的多样性，决定了图书馆目录不仅类型不同，而且功能各异。从不同的角度，可以将图书馆目录划分为不同的类型，而划分图书馆目录类型的意义，在于正确地编制和充分地使用目录。

目前，我国的各类图书馆，正在逐步推广计算机化管理，图书馆目录也逐步由手工编制的目录，向电子计算机化的机读目录过渡。这种由目录的载体形态的变化，导致了其功能的巨大变化。因此，目录类型的划分，首先是其载体形态的划分。

一、按目录的载体形态划分

1. 机读目录

顾名思义，机读目录是一种机器可读目录，即 Machine Readable Catalog（简称 MARC）。

它是以磁性材料为载体，以编码形式和特定的结构，将文献信息记录在计算机存储载体上，由计算机可以自动识读、控制、处理、编排、输出的一种目录形式。

机读目录的存储载体属于磁性材料，目前包括磁带、磁盘、磁光盘等。

磁带是涂有磁层的塑料长带。磁带的一端卷在供带盘上，一端卷在收带盘上。在读写操作时，磁带由供带盘放出，卷入收带盘。磁头紧贴磁带，读出和写入信息。图书情报界使用的磁带有 1 英寸（1 英寸 =25.4 毫米）和 0.5 英寸宽两种规格，1 英寸的最为常见，长度为 800 ~ 1 000 米。一盘磁带可记录约 2 000 万个字符。0.5 英寸宽的磁带长度为 61 米。

磁盘是涂有可磁化介质的平面圆盘片，靠磁化轨迹记录信息。因盘基不同，有软盘、硬盘之分。软盘是涂有磁性材料的圆形塑料薄膜片，常用规格有 3.5 英寸和 8 英寸等几种。硬盘用轻金属材料制成，分为固定式和可装卸式两种类型。可装卸式的磁盘便于更换，但不利于保护数据，且对环境条件要求较高；固定式的硬盘，其优缺点与前者相反。磁盘优于磁带之处，在于它可以随机存取，而磁带只能顺序存取。

磁光盘是磁存储技术与光存储技术相结合的产物。利用激光在某种介质上写入与读出信息的技术，称为光存储技术。第一代光存储器是利用激光束在非磁性介质上记录和再现信息的。CD-ROM（Compact Disic/Read Only Memory，高密度只读光盘）就是用这种方法制成的。由于它的存储容量、使用寿命、误码率、读写速度都优于磁盘，从问世以来，在目录数据的发行和检索方面大显身手。但第一代光盘只能读，不能写，且价格较贵，不宜取代磁盘作为馆藏目录的载体。现在美国、日本、德国等少数国家已生产出了可擦写激光光盘（Read/Write Erasable Disk），这就是第二代光盘。它用激光在磁性介质上记录和读出信息，所记录的信息可以被抹除、重写百万次以上，其介质性质也不会发生变化。它的存储容量是普通高密度软盘的 500 ~ 800 倍，可以直接装入驱动器内，与计算机联机使用，是当今信息存储最先进的手段，可以成为馆藏目录的重要载体。据报道，我国已研制出这种可擦写光盘。

机读目录信息存储量大，增强了目录记忆、显示文献信息的能力，这必然会强化目录的管理功能和揭示功能。机读目录由计算机自动编排，排检速度快，准确率高；输入一条文献记录，可以输出多种载体的款目，包括书本式、卡片式、缩微式、机读式款目；计算机还可以按照不同排检方法迅速组编和排列文献记录，输出题名、责任者、主题、分类，以至年代、语种、出版社等多种多样的目录，其规范档可汇集文献的各种可检信息；而且其更新的速度和简便程度又胜过卡片目录，这些无疑都加强了机读目录的检索功能。

实现计算机目录网络化后，专藏目录与其他目录设施的连接，可以使读者的检索书目范围超出馆界，甚至超越国界，极大地扩展了目录宏观揭示的功能。机读目录信息只有计算机能够识别，并通过显示器显示出文字记录，或通过终端设备反映出各种形式的文字记录，供人们检索和利用。机读目录的最大优点是：一次输入，多项检索；多样化显示、多样化输出，记载内容兼顾各类读者的需求；检索速度快，质量高；目录编制自动化，有利于实现集中统一编目；可以利用各种现代化通信设备形式的检索网络，实现联机检索。但使用机读目录，使用者一般需要事先接受培训，才能方便地上机检索。

机读目录的出现是图书馆文献目录发展史上的一次重大变革，对整个图书馆产生了巨大的影响。利用它既可以加快编目与检索速度，提高目录质量，又可以通过计算机生产出卡片式目录、书本式目录、缩微目录和张贴式目录，还可以推动以共享编目成果为主要目标的图书馆合作网络的发展，建立起一个地区、一个国家，乃至洲际或国际间的联机检索，从而给图书馆目录注入新的生命力，使它步入新的现代化历史时期。

2. 缩微目录

缩微目录是以目录感光材料为载体，采用照相技术，将图书馆目录的内容缩小拍摄在感光材料上，利用缩微阅读器阅读的目录。感光材料按片基可分为两大类：以透胶物质为片基的称为感光片，用感光片缩摄的缩微品有缩微胶卷和缩微平片。以纸为片基的称为感光纸，不透明，用感光纸缩摄的缩微品有缩微印刷品和缩微卡片。

缩微胶卷。其规格通常为 35 毫米、16 毫米和 70 毫米，标准长度为 30.5 米，与日常用的摄影胶卷十分相似。缩微平片，常见的规格有 105 毫米 ×148 毫米和 75 毫米 ×125 毫米两种。每张缩微平片储存 98 幅或 60 幅画面。前一种更为通用，缩微倍率为 1/24。

缩微印刷品。它是采用胶印平版印刷的缩微品，规格为 152 毫米 ×229 毫米。

缩微卡片。它的规格大多为 75 毫米 ×127 毫米，有单面印刷或双面印刷两种，每张卡片可印文献 40 ~ 60 个画面。

缩微平片。20 世纪 70 年代以来，英、美等发达国家直接用计算机输出缩微品，称之为 Computer Output Microfilm/Microfiche，简称 COM，中文读作“孔姆”。它是将计算机输出的书目数据信息，通过孔姆缩微复制机记录仪转换为文字形式，直接摄录在缩微胶片上的一种缩微目录。一般计算机输出缩微平片的缩小倍率是 1/48 或 1/42，前者每张缩微平片可容纳 270 条款目，后者每张可容纳 208 条款目。世界上最大的 COM 服务社是美国数据公司（Data Corp.），该公司生产的缩微平片的缩小倍率达 1/72，一张平片上可容纳的款目达 690 条。超缩微平片的缩微倍率可达 1/150，一张平片可容纳 3 000 多条款目。

款目在缩微感光材料上的排列方式与书本式目录相同，一条接续一条，每一画面中可容纳多条款目。缩微目录的优点是：体积小，可以节约大量空间，存储占用设备小，费用低廉，便于转移和邮寄；生产便捷，编印速度快，可以在书写、打印之后直接进行缩摄，节省了制版、校对、印刷装订的费用和时间，可以广泛发行，大量生产，成本较低；不易磨损，可经久保存；既有卡片式目录的优点，又可代替书本式累计目录。它的缺点是：不如卡片式目录那样可以随时增添。因此，要使缩微目录反映出最新的目录信息，就必须在一定时间内更新整张平片，所以一般只适用于变动不大的资料目录；同时，缩微目录也不能直接阅读，必须借助于缩微阅读器，且不能在馆外使用；阅读时容易造成眼睛与身体其他部位的不适，特别是当摄制清晰度差，或机器焦距、亮度、室内照明设备调节不当时，阅读尤为费力；在使用过程中要对缩微品装卸，较为麻烦；不便于转换为一般的书本式目录。其更新类似于活页目录。

3. 卡片式目录

卡片式目录是一种以国际标准规格 7.5 厘米 ×12.5 厘米的纸质卡片为载体的目录。这种目录具有如下一些优点：增删灵活，可以随编、随排、随时利用，具有流水作业的性质；可以依照读者的需要灵活地组织，新的文献可以及时反映，内容陈旧的文献可以随时剔除，能及时报道动态的馆藏，而整个目录组织不会受到影响；分装在许多抽屉内，可供多人同时翻检。卡片式目录之所以具有这些优点，是与卡片这种形式的优点分不开的。卡片是一种离散形式的目录载体，一张卡片著录一种文献，可以随时做好，随时排入，能动态地反映文献，起到逐步积累、随时增减、重新组合、不断更新的作用。

在卡片式目录问世之前，图书馆普遍采用书本式目录。1820 年，设在英国伦敦的电报工程师协会图书馆首次采用卡片式目录，受到公众普遍欢迎。第一部让读者公开使用的卡片式目录，是 1861 年美国哈佛大学图书馆的卡片式目录。在 19 世纪后期，卡片式目录在国外图书馆已经普及，作为对书本式目录的补充。1877 年，美国图书馆协会协作委员会宣布图书馆目录卡片的规格为 7.5 厘米 ×12.5 厘米。20 世纪初，卡片式目录逐步取代了书本式目录，成为图书馆最主要的文献目录载体形式。

1901 年，美国国会图书馆发行印刷卡片目录，促进了卡片式目录的普及。20 世纪的上半叶是卡片式目录大为盛行的时代。在我国，也正是在这个时期，卡片式目录开始传入图书馆。1911 年辛亥革命以后，清华大学和南洋大学图书馆首先采用了卡片式目录。在 1919 年“五四”新文化运动的影响下，随着许多新图书馆的出现，卡片式目录更广泛地流行起来，并逐渐取代了书本式目录，占据了图书馆目录的绝对优势地位。至今，卡片式目录仍被相当多的一些图书馆所采用。

4. 书本式目录

书本式目录是纸张型的书本为载体，将文献的各种特征，按照一定的规则和格式记录在空白书册上，并将其装订成册而形成的一种目录。书本式目录具有如下一些优点：可以一次编成，复制多份，便于长久使用，实用价值高；体积小，易于携带，使用不受时间和空间限制，可分发给馆外读者查阅，便于馆际之间交流利用，促进馆际互借，有利于宣传馆藏，扩大影响，可充分发挥馆藏文献的作用。书本式目录之所以具有这些优点，是与书册这种形式的优点分不开的。书册是一种聚合形式的目录载体。一本书册，一次完整的著录相当一部分文献，能够稳定地反映一定历史时间的馆藏文献，例如古旧图书、过期期刊等，可起到一次积累、随时使用、长久保存的作用。因而，书本式目录的稳定性和实用性，是卡片式目录所不能比拟的。

在图书馆目录的发展史上，书本式目录历史悠久、源远流长。在图书馆广泛采用卡片式目录的 20 世纪初以前，图书馆目录以书本式目录为主体。我国现存最早的图书馆书本式目录，是汉代班固根据刘歆的《七略》编制而成的《汉书 · 艺文志》，虽然这是一部国家书目，却是反映官家藏书的第一部书本式目录，距今已有 2 000 多年的历史。西方现存最早的图书馆书本式目录，是 1885 年由柏克（Backer）在德国波恩编辑、出版的。1897 年，法国国家图书馆开始编印大型的图书馆书本式目录（至 1926 年已出版 75 册），距仅已有 100 多年的历史。19 世纪以前，国外图书馆目录普遍采用书本式目录。可以说，书本式目录是图书馆文献目录的鼻祖，并在一开始就独占了图书馆文献目录的鳌头。

书本式目录虽然具有不少优点，但在卡片式目录的冲击下，本身固有的缺点也逐步地显露出来。首先，它不能随时反映最新文献及馆藏文献的变化情况，要试图增加新的文献款目，必须经常编制补充目录；其次，补充目录编制得越多，其查阅也就越不方便，又需要再行编制，结果造成目录信息总是落后于实际馆藏文献的情况；最后，图书馆陈旧过时的文献，无法及时从目录中剔除。因此，书本式目录的发展，逐步地走向了衰败。加之 1901 年美国国会图书馆发行了印刷目录卡片，使书本式目录蒙受打击。从此，它在图书馆占据的主要地位动摇了。随着印刷版目录卡片流向世界各国，特别是由于许多集中编目计划地实行，使书本式目录中已失去了它在图书馆所占据的绝对优势，被卡片式目录所取代。

二、按揭示文献的特征划分

每种文献都具有多种特征，其中题名、责任者（我国常称为作者或著者）、文献内容的学科分类属性和文献论述的主题对象，是各种文献最重要的特征，也是人们用来查找文献的主要途径和依据。为了便于按照上述4个途径检索文献，图书馆相应的从揭示四个不同特征出发，编制出四种不同类型的文献目录。

1. 题名目录

题名目录是根据文献题名的字顺组织而成的目录。它按照文献的题名来揭示图书馆的文献内容，回答读者从文献题名角度查询文献的各种问题。例如，图书馆有无特定题名的文献；已入藏的某种特定题名文献的主要特征如何；有无某种文献的某种版本，或者共有几种版本，其各自的特征如何，等等。

在题名目录中，除反映文献的正式题名外，对文献的副题名、交替题名、简化题名、分卷题名，或期刊中某些重要的篇章题名，必要时也可以采用不同的著录方法加以反映，帮助读者从文献的不同题名方面查到所需要的文献。

由于我国读者习惯于首先列举一定的题名查找文献，而题名目录又能够十分迅速、准确地反映某种已知题名的文献，因而使题名目录成为各类型图书馆必备的文献目录。但它也有一定的局限性，即只能在了解文献题名的情况下才能使用，而不能从文献的责任者、学科属性和主题等角度查找文献。因此，题名目录虽然是图书馆常用的、较为方便的一种文献目录，但必须由其他类型的文献目录加以补充。

2. 责任者目录

责任者目录是按照责任者（包括个人、机关团体或会议名称等）的姓名或名称的字顺组织而成的目录。它从文献的责任者姓名、机关团体或会议名称方面来揭示图书馆文献，满足读者从责任者方面查找文献的多种需求。例如，图书馆有无特定责任者的著作，某一责任者有些什么著作；某一责任者的著作，哪些是创作，哪些是译著，哪些是编辑，哪些是与他人合作编著；外国责任者的著作有何种译本；某机关团体编辑、批准、颁布了哪些著作、决议、文件，等等。在责任者目录中，除反映著者、编者、编著者、翻译者外，还有反映注释者、绘图者等多种责任方式的责任者；对于某些知名责任者的笔名及其他别名，也可以从该责任者的不同别名找到同一责任者的全部文献；对于本国责任者的时代和外国责任者的国籍，以及刊载于某些文集、期刊中的有关责任者的重要著作，也可以通过责任者目录予以适当反映。

责任者目录是图书馆目录的一种重要类型。从科技文献信息检索的角度看，它要比题名目录更为重要，具有较高的参考价值。因为同一著者、同一机关团体发表的文献，在内容上大都围绕某一学科或某一专业；在某一责任者的名称下往往集中了内容相关的文献，具有满足族性检索的意义。科技工作者有时需要了解某人或某机构最近的出版状况，也大都以责任者作为检索出发点。

3. 分类目录

分类目录是按照文献内容的学科体系，根据图书馆所采用的图书分类法组织而成的目录。它依靠知识门类的系统来揭示图书馆的文献内容，即将馆藏文献依照知识门类加以系统化，从而显示出某一知识门类包括一些什么方面、什么问题，以及关于这些方面和问题都有些什么文献，回答读者从一定的知识门类方面查找文献的问题。在分类目录里，还可以显示出某些知识门类与其他知识门类之间的亲疏远近关系，从而为科学研究进一步提供有利的检索线索。

分类目录是图书馆目录的主要目录。从文献编目和传递的全过程看，它既是文献分类与文献著录相结合的产物，又是图书馆报道馆藏文献、指导读者选择文献的有力工具，因而它在手工编制图书馆目录时期，也是读者利用率最高的一种目录。但分类目录也有一定的局限性，即只能在熟悉文献的分类号码的情况下才能使用它，而不能从文献的题名、责任者和主题方面查找文献。因此，也需要由其他文献目录加以补充。

4. 主题目录

主题目录是按照文献所研究的对象——即主题内容的字顺组织而成的目录。它是从文献内容的题材方面来揭示图书馆文献中所包含的各个主题，反映每个主题都有些什么文献，回答读者从内容的题材方面查找文献的问题。在主题目录里，还可以显示出某一主题与另一主题之间的关系，以及一种文献共涉及了几个主题，从而引导读者进一步查找有关文献。

由于主题目录可以将从不同学科角度来研究同一问题的文献集中在一起，所以它可以弥补分类目录的局限性。对于科学研究工作者来说，利用主题目录往往比利用分类目录更方便、更直接、更容易查到一定课题的文献；对于普通读者来说，利用主题目录可以不需要了解图书馆复杂的分类号码，因而使它成为科学研究工作者和普通读者都乐于使用的一种重要目录。但主题目录也有一定的局限性，即不能系统地揭示文献的学科内容，也不能从文献的题名、责任者角度查找文献。因此，同样需要由其他文献目录加以补充。

复习思考题

1. 试述图书馆的定义和职能。
2. 试述文献的种类。
3. 试述常用的图书分类法。
4. 试写出《中图法》22 大类的分类号的类名。
5. 试述分类排架的方法。
6. 试述图书馆目录的功能。
7. 试写出一条中国机读目录格式（CNMARC 格式）。

模块二　数字图书馆

任务1　数字图书馆概述

一、数字图书馆的概念

数字图书馆（Digital Library）是用数字技术处理和存储各种文献资源的图书馆，实质上是一种多媒体制作的分布式信息系统。它把各种不同载体、不同地理位置的信息资源用数字技术存储，以便于跨越区域、面向对象的网络查询和传播。它涉及信息资源加工、存储、检索、传输和利用的全过程。通俗地说，数字图书馆就是虚拟的、没有围墙的图书馆，是基于网络环境下共建、共享的可扩展的知识网络系统，是超大规模的、分布式的、便于使用的、没有时空限制的、可以实现跨库无缝链接与智能检索的知识中心。

美国研究图书馆协会（ARL）对于数字图书馆给出了一个引用得较多的定义："数字图书馆不是一个单独的实体，需要有关技术提供到其他资源的链接，该链接对用户应该是透明的，目标是做到任意检索，数字馆藏应超越传统馆藏而不能仅成为其替代品。"

刘炜等认为："应该说凡是应用计算机和网络技术，解决数字资源的采集、存储、管理、发布和服务的图书馆，都可以称为数字图书馆。"

关于数字图书馆的概念，至今没有一个完整的定义，但基本上达成一致的理解。数字图书馆是全球信息高速公路上信息资源的基本组织形式，这一形式满足了分布式面向对象的信息查询需要。分布式是指跨图书馆（跨地域）和跨物理形态的查询；面向对象是指不仅要查到线索（在哪个图书馆），还要直接获得要查的东西（对象）。数字图书馆是超大规模、分布的、可以跨库检索的海量数字化信息资源库。其包含的基本内容如下。

1. 数字图书馆是海量的知识中心

数字图书馆是以资源建设为核心，采用人工智能检索、信息海量存取、多媒体制作与传输、自动标引、数字版权保护、电子商务等现代信息技术成果，形成超大规模、分布式体系；便于使用、没有时空限制、可以实现跨库无缝链接与智能检索的知识中心。以实现对丰富多彩的多媒体信息进行超时空、无障碍传播。

2. 数字图书馆是优质资源门户网站

数字图书馆是优质知识资源的集散中心，数字图书馆网站是数字资源的门户网站。由于数据的集中管理和对象数据的集中调度，便捷的互联网络和跨库无缝链接的资源提供，使得数字图书馆能够打破时空局限。因此中国数字图书馆服务体系，就是要汇集全社会的资源建设成果，在互联网上形成超大规模的、高质量的中文数字资源库群，建立集中与分布的资源共建、共享机制，并通过国家公众网络，向全国及全球提供高效、便捷的服务。

3. 数字图书馆是一门新学科

数字图书馆是一门全新的科学技术，也是一项全新的社会事业。简而言之，就是一种拥有多种媒体内容丰富的数字化信息资源，能为用户方便、快捷地提供信息的高水平服务机制。虽然称之为“馆”，但并不是图书馆实体，它可以对应于一切存在海量公共信息管理与传播的现实社会活动，表现为一种新型的技术、新型的服务。获取信息消费并不存在空间限制，很大程度上也不受时间限制，其存在方式是将文字、图像、声音等信息数字化，并通过互联网传输，从而做到信息资源共享。在网络环境下，以各类文献为载体的知识信息都可以方便地转化为数字形式在全球范围内传输。用户只要通过与互联网连接，登录相关的数字图书馆的网站，都可以在任何时间、任何地点，十分方便、快捷地使用图书馆的数字化信息资源。这种图书馆已成为一个“信息空间”，把传统的纸介图书馆变为开放的网上图书馆，用户对馆藏的利用将不再受时间和地域限制，可以随时享用信息资源。

4. 数字图书馆拓展检索服务

通过数字图书馆的检索服务系统，用户在查找到所需图书之后可以直接阅读电子版图书；查找电影、音乐等多媒体资料之后可以即时播放；如果用户觉得这些服务不能完全满足个性化需求，数字图书馆区域应用服务系统可以为用户量身定制资源库，为用户收集整理所需的各种类型的资源。

数字图书馆区域服务系统建构在局域网上，广泛向宽带网络接入商和备有局域网的住宅小区、机关、企事业单位用户提供图书、音频、视频、资源库等信息资源，通过与互联网连接，区域服务应用系统可直通数字图书馆服务系统门户，区域用户可获取数字图书馆网站、国家图书馆网站，以及各省市级数字图书馆提供的各种电子资料服务。

5. 数字图书馆圆终身教育梦

现代图书馆创立以来，一直履行着教育的职能。数字图书馆，作为现代图书馆的拓展，在人类教育体系中占据着越来越重要的地位。

终身教育意味着人们各个阶段的学习需求，这种需求是为了生活、物质财富、个人满足以及融入社会。在终身教育中，学习者是主体。数字图书馆利用自身的丰富资源优势，给学习者提供一个完善的学习中心。终身教育反映了对高质量学习机会的需求，数字图书馆提供最新的技术和支持。知识经济时代的数字图书馆将不再是传统意义上的图书馆，人们可以使用任何与互联网连接的数字设备，在任何时间、任何地点，搜寻到所有人类知识。而且拥有经验丰富、高素质的情报检索和研究专家，能够辅导和帮助读者如何在知识信息的汪洋大海中迅速获得自己所需的知识信息，学会获取知识信息的方法。

二、数字图书馆的特征

1. 数字化资源

数字图书馆是高技术的产物，信息技术的集成在数字图书馆的建设中扮演了非常重要的角色。具体来说，其涉及数字化技术、超大规模数据库技术、网络技术、多媒体信息处理技术、信息压缩与传送技术、分布式处理技术、安全保密技术、可靠性技术、数据仓库与联机分析处理技术、信息抽取技术、数据挖掘技术、基于内容的检索技术、自然语言理解技术等。数字图书馆资源包括：经过数字化转换的资料或本来就是以电子形式出版的资料，新出版的或经过回溯性加工的资料；各类资源类型，包括期刊、参考工具书、专著、视频声频资料等；各种文件格式，从位图形式的页面到经 SGML 编码的特殊文本文件。

2. 网络化存取

高速的数字通信网络是数字图书馆的基础，数字图书馆依附于网络而存在，其对内的业务组织和对外的服务都是以网络为载体的，得益于网络，也受制于网络。其内部本身由局域网构成，以高速主干连接数台服务器及工作站，外部通过数台广域网服务器连接国际互联网。

3. 分布式管理

这是数字图书馆发展的高级阶段，它意味着全球数字图书馆遵循统一的访问协议之后，数字图书馆可以实现“联邦检索”，全球数字图书馆将像互联网一样，把全球的数字化资源连接成为一个巨大的图书馆。

三、产生背景

随着信息技术的发展，需要存储和传播的信息量越来越大，信息的种类和形式越来越丰富，传统图书馆的机制显然不能满足这些需要。因此，人们提出了数字图书馆的设想。数字图书馆是一个电子化信息的仓储，能够存储大量的、各种形式的信息，用户可以通过网络方便地访问它，以获得这些信息，并且其信息存储和用户访问不受地域限制。

数字图书馆不但包含了传统图书馆的功能，向社会公众提供相应的服务，还融合了其他信息资源（如博物馆、文献馆等）的一些功能，提供综合的公共信息访问服务。可以这样说，数字图书馆将成为未来社会公共信息中心和枢纽。信息化、网络化、数字化，这一连串的名词符号的根本点在于信息数字化；电子图书馆、虚拟图书馆、数字图书馆，不管用什么样的名词，数字化也是图书馆的发展方向。

四、技术与人才

数字图书馆是高技术的产物，信息技术的集成在数字图书馆的建设中扮演了非常重要的角色。具体来说，其涉及数字化技术、超大规模数据库技术、网络技术、多媒体信息处理技术、信息压缩与传送技术、分布式处理技术、安全保密技术、可靠性技术、数据仓库与联机分析处理技术、信息抽取技术、数据挖掘技术、基于内容的检索技术、自然语言理解技术等。

关于建设数字图书馆的人才，亨丽埃特·艾弗拉姆说过“我们需要两个天才，即计算机专家和图书馆专家，没有一个天才可以独自成功，图书馆员必须成为计算机学者，这样才能理解应用的技术及其与专业的关系。”有了建立数字图书馆的技术人才，才能建立符合读者需要的方便实用的数字图书馆。

五、数字图书馆的主要优点

1. 信息储存空间小且不易损坏

数字图书馆是把信息以数字化形式加以储存，一般储存在计算机光盘或硬盘里，与过去的纸制资料相比占用空间很小。而且，以往图书馆管理中的一大难题就是，资料多次查阅后就会磨损，一些原始的、比较珍贵的资料，一般读者很难看到。数字图书馆就避免了这一问题。

2. 信息查阅、检索方便

数字图书馆都配备有计算机查阅系统，读者通过检索一些关键词，就可以获取大量的相关信息。而以往图书资料的查阅，都需要经过检索、找书库、按检索号寻找图书等多道工序，烦琐而不便。

3. 远程、迅速传递信息

传统型图书馆的建设是有限的，位置是固定的，读者往往要花费大量的时间在去图书馆的路上。数字图书馆则可以利用互联网迅速传递信息，读者只要登录网站，轻点鼠标，即使和图书馆所在地相隔千山万水，也可以在几秒钟内看到自己想要查阅的信息，这种便捷是以往的图书馆所不能比拟的。

4. 同一信息可多人同时使用

众所周知，一本书一次只可以借给一个人使用。在数字图书馆则可以突破这一限制，一本“书”通过服务器可以同时借给多个人查阅，大大提高了信息的使用效率。

六、中国数字图书馆的发展概况

20 世纪 90 年代以来，计算机科学技术和互联网飞速发展，成为人们获取信息和知识的一个越来越重要的渠道。如何有效地组织和发布信息资源，以适应互联网这种新的信息传播途径的要求，成为人们普遍关注的课题。美国最早提出数字图书馆构想，随后中国也掀起了数字图书馆研究、实践的热潮。国家图书馆具有经济实力和技术优势，在中国数字图书馆建设过程中，特别是在国家数字图书馆标准规范研制工作中起了重要的作用。

1. 起步阶段

在中国，正式提出数字图书馆概念，并进行大规模研发工作是 1996 年在北京召开的第 62 届国际图联（IFLA）大会上，数字图书馆成为该会议的一个讨论专题。IBM 公司和清华大学图书馆联手展示“IBM 数字图书馆方案”。

2. 试验阶段

1997 年 1 月 ~ 1999 年 12 月：由国家图书馆、中山图书馆、上海图书馆、深圳图书馆、辽宁图书馆、南京图书馆、文化部文化科技开发中心共同承担实施了“中国试验型数字图书馆项目”，标志我国数字图书馆事业进入到了试验阶段。

由国家图书馆与中国科学院计算所合作完成的“国家科技部863/306项目——数字图书馆系统工程”，该项目于1998年立项，2001年3月验收。其主要成果为：数字图书馆体系结构的设计与开发，初步建立了一个中国试验型数字图书馆系统；系统功能达到具有网络管理、多媒体信息查询与检索、海量信息的存储与检索、知识产权的权限管理等；开发的主体工作围绕基于SGML/XML的以中文资源为主的系统的建立、维护和发布；对在知识挖掘、知识聚集等方面将通过智能代理方式予以集成；“国家科技部863/306项目——数字图书馆系统工程”，在技术上达到了与国际数字图书馆主流技术接轨的要求，为中国数字图书馆建设及运营奠定了良好的基础。

与此同时，1999年1月~2000年4月，国家图书馆筹备成立“中国数字图书馆有限责任公司”，并上报国务院及各大部委，2000年4月18日，中国数字图书馆有限责任公司正式成立。

中国数字图书馆有限责任公司隶属于中国国家图书馆，服务于中国国家图书馆二期工程暨国家数字图书馆工程的高新技术企业，注册资本为8860万元。公司率先在全国建立起完整的数字图书馆建设与服务体系，专注于数字资源核心技术研发与应用推广、数字版权管理、数字化加工、专业信息提供、电子政务及电子商务服务、数字内容整体解决方案及数字图书馆整体解决方案提供，数字图书馆综合服务平台建设。

2000年底，文化部在海南召开“中国数字图书馆工程资源建设”工作会议，讨论制定《中国数字图书馆工程一期规划（2000—2005）》，推荐使用资源加工的标准规范。

3. 操作阶段

1999年9月~2001年11月，文化部与国家图书馆启动了中国国家数字图书馆工程（国家图书馆二期工程暨国家数字图书馆工程），由“中国数字图书馆有限责任公司”作为业主单位全面负责工程的建设、运营及服务，数字化图书扫描年产量3 000万页以上。标志着中国数字图书馆进入实质性操作阶段。

2001年初，国家计委批准立项“全国党校系统数字图书馆建设计划”，总投资达1.9亿元。北京大学、东北师范大学等院校相继成立数字图书馆研究所，在全国范围内掀起了数字图书馆建设和研究的高潮。

4. 实用阶段

2001年5月23日，国家重点科技项目“中国试验型数字式图书馆”通过专家技术鉴定。中国数字图书馆已经进入初步实用阶段，中国的数字图书馆研究、建设已经初具规模。

数字图书馆为国家信息基础设施提供关键性信息管理技术，同时提供其主要的信息库和资源库。换句话说，数字图书馆是国家信息基础设施的核心。中国国家数字图书馆标准是一个很重要的标准，它参照国际标准制定，即可以与国际上标准兼容又具有中国特色；国家图书馆、北京图书馆等受国家标准化委员会委托专门成立了中国国家数字图书馆标准协会。

任务2 数字图书馆的建设

一、中国数字图书馆方案

本任务以中国数字图书馆有限责任公司推出的数字图书馆整体解决方案为例来介绍。该方案是“国家科技部863/306项目——数字图书馆系统工程”的研究成果，代表了中国数字图书馆的最高水平，它是以图书馆及互联网上的各类数字资源或非数字资源为中心，以为读者提供方便、快捷的知识服务机制为目的，围绕数字资源的加工建设、数字资源的存储和管理、数字资源的访问和服务提供的一整套先进、实用、高效的解决方案。

（一）数字图书馆解决方案

中国数字图书馆有限责任公司提出的数字图书馆解决方案的技术架构如图2-1所示。

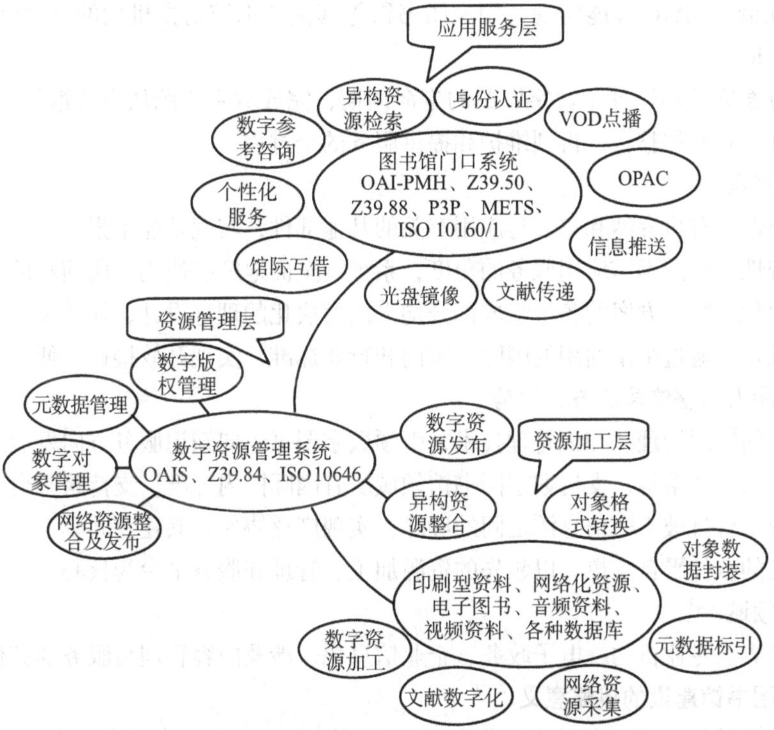

图2-1 中国数字图书馆解决方案的技术架构

1. 数字图书馆解决方案技术架构说明

整体解决方案为三层技术架构，分别为资源加工层、资源管理层和应用服务层。

（1）资源加工层。资源加工层将各种类型的资料转化为有序的数字资源。将各种印刷型资料、音频资料、视频资料进行数字化加工，转化为数字格式的资源；有目的、有方向地采集原本无序分散的网络资源，将之进行初步有序化处理；将各种数据库、电子图书、电子期刊等进行有必要的格式转换、元数据标引等处理。使各种资料具备数字图书馆的基本管理和服务需求。

（2）资源管理层。经过加工的数字资源进入资源管理层：数字资源管理系统依据 OAIS、Z39.84（DOI）、ISO 10646 等国际标准构造。资源管理要完成的工作是：网络资源的分类、整合及发布；对各种异构的数字资源进行整合，使之形成统一的检索和使用界面；将经过加工和标引的数字资源进行多种表现形式的发布；进行元数据管理、数字版权管理及数字对象管理。

（3）应用服务层。最后，直接面向用户和读者的是应用服务层。作为图书馆的门户，该系统基于 OAI-PMH、Z39.50、Z39.88（OpenURL）、P3P、METS、ISO10160/1 等国际标准构造，为用户提供方便快捷的、主动的、个性化的、安全可靠的服务，并实现传统图书馆与数字图书馆之间“相互补充、相得益彰”的理念。通过 my library 等系统对用户进行个性化服务，用户能订制自己所关注的资源信息，同时获取由图书馆系统根据用户关注点所自动推送的即时信息。通过 E-mail、BBS、留言板、即时交流等方式进行数字参考咨询，提高图书馆服务的即时性和交互性。提供异构资源检索平台，使用户真正享受到跨库无缝检索。同时，基于本系统的文献传递、馆际互借、OPAC 等能实现与国家图书馆等其他图书馆情报机构的互联互通，形成一个广泛的知识园地。

该解决方案完整地诠释了数字资源的生命周期，完成数字资源从内容策划到创建、组织描述、保存管理、获取和整合，再到维护和提供服务的全过程。

2. 技术特点

（1）开放性。有机容纳和整合与应用有关的其他部件，实现功能增强。

（2）系统性。从图书馆应用服务的角度，系统、全面地解决使用中所面临的问题。

（3）模块化。解决方案的各个组成部分均采用模块化的理念设计，便于灵活运用。

（4）标准化。通过采用通用的国际、国内和行业标准，实现开放接口，便于扩展。

3. 数字图书馆整体解决方案优势

（1）先进的资源管理和知识管理技术，引领数字图书馆向知识服务方向发展。

（2）开放的体系结构，支持数字图书馆领域所有国际国内标准，支持跨平台。

（3）资源整合打破不同信息源之间的屏障，实现广泛协作、共建和共享。

（4）强大的软件平台支撑，以领先的资源加工、管理和服务平台为核心。

4. 应用领域

图书情报界、专业机构、电子政务、企业信息化、涉及内容管理与服务的其他领域。

5. 数字图书馆建设的战略意义

数字图书馆的核心是以各种中文信息为主的资源库群，它的建设将迅速扭转互联网上中文信息匮乏的状况，形成中华文化在互联网上的整体优势。同时，数字图书馆是一个集各种高新技术为一体的项目，它的建设将极大地促进我国信息技术的发展，同时带动与之相关的计算机技术、网络技术、通信技术和多媒体技术等各项技术的发展，形成的高新技术产业链，对于提供我国整体的信息产业水平将起到不可估量的作用。它还是知识经济的重要载体，为知识传播提供了一种崭新的手段，可以最大限度地突破时空限制，营造出进行全民终身教育的良好环境，为所有人获取信息提供了最为便捷的手段和最为丰富的信息，对于我国国民素质教育将起到巨大的促进作用。因此，站在民族文化发展的高度，站在国家安全高度，站在开发利用信息资源、节约材耗和能耗，保持我国经济持续快速健康发展的高度，数字图书馆的建设无疑具有重要的战略意义。

（二）数字图书馆的相关标准规范

国家数字图书馆标准规范研制工作以开放性为原则，采取竞争性谈判方式，向社会各界尤其是文献信息机构发出广泛参与研制的邀请。目前，汉字属性字典、古籍用字规范、生僻字与避讳字处理规范、古籍全文版式 XML 规范、数字资源唯一标志符等 6 个标准规范项目正在研制中。元数据规范、对象数据规范、资源统计规范等正进行采购准备工作。数字资源长期保存、管理元数据、专门元数据规范等正在进行需求调研与准备工作。

数字图书馆标准规范体系主要由数字资源建设标准规范、数字图书馆应用服务标准规范、版权保护与权利描述标准规范、面向数字图书馆的电子商务标准规范等组成。其中，数字资源建设标准规范涉及数字对象的加工、描述、组织、存储、检索和服务，要建立相应的技术标准规范；建立元数据统一结构框架和相应的元数据描述、加工处理、转换和检索的技术标准规范；建立对网上资源进行搜集、筛选、编目、加工、使用的方法和相应的技术标准规范等。在数字图书馆应用服务系统的建设中，要建立统一描述机制，支持统一的资源命名规则和唯一标志；建立开放的、可互操作的数字资源组织与管理标准规范；建立可互操作的数字对象调度机制等。此外，还应充分利用现有的其他相关标准规范。

二、文献数字化技术

文献数字化是将各种印刷型资料、音频资料、视频资料进行数字化加工，转化为数字格式文献资源过程。将各种类型的资料转化为有序的数字资源，是数字图书馆建设的基础工作，是资源加工层。有的专业公司经过多年的努力，已经取得了很大的成绩。另外，有目的、有方向地采集原本无序分散的网络资源，将之进行初步有序化处理，将各种数据库、电子图书、电子期刊等进行必要的格式转换、元数据标引等处理，使各种资料具备数字图书馆的基本管理需求和服务需求。

（一）文献数字化概述

数字图书馆从概念上讲可以理解为两个范畴：数字化图书馆和数字图书馆系统，涉及两个内容：一是将纸质图书转化为电子版的数字图书；二是电子版图书的存储、交换、流通。

传统图书馆中图书的流通率是很低的。以清华大学图书馆为例，至 2010 年底，实体馆藏总量约有 400 万册（件），据清华大学图书馆 2010 年年鉴统计：纸质图书外借 82.8 万册次，流通率为 20.7%。而二次文献检索 353 万次，下载 325 万次；电子图书浏览 53 万册次，下载 88 万册次；电子期刊浏览 453 万篇次，下载 764 万篇次；学位论文浏览 3.5 万篇次，下载 129 万篇次。可见，电子资源在网络环境下的规模化使用是印刷文献远无法比拟的。

这说明社会的进步和时代发展后，改变了读者的阅读习惯，也改变了读者获取文献的方式。图书馆要主动适应读者的这种需要，要将图书馆重要而有价值的文献数字化，以提高利用率。

传统图书馆收藏的大量经过加工、标引、整序的文献资源，不仅是图书馆服务的基础，也是数字图书馆重要的信息来源。图书馆目前的一项任务，就是馆藏纸质文献的数字化工作。

（二）纸质文献数字化技术

中国的纸质文献数字化工作，早在20世纪80年代就起步了，但计算机网络技术和扫描仪的出现，特别是扫描仪的OCR（字符识别）技术出现，才提高了纸质文献数字化的效率，推动了纸质文献数字化的迅速发展。

1. 纸质文献数字化

纸质文献数字化是指图书馆利用多媒体技术、数据库技术、数据压缩技术、光盘存储技术、网络技术等技术手段，将没有版权争议的馆藏印刷型文献数字化，建成数字化资源库。馆藏文献的数字化，可以充分发挥图书馆的文献优势，加强信息资源的建设工作，丰富网上信息资源的品种与数量，促进数字图书馆的发展，同时也将为图书馆开展特色信息服务创造条件。

纸质文献数字化是把原始纸质文献通过扫描、OCR（字符识别）转换成可进行计算机编辑处理的数字化电子文档。这种数字化的电子文档，可方便地实现计算机网络环境下快速转递、检索和资源共享等功能。

2. 纸质文献数字化的原则

纸质文献数字化有“保真原则”、“整理原则”和二者兼顾原则。

（1）保真原则。保真原则是指数字化文献应该具有原貌的特征。具体操作应该是以数字图形版存储。今天，实现数字图形版已不存在技术上的障碍，只要纸质信息进行数码照相或扫描处理并有足够的存储空间即可。

（2）整理原则。整理原则是指数字化文献应该具有资料的应用性，具有浏览器阅读、文字摘录等功能，满足读者的实际需要。

（3）二者兼顾原则。二者兼顾原则是指在实际中采用哪种方式，或“保真”、或“整理”、或者二者兼顾，要根据文献级别和要求来决定。

3. 纸质文献数字化的方法及设备

纸质文献数字化的方法，按其发展过程分为人工键盘录入法、语音识别法和扫描法。目前使用最多、效率最高的是扫描法。

扫描法是将原始纸质文献放在扫描仪平板上，通过扫描仪把纸质文献转换为数字图形输入计算机，后经OCR识别、校对后，转换为可进行编辑的数字化文献。

扫描法是目前各种书刊文档数字化普遍采用的一种方法。OCR识别并非百分之百正确，有个别字出现识别错误，对识别错误的字，以不同颜色加以区分，以便人工修改与校对。

扫描法的关键设备是扫描仪。它是一种高精度的光电一体化产品，属于一种静态图像的计算机输入设备。纸质文献在扫描过程中，扫描仪通过光电器件将检测到的图文光信号转换为电信号，再将电信号通过模拟/数字转换器，转换成数字信号输入到计算机中处理。扫描仪能够捕捉各种印刷品、照片以及较薄物件的图像信息。扫描仪的质量主要体现在其分辨率、颜色和幅面上。

目前，大多数扫描仪能实现扫描、复制、电子邮件、OCR，以及上传至网络等功能。能满足大多数文献数字化的需要。扫描仪作为一种光电一体化的计算机外部设备，在数字化信息处理过程中扮演着重要的角色。

4. 纸质文献数字化的过程要点

文献数字化所涉及的一般步骤如下：

（1）准备扫描仪。

（2）定位扫描仪中的原始文档。

（3）检查扫描仪的优先设置值。

（4）选择正确的原始文档类型。

（5）选择扫描方式。

（6）预扫描原文档。

（7）剪辑或调整预览文档。

（8）设置分辨率和决定尺寸。

（9）调整高亮度和阴影点、灰度系数、有关的色调设置值等。

（10）校准颜色或色平衡。

（11）扫描文档、保存文档。

（12）OCR 识别与校对。

各个步骤的次序将随着扫描类型的不同而不同，这主要取决于扫描仪所用的软件的技术完善程度。所以，此部分内容并不适用于所有用户，可以跳过某些不适用的步骤。

（三）影响识别正确率的几个重要参数

文献在数字化过程中，文字识别（OCR）正确率的高低，将直接关系到纸质文献数字化的工作效率。虽然扫描仪的文字识别不能达到百分之百正确，我们总可以通过设定扫描仪的分辨率、亮度等参数，使扫描仪的文字识别正确率保持在一个较高的水平，从而减少校正工作量，提高纸质文献数字化的工作效率。下面讨论影响文献识别正确率的几个重要参数：

1. 分辨率参数

分辨率参数决定扫描图像的清晰度，即决定扫描图像的图像细节。分辨率一般以 dpi 作为单位。dpi 是 dot per inch（点 / 每英寸）的缩写。扫描仪能支持的 dpi 越大，其图像清晰度就越高。

分辨率参数是扫描仪文字识别（OCR）系统的一个很重要的参数。文字识别正确率的高低，与扫描分辨率的设定有很大关系。当文字越小时，分辨率设定越高；反之，当文字越大时，分辨率设定应越小。分辨率的设定由用户根据字体大小和所使用的扫描仪性能决定。一般常用文献的最小号字是小 5 号字或 5 号字。分辨率选择对照表见表 2-1。

（1）分辨率和图像质量的关系。扫描分辨率是图文文献质量的主要标准，它代表了从模拟到数字量的精细程度，从理论上讲，分辨率越高，扫描的图像的质量越好。但对文字要求的是识别准确率要高。

表2-1 分辨率选择对照表

文字大小	准确分辨率（dpi）	推荐使用的分辨率（dpi）
1号（26磅）	150	200
2号（22磅）	180	
3号（16磅）	200	
4号（14磅）	240	300
小4号（12磅）	280	
5号（10.5磅）	300	
小5号（9磅）	350	400
6号（7.5磅）	400	
7号（5.5磅）	500	600
8号（5磅）	600	

（2）分辨率与数据大小的关系。分辨率对扫描数据的影响：先看一个例子，一幅 3in × 5in[1] 的照片，如果采用 600dpi × 600dpi × 24 位真彩色进行扫描，那么生成的数据量将是 3 × 5 × 600 × 600 × 3=16.2MB，对于一个 2GB 的 U 盘空间来讲，大约可存储 123 幅；如果使用 1 200dpi × 1 200dpi × 24 位真彩色进行扫描，那么每幅照片将需要 64.8MB 的存储空间，2GB 的 U 盘空间就只能存储 30 幅左右的照片了。由此可见，数据量会随着分辨率的提高而急剧增加；扫描速度也会大大降低。对扫描分辨率的选择应该遵循适当的原则。

2. 亮度参数

亮度参数是扫描仪的重要参数之一，也是影响 OCR 系统文字识别效果的极为重要的因素。有的扫描仪亮度参数设有三个选项：固定（F）、自动（A）和手动调节，供用户根据操作习惯选用。亮度参数确定了扫描图像的明暗程度，调节合适的亮度，能保证识别系统理想的识别率。亮度太亮，文字笔画断裂残缺不全；亮度太暗，文字笔画相互黏连而黑成一团。在这两种情况下，都无法得到理想的识别输入效果。因此，细致地调节好亮度参数是获得较高识别率的前提条件。通常有下面几种情况要注意：

（1）扫描纸色较浅的文字时，包括文件色白、纸张发亮以及文字笔画细的文字时，应该使亮度参数调低些，即降低亮度。

（2）扫描较小的文字时，亮度参数应适当调高些，但要以不出现太多的断笔画为限。

（3）扫描较深的文件时，包括文件底色黑、文字笔画粗等，应使亮度参数调高些，即增加亮度。

在实际中，由于报纸的底色较深，黑体字、楷体字的笔画较粗，因此，在识别这类文件时，亮度参数可以适当调高，即增加亮度；而由于报纸、杂志的底色较浅，宋体字、仿宋体字的笔画粗细适中，因此，在识别这类文件时，可将亮度参数调到中等亮度。

3. 扫描速度

扫描速度是扫描仪的又一个重要指标，它决定扫描仪的工作效率，在文字识别应用中尤其

[1] 1in=0.025 4m。

如此，单位是 in/s。影响扫描速度的因素很多，也很复杂。一般说来，它与分辨率以及灰度等级有关，驱动程序也会影响扫描速度。如需要处理的纸质文献数量多，在选购扫描仪时，可以选择速度快的扫描仪。

综上所述，在纸质文献数字化进程中，只要合理设定扫描分辨率、亮度等参数，使扫描仪的文字识别（OCR）正确率保持在一个较高的水平，就可以减少校正工作量，提高纸质文献数字化工作的效率。

（四）数字文献著录标准（DC）

纸质文献有一套目录体系供读者查询文献，数字文献也有一套相应的都柏林核心（Dublin Core）元数据来描述网上电子文献以方便检索。

都柏林核心集（Dublin Core Elements Set，DC）产生于 1995 年 3 月在美国俄亥俄州的都柏林召开的第一届元数据研讨会上，是 52 位来自图书馆、计算机、网络等方面的专家和学者共同研讨的产物，是以图书馆界为主建立起来的元数据系统，主要目的是代替 MARC 用来描述网络环境中的数字化信息的基本特征，发展一个富有弹性、且非图书馆专业人员也可以轻易了解和使用的资料描述格式，来描述网上电子文献以方便检索。在第一次会议上提出的 DC 元数据核心集为 13 个，后来经过不断修改和补充，现在基本定为 15 个元素。DC 元数据最初是为描述网络信息资源而设计的，然而由于其简单明了、可扩展性强等特点，引起了博物馆、图书馆和档案馆界和商业组织的广泛注意，1998 年 9 月被因特网工程特别任务小组（IETF）作为一个正式标准 RFC2413（Request For Comments，2413）（该标准目前已经被 RFC2396 替代）予以发布。1997 年和 2000 年都柏林核心项目组（Dublin Core Metadata Initiative，DCMI）先后发布了《都柏林核心元数集：参考描述》1.0 版和 1.1 版。2003 年 4 月 8 日，都柏林核心元数据元素集（The Dublin Core Metadata Element Set，DCMI）已经被批准为国际标准 ISO 15836，这将使 DC 更加容易促进基于互联网的资源发现与共享的实现。

三、工业化的图书数字化进程

在文献数字化中，主要解决的是数字化文献，将传统的纸质文献转换成数字化文献，这样有利于节省馆藏空间，为信息网络化奠定基础。用什么样的格式保留数字化馆藏，是工业数字化文献进程中需要解决的问题。

国内进行图书数字化加工的有中国数字图书馆有限责任公司、北京超星数图信息技术有限公司（以下简称超星公司）、北京书生公司等。就目前而言，超星公司的图书数字化加工技术，在与中国数字图书馆合作加工数字化图书的过程中，吸纳了国家“863”数字图书馆的研究成果，所以超星公司的技术最成熟、最先进，规模也最大，到 2011 年底数字化中文图书达 260 万种，成为行业的领跑者。从超星图书数字化加工技术的足迹可见中国文献数字化的发展历程，现作重点介绍如下。

（一）图书数字化加工技术的发展历程

超星公司 1993 年成立，是一家高科技民营企业。超星公司注册资金为 1 500 万元，目前拥有员工 1 400 余人，平均年龄 25 岁。在信息技术领域耕耘已有 18 年的历史。这期间超星经历了信息技术产业的兴起、发展和繁荣。凭借自身的实力，在激烈的竞争中得以生存和发展。

（1）从档案资料数字化起家。超星公司从 1993 年起从事档案资料数字化软件的开发，在国内最早提出档案资料数字化的概念，以光盘存储代替缩微胶片进行档案保存，发展了国内第一家以光盘形式存储档案的档案馆用户。时至今日，超星公司已经发展成为中国档案界最具实力的软件公司，用户数量达 2000 多家，中央档案馆、外经贸部、林业部、中国人民银行总行、招商银行总行、北京市公安局和全国印钞造币系统等都是超星的用户。在军队系统，超星档案数字化软件在总参通信部、总参防化部、总参气象局、总后营房部、总后油料部、空军档案馆、沈阳军区、南京军区、广州军区等多家档案馆得到广泛应用，并在 1995 年协助总参办公厅起草制定了军队光盘档案管理技术标准。

1996 年，中央档案馆、中国第一历史档案馆、中国第二历史档案馆应用超星数字化技术，将影响中国历史进程的 150 多万页重要文献制成《国家档案文献光盘库》，作为国家档案保存，并在第 13 届国际档案大会上向全世界作了展示。

1997 年，国内第一家提出数字化图书馆概念，建立瑞得—超星网上图书馆。1998 ~ 1999 年为国家图书馆数字化加工 15 万种，开办网上读书栏目。

2000 年重组为股份制公司，改用现名。2000 年 6 月 8 日入选“国家 863 计划中国数字图书馆示范工程”。

2001 年 10 月 23 日，荣获“中国优秀文化网站”称号，是唯一一家获得此项殊荣的图书类网站。同时超星数字图书馆是中国电子图书制定标准委员会的成员，同行公司除了超星数字图书馆还有北大方正，在中国电子图书论坛网站 http://www.e-book.org.cn 可以找到，这是一个政府网站，由国家质量技术监督局标准化司与国家信息化标准委员会主办。

（2）把资料数字化技术应用于电子出版物。从 1996 年起，超星公司把资料数字化技术应用于电子出版物。几年来共出版了 200 多种电子出版物。在这个过程中，超星公司与电子工业出版社、中国标准出版社、科学出版社、中医药出版社等多家出版单位建立了密切的合作关系，完成了《中国中医药光盘资料库》、《古今图书集成》、《国家标准全文光盘》、《二十五史》、《多媒体英语小说》等光盘的制作，积累了图书数字化的技术和经验。

（3）把资料数字化技术应用于网络。1997 年，超星公司把目光转向新兴的互联网，把从档案和电子出版物发展的资料数字化技术应用于网络。1997 年 12 月，超星公司将自己研制的远程图书浏览器安装到瑞得在线网站上，创立了国内首例以影像方式为主体的数字图书馆。

（4）与国家图书馆合作创建“网上读书”取得实用经验。1998 年 7 月，超星公司和国家图书馆合作，通过一年的努力完成了国家图书馆 15 万册馆藏图书的数字化加工，并合作建立了国家图书馆的网上读书栏目。超星公司不断积累经验，并不断发展，以先进、实用为指导思想，超星公司锐意创新，在数字图书馆相关技术的研发方面取得了显著的成效。超星阅览器 SSReader 已经成为国内使用人数最多、技术最成熟、创新点最多的图书阅览器，由于超星公司的数字图书馆技术得到广泛应用，超星公司具有自主知识产权的专用图书阅览器用户已超过 800 万人。

（二）图书数字化加工厂

（1）图书数字化加工生产线（Doc Scan）。1998 年，超星公司组建了国内第一条大规模数字化扫描生产线，在北京成立了数字化加工中心，加工能力达到每天 20 万页。超星公司在全国各地建立了 5 个数字化加工中心，在北京、成都、福州、长沙、郑州等地都有超星的数字化加工基地。超星拥有国内最大的图书资料数字化生产线，年加工图书超过 20 万种，强大的制作能力与先进的技术保证超星数字资源的不断增加与更新，并能够满足众多单位进行大规模资料数字化加工的需求。超星服务网点遍布全国各地，在深圳、上海、成都、济南和天津等地拥有多家分公司。

系统功能实现生产线、生产流程的全面自动化管理，集成数据库技术；实现动态流水线配置和先进的影像品质管理。图书数字化加工扫描生产线图片如图 2-2 所示。

图 2-2　图书数字化加工扫描生产线图片

超星公司的制作车间工人以三班倒的方式，忙碌在图书数字化的流水线上。所有的工艺流程简单有序，生产流水线的入口，送进去的是一册册或新或旧、分门别类、开本各异的图书，通过工人拆开、扫描，整个流水线采用 C/S 结构，客户端完成扫描加工处理，服务器完成数据管理和各工序任务的分配。系统在生产流程中控制工序之间相互关联，相互衔接，实现工序管理自动化，保证工序之间正确的加工次序。而生产流水线的出口，一本本数字图书出来，这是可用于数字图书馆的基础资源。

目前超星与国内多家专业图书馆、出版社建立了长期的合作伙伴关系，进行图书文献数字化加工工作，如社会科学院、国防大学、深圳大学、中山图书馆、北京大学出版社、电子工业出版社等。

在超星公司的流水线上，图书拆页、扫描、检索生成、校对、刻制光盘和重新装订等工序都需要人工参与，有些环节甚至必须完全由手工操作。超星集团董事长史超认为：超星是一家技术密集型兼劳动密集型的企业，事实上，恰恰是这种看似落后的生产方式，以较高的效率完成了信息的加工和整理，并且保证成本相对低廉，无论从技术角度还是从商业盈利角度看都是合理的。目前超星的信息加工能力已经达到每天处理 60 万页原稿（如果每本书 300 页，相当于每天有 2 000 本书的处理能力）。如果按照每页 0.5 元计算，每天的收入可以达到 30 万元。超星的生产模式看似落后，但是非常实用，就像面对同样一个金矿时，别人用的是铁锹，而超星却掌握了一套效率超出千倍的设备。

（2）从数字图书到数字图书馆。加工数字图书的目的是为了建设数字图书馆，可以想象，当数字图书的数量达到 260 万种时（目前国内藏书达到 260 万种图书的图书馆非常少），它自然成为一个超大的数字图书馆，什么样的中文图书都可以在这里找到，满足率可达到95%，这个数字图书馆对读者有多么大的诱惑力。

数字图书馆解决了善本浏览、多人借阅、全天候服务等问题。不少具有极高价值的文献资料，像《黄埔军校史稿》、《北洋政府公报》、《新青年》等，过去都被图书馆藏在深闺，读者根本无法借阅。而现在，在数字图书馆中，读者动一动鼠标，就可以轻松翻阅。

据有关统计，目前全国公共、高校、科研院（所）及各类图书馆约1.3万座。以大学图书馆为例，全国高校约2 000所，高校扩招、合并、迁建，使作为校园基础设施的图书馆面临的经费严重短缺、藏书量不足、副本量小、新书少等问题更加突出，建设数字图书馆是一个非常好的解决思路。

（3）数字图书馆的社会效益。图书馆是人类文明的重要传播地，在文化建设、教育发展中有着举足轻重的地位。但长期以来，由于经济条件的限制，我国图书馆事业与国外相比一直有较大的差距。随着互联网时代的到来，数字图书馆的出现为中国的图书馆事业提供了一次难得的跨越式发展的机遇。

（三）图书数字化的关键技术——超星的PDG格式

目前文本型数字图书的技术标准通常有两种：PDF格式和XML格式。文本型数字图书已经有多年的发展历史，技术已经相当成熟，并形成了事实上的标准。国家已经制定了与OEB（Open E-Book）兼容的文本型数字图书的标准。建立数字图书馆的难点在于存量而不是增量。在出版业告别铅与火，实现光与电之后，新出版的图书大都有现成的电子文档，经过简单加工后就能制作成便于阅读和检索的电子化图书。Adobe公司推出的PDF格式，就是一种目前国际上通用的支持图文混排和多种版样的电子图书格式，其优点在于可以更好地修饰纯文本内容，生成的电子图书文件界面美观，而且文件也非常小。但是PDF格式对于20世纪90年代以前出版的没有电子文档的图书，就显得无能为力，更不要说那些珍藏上百年的善本孤本图书了。

目前，加工存量图书的数字化工艺，有文本格式和图像格式两种。文本格式的优点在于生成的文件小，目前生成图书的字符格式主要是通过OCR（Optical Character Recognition，光学字符识别技术）录入方式，效率高，每人每天可以录入10万字。

但是，文本格式的缺点在于不能保持图书原有的版样和完整性，在处理浩如烟海的档案文献资料、图文混排图书，以及表格、乐谱、小语种字符等特殊图书时，文本格式就显得无能为力。怎样解决这个技术问题？分层压缩图像文档格式——超星的PDG格式就是解决这个问题的关键技术。

2000年11月，超星与清华大学图书馆技术部联合开发的三层图像全文检索技术——PDG图像全文检索技术。超星PDG在参考了DJVU技术的基础上，开发出有自己特色的格式。超星的PDG格式，也因分层压缩，体积是其他格式的几分之一，浏览很快。

这项技术的新颖之处在于：使PDG图像也能够像文本一样，随心所欲地全文检索。在保留了扫描型图书原文原貌、没有错误的前提下，实现了扫描图书的全文检索。该技术使得超星数字图书馆为用户提供了一个功能强大的数字图书资源检索系统，可以对数字图书馆中的书目、目次、文献和全文等信息进行立体的全方位检索。

（1）PDG 图像全文检索技术原理。PDG 的原理和 DJVU 技术基本相同，也是将图像文档分为不同的层来进行处理：用较低分辨率的图像保留扫描型图书原文原貌；而用高分辨率来还原文字，使锐利边缘得以保留，并最大限度地提高可辨性。

该技术的构思非常巧妙：当原稿通过扫描仪输入到终端，并存储为图像格式后，负责集中运算的服务器，自动对该图像进行 OCR 识别并完成相关运算，实时生成如下三层信息：

第一层信息是图像，用来保留扫描型图书原文原貌，即反映连续色彩图像和纸张的背景，仅用较低的分辨率即可，通常为 100dpi。

第二层信息是用来进行 OCR 文字识别后的文本。要确保文字和线条的清晰度，需要有较高的分辨率。因此，提高清晰度是 OCR 文字识别率所要求的，通常为 300dpi。

第三层是确定文本在原稿图像中所处的位置。

这三层信息组成一个页文件。当读者以某个关键词对整本电子图书进行全文检索时，搜索引擎会首先到每一页文件的第二层，以文本检索的方式查找关键词，并在第三层中获取关键词所处的坐标位置，最后在图像文件上将该区域标志出来，读者就可以得到检索结果。对命中的关键字可以在原文中实现突出反显。

全文检索系统底层使用 TRS（Text Retrieval System）全文检索引擎，采用了基于词以及词频的“词索引 +bi-gram”算法，中文文本字词混合的索引方式及一系列的优化措施，极大地提高了检索的速度和命中率，并使查询结果相关性大大提高和优化。这项技术不但在国内处于领先水平，而且在同类产品中目前还没有效仿。

超星公司拥有 PDG 图像全文检索技术后，曾自豪地说：读秀是什么？读秀是一部最大、最全的百科全书，一部有 10 亿页全文，并且不断增加的百科全书。读秀是 260 万种图书通过拆开、扫描、数字化加工和图像全文检索技术重新组合成的一本有 10 亿页的、巨型的百科全书，任何一句诗词、任何一句名言、任何一幅插图，都可以在读秀中找到它的出处。

超星公司数据格式为有自主产权的 PDG 格式，因其在图像压缩和网上阅览（边下载边显示）及下载（多线程下载）方面的独特功效，为广大用户所青睐。目前超星数字图书馆用户在全国拥有大小用户 1 500 多家。除此之外，PDG 格式与 PDF、中国学术期刊格式等其他数据格式良好的兼容性也是备受用户欢迎的原因之一。

图像采用最新的 PDCT2 技术进行压缩，其文件大小远小于其他电子图书格式。此外，还有一个特点是可以支持在线阅读和打印，而不像很多其他格式需要把书先下载下来才能使用。

（2）元数据仓储检索技术。为了保证加快搜索速度、减轻网络传送压力，超星公司推出读秀学术搜索和指针图书搜索网，以元数据仓储书目搜索，可搜索图书书目 370 万种，是目前中国最大、最全的书目元数据仓储。加上已经数字化加工完成中文图书，超星目前拥有国内 2 000 家机构用户，包括北京大学、清华大学、复旦大学、浙江大学、厦门大学等几乎所有的大学。海外用户为：美国国会图书馆、柏林图书馆、加州大学、斯坦福大学、哥伦比亚大学等。它目前拥有 85% 的市场份额。超星数字图书是国内高校公认的使用率最高和必备的基本数据库之一。

（3）数字图书资源定位技术。超星公司还拥有独特的数字图书资源定位技术，数字图书资源可以通过 SS 号（SSID）来进行定位，用户根本不用关心数字图书资源存放的物理地址。SS

号是超星数字图书馆为数字图书资源统一分配的一个唯一号码。有了它，在超星阅览器或 IE 的地址栏中输入 book://SS 号，就可以直接打开这个资源。这样，在任何地方引用这个资源，都不用担心它的物理地址被改变的问题。在超星数字图书馆系统中，有一个 SS 号服务器，类似于 DNS 服务器，主要负责对 SS 号与物理地址的转换，并且实现了部分权限认证与计费的功能。

（4）资源整合技术。资源整合技术实现与其他图书管理系统的无缝挂接，超星数字图书馆书目数据库可转化为多种国际标准的元数据格式，如 Dublin Core、MARC、RDF 等，这样就可以很方便地将书目信息导入其他图书管理系统中。对于有的书目信息已经在原系统数据库中存在的，也可以根据一定的字段对应关系，将原系统的数据库与超星数字图书馆书目数据库进行书目记录的匹配，找到相同的书目信息，使用 BOOK 协议串将这本书的链接加入到原系统的数据库对应书目记录中。这样就可以在原系统中直接访问超星数字图书馆中的数字图书资源。

（5）OCR 文本摘录技术。超星公司积极引进和利用“863”高科技成果。例如，已经将“863”成果中的汉王 OCR 技术集成到超星的图书阅览器中，读者可以直接摘取图书的文字到自己的文章中去，为读者提供了极大的方便。使读者在使用超星图书阅览器阅读图书时，就可以对摘录区域实现文本识别，将图像信息转换为文本字符，为读者摘录句段、批注、笔记提供了方便。

（6）国内领先的 PDCT2.0 图像压缩技术。PDCT2.0 技术是超星公司研制成功的新一代图像压缩技术，采用了目前国际上最先进的图像压缩理论，具有压缩比非常高、压缩后的图像清晰度高等特点，其压缩比是较常用的通用图像压缩算法（如 TIFF、JPEG）的几倍甚至几十倍，是国内迄今为止压缩比最高、性能最为先进的图像压缩技术。在同样清晰度的情况下，这种扫描压缩算法应该是当今世界上最前沿的一种。应用该压缩算法生成的 PDG 数字图书格式，比网络上通用的 JPEG 图像压缩格式更加优化。一张 A4 幅面原稿以 300dpi 分辨率生成的 PDG 图像文件（3 500 × 2 500 像素）只有 20KB 左右，而同样尺寸和质量的 JPG 图像大约要 1MB。利用此技术每 10 万册数字图书占用空间为 500GB（每年各高校图书馆在向教育部报当年事实数据时就是沿用这一标准核算的），是目前国际上中文图像格式占用空间最小的一种压缩技术。

国家专利局、中央档案馆、中国人民银行总行、外经贸部、国防大学等单位均是通过反复的技术比较，最终采用超星图像压缩技术。美国国会图书馆、美国加州大学也委托超星公司进行了部分图书的数字化。在国外，超星的数字图书馆系统同样获得了成功。美国加州大学圣地亚哥分校与超星公司合作，在北美建立了一套清朝历史资料库和中国年鉴图书馆，美国超级计算中心为超星公司免费提供了一套 Dell 服务器。加州大学伯克利分校、斯坦福大学、哥伦比亚大学都对此技术表示了浓厚的兴趣，邀请超星公司作为特邀代表参加加州大学东亚图书馆年会。

（7）完善的数字图书版权保护技术。超星可以实现读书卡收费的各种管理及数据加密技术。可以控制用户浏览、下载、打印、数字底纹加密、机器码等。目前超星读书卡相关技术是国内唯一一家比较成熟并得到广泛使用的技术。首先，每本书的权限都可以进行详细的设置，包括能否阅读、下载、打印、可阅读或打印的页数等，还可以根据用户进行设置，不同的用户可以有不同的访问权限。这些权限的设置工作也非常简单方便。另外，在数据安全性方面，通过一系列的技术手段和各种安全保护措施，可有效地防止图书被非法访问和传播。超星数字图书馆在整体上有一个非常严密的数据安全策略，对系统的每一部分也都进行了周密的安全性考虑，包括数据库服务器、资源服务器、阅读材料、数据等，使之成为一个难以攻破的堡垒。最后，提供了多种用户访问控制，除了可以设定 IP 段内的访问方式外，还可以使用用户登录等访问方式。

（8）良好的开放性。超星数字图书馆提供了很多接口和协议，可以实现其他图书管理系统与超星数字图书馆的挂接。最常用的一种接口是使用 BOOK 协议串，其他系统可以很方便地定位或者链接到超星数字图书馆中的数字资源。完整的 BOOK 协议串写法主要包含三部分信息，分别是动作、地址和元数据。动作包括阅读、打印和下载命令，地址可以是资源的 SSID，也可以是资源的物理地址，元数据包括资源的基本信息。

超星公司是国内最大的数字图书馆解决方案提供商和数字图书资源提供商，他们深深地知道资源对图书馆的意义，始终把资源建设放在首要位置，超星数字图书馆的第一目标就是满足广大的读者，只要到了超星数字图书馆，就能让他找到他所想要图书。

（四）数字图书版权解决方案

超星公司的数字图书资源，是以大量的出版著作为依托的，超星公司认为版权是数字图书的核心问题，数字图书馆的建设必须充分保护和尊重著作权人及出版者的权益。所以，从 2001 年开始，注重解决版权问题。超星数字图书馆版权解决方案如图 2-3 所示。

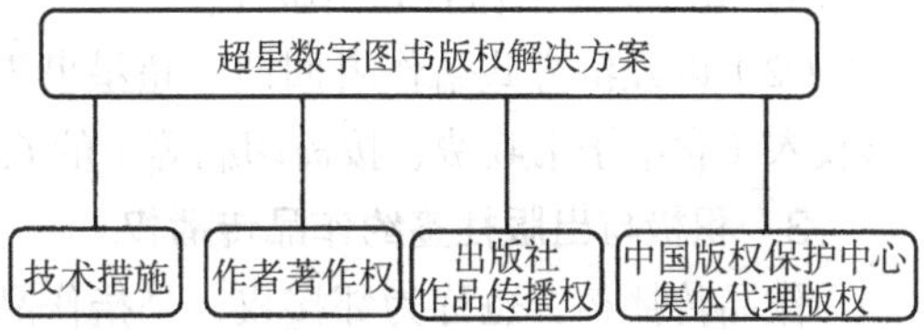

图 2-3 超星数字图书馆版权解决方案

为此，超星数字图书馆所用数据版权，采用集体管理机制与特殊机制结合的方式，采取了下列措施。

1. 技术措施

数字图书馆中的数字图书使用方式类似于传统图书馆，主要采用浏览和借阅为主，并采用先进的数字版权保护（DRM）技术，限制打印、传播和永久下载。例如，一次打印不能超过 10 页，打印页上加有保护版权的标志。考虑到当前互联网带宽问题，允许读者下载到本地阅读，但下载到本地硬盘的资料是加密资料，只能读者本人在下载机器上阅读，不能传播。下载资料在读书卡过期或指定时间后自动失效，相当于传统图书馆的借阅和归还，读者对资料不拥有永久所有权。数字图书的阅读量和下载量均有详细统计，作者可以随时查询。

2. 积极与作者签约

信息技术的飞速发展为文明和科技知识的传播带来了极大的便利，在这种情况下，如何保证在文明的传播中维护知识创造者的合法权益，如何解决数字图书馆中海量资源的版权问题，已经成为一个世界性难题。超星公司历来十分重视数字化图书的版权问题，并积极探索可行的解决方案，形成了卓有成效的“超星版权模式”。目前，许多作者对这项数字图书馆事业给予了热情支持，主动将作品送到超星进行加工、上网、传播。超星公司还坚持不懈地在互联网上利用超星数字图书馆网站的流量和知名度，征集大量作者的授权。

超星公司专门负责与作者签约的版权部门已经成立数年了。数年以来，超星公司动用了大量人力、物力，利用各种可能的渠道与作者和出版社取得联系。因为著作权人数量众多，又极其分散，要得到每一位作者或著作权代理人的授权并获取其作品，投入的工作量和其中的辛苦是可想而知的。经过数年默默无闻的辛苦努力，至今超星公司已经取得了35万名作者签约授权的优秀成绩。目前超星及各大图书馆正在作出努力，争取与每一位作者实现签约授权。但由于作品内容广泛，联系困难，还不能实现与所有作者全部签约。作为对作者的回报，超星提供以下两种方式供作者选择。

（1）赠送至少10年期的读书卡。这种方式的核心意思是"以自己的书换读取别人的书"。作者同意将作品授权给超星公司数字图书馆，超星公司向作者赠送价值3 000元的10年期读书卡，该卡可以免费使用读秀学术搜索，免费阅读40万册图书，免费观看3 000集学术视频；10年后授权作者可以要求继续赠送读书卡使用，享受数字图书馆的VIP待遇；如果作者要求单独定价，向用户单独收费读书卡会员也不能免费阅读，必须同意按照作者定价付款后才能阅读。收入的50%支付给作者和出版社。

（2）以经济方式给作者回馈。超星事先支付作者每本图书60～300元，然后将该本图书经营收入（含电子书收费、按需印刷等）的63%支付给作者。

3. 积极与出版社签约作品传播权

作品传播权，也称为邻接权，是指作品的传播者享有的专有权利。它是从英文和法文直接译过来的版权术语，它的本意是与著作权有关及相邻接的知识产权。简言之，其不是著作权，但是与著作权相邻、相近或类似的权利。我国著作权法将其称之为"与著作权有关的权益"。

超星公司积极与全国各大出版社申请邻接权——作品传播权。目前授权的出版社有300多家，如北京大学出版社、中国知识产权出版社、新华出版社、北京广播学院出版社、中国文史出版社等，使数字图书馆事业稳定、健康地向前发展。

4. 积极与集体版权管理组织签约

著作权集体管理是指著作权集体管理组织经权利人授权，集中行使权利人的有关权利并以自己的名义进行的下列活动：与使用者订立著作权或者与著作权有关的权利许可使用合同；向使用者收取使用费；向权利人转付使用费；进行涉及著作权或者与著作权有关的权利的诉讼、仲裁等。

采用著作权集体管理组织的形式进行管理是比较有效的办法。著作权集体管理组织代表作者向作品使用单位集体授权，向作者使用单位收取报酬并分配给著作权人。作者保护了自己的著作权，作品使用单位也免去了寻找作者的困难，提高了经营的效率，版权集体管理组织实际上起着沟通作者与作品使用者的桥梁作用。

超星公司积极与著作权集体管理组织签约，与出版社、中国版权保护中心直接签约：一方面委托新闻出版署版权保护中心集体代理版权，同时与作者和出版社积极接触，形成全方位的版权解决模式，力争彻底解决版权。超星与每家用户合同额的15%上缴版权保护中心，代为转付作者和出版社。经过10年努力，超星电子图书已与35万名作者、300家出版社签约，专有授权95%。

四、超星数字图书馆方案

超星公司经过多年的努力，形成了实现数字图书馆所必要的从扫描、浏览、OCR 识别到远程传输和版权保护等一整套成熟技术，在数字图书馆方面积累了丰富的开发经验，可以为高校图书馆提供从资源的数字化加工到网络管理以及远程传输的数字图书馆全面解决方案。

（一）高校数字图书馆概述

1. 数字图书馆是高校信息化的建设重点

教育部要求高等学校图书馆具备“现代电子图书系统和计算机网络服务体系”。

图书馆作为信息搜集、整理、存储和传播的主要基地，在知识经济时代已成为信息服务业的一支重要主力军，担负着建设、开发和推广信息资源的重任，在提高大学生的综合业素质和精神文明建设的过程中，起着举足轻重的作用。

数字图书馆借助网络环境实现信息资源的有效利用和共享，在信息服务功能上实现了质的飞跃，它是教学、科研的有利资源保障，是传统图书馆功能的延伸和升华。而随着我国教育信息化工程的逐步深入，数字图书馆的建设已成为高校信息化的又一个建设重点。与传统图书馆相比，数字图书馆具备了更强的信息功能，数字图书馆也已经开始转向业务管理自动化、信息服务网络化。按照教育部“211 工程”要求，高校图书馆馆藏数量成为重要考核指标，数字图书也成为各个高校增加馆藏数量的“秘密武器”，建设数字图书馆成了高校必然的发展趋势。

在知识经济时代，人类全面进入信息化社会，教育与培训不仅是就业前的需要，而是对信息化社会的一个合格劳动力（能适应信息化社会发展需要的劳动力）的终身要求。数字图书馆的建立为高校教育提供了灵活多样的培养方法，且不受时间、空间和地域的限制，能适合各种学科并能满足高校教育、终身教育的需求。

2. 海量数字资源是高校数字图书馆的基础

数字图书馆的意义在于：在新的媒介载体（计算机、网络）产生之后，如何改变传统的治学方法，如何让学者迅速、全面地了解本学科、本专业的学术面貌，如何使研究者按照自己的学术思想和治学方法来构建自己独特的知识体系，又使这种体系能成为可以与他人共享和兼容的资源，从而从个体和整体来创建全新的学术体系和方法。

3. 要兼容传统图书馆并有革命性的进步

建设数字化图书馆将全面保障高校重点学科及其他学科的文献资源、提高科学管理水平、挖掘和有效整合信息资源。建成具有先进应用技术水平，以“数字图书馆”为核心的基于网络平台的、服务型的，具有先进应用技术水平的综合性数字图书馆，在一定范围内能达到高水平的文献保障功能。数字图书馆建设的最终目的是实现资源的共享，为读者提供最大的便利。数字图书馆的建设采用通用的通信协议，强调数字图书馆建设的整体性原则、兼容性能。

（1）资源整合型。以面对馆员和最终用户的资源统一管理、资源的深度整合为特征，其中不同层次的资源整合体现在对检索手段的整合、文献层次的整合、信息整合、内容整合、知识整合和服务整合等方面。

（2）知识服务型。以信息服务为基础，以知识的深度挖掘为手段，以知识服务（如查询服务、参考咨询服务、个性化服务等）为导向。

（3）学习研究型。以资源整合为基础，知识服务为特色，以互动学习、互动研究为特征，营造良好的知识 DIY 环境[1]，符合“以人为本，用户至上”的人本精神。

（4）基础设施型。集资源的生产、传播、服务于一体，开放的数字图书馆，资源的自主生产，知识的深度挖掘，新知识的开发，基于资源开发，知识挖掘的深层次知识服务。

4．高校数字图书馆应有的功能

（1）图书的快捷查询。对于读者而言，并不是无目的地在网上搜索图书，而是要查找一些具体的图书，如知道图书名称或大致名称、出版社、关键词、作者等。通过本系统，读者可以根据已知信息进行快速查找，节约了读者的查找时间，提高了整体的学习效率。

（2）与其他图书馆自动化系统的智能衔接。超星数字图书馆系统是针对各类图书馆而制作的数字图书系统，这样就需要和图书馆管理系统软件结合起来，把图书馆中拥有的实际图书数目、名称等与数字图书馆系统的图书内容种类结合起来，利用先进的技术手段，实现跨库、跨平台无缝连接集成与智能检索的知识共享中心。

（3）方便、简捷的数字图书馆管理平台。数字文献管理平台是一种专为管理者提供管理各种图书信息的工具，方便为读者提供网上数字图书的借阅服务，提高工作效率和管理水平，减轻工作强度。

（4）为读者提供功能全面、界面友好的阅读软件。数字图书馆提供给广大师生的阅读软件（超星阅览器 ssreader4.0），界面非常清新、友好。经过了多次深层次的读者需求调查，进行了人性化设计。图书显示清晰，操作非常简便。完全适应在计算机上阅读的需要，满足了读者对视觉的需求，可以对视图进行多倍放大或缩小。读者在数字阅读过程中进行检索、书签、标注、加亮、画线、复制、批注等各项操作，保证阅读的质量。此外，可方便地对借阅图书进行管理，方便与读者进行还书与续借服务。

（5）高质量的正版数字图书无版权纠纷。相对于传统图书，数字图书馆最新出版的电子书可以给读者提供最新出版的教育教学用书，而相对于互联网，数字图书馆可为读者提供有针对性的、健康的正规出版物，保证资源的质量。数字图书馆内的每一本电子图书都通过合法渠道，取得与作者之间的正式授权，不涉及任何版权纠纷。

（二）数字图书馆建设过程

数字图书馆是一个发展的概念，其本质特征是数字化资源、网络化存取以及分布式管理。

数字图书馆的核心理念是实现人类对所有知识的普遍访问，其实质就是突破传统图书馆时间、空间限制，为用户提供无所不在（泛在）的信息服务。为实现这样的理想，人类一直锲而不舍地探索着。从最早手工管理下的传统图书馆，它是以卡片目录组织的传统图书馆，是人类共享知识的最主要形式之一；到后来集成管理系统下的自动化图书馆；再到门户网站中的数字图书馆。随着计算机的广泛应用，以计算机集成管理系统为核心的图书馆自动化管理大大提升了服务能力和水平，以互联网为支撑的数字图书馆发展为实现这些目标作出了历史性贡献。

数字图书馆的特征是基于网络，突破空间局限；全天候不闭馆，突破时空局限；开放获取，

---

[1] DIY（Do It Yourself）代表的是一种精神，自己去做，自己体验，挑战自我，享受其中的快乐。

全民共享，突破身份局限；资源一站式整合，突破信息孤岛局限。

数字图书馆建设的四个层次：

（1）数字资源积累阶段。从单个数据库购买到初步形成数字资源体系。

（2）数字图书馆门户建设阶段。从建立简单的数字资源网站到构建资源门户。

（3）数字资源整合阶段。从数据库列表到实现资源整合与一站式检索。

（4）数字化信息服务环境建设阶段。从以资源为中心到以读者为中心构建服务平台。

任务3　数字文献资源

本书所述的数字文献资源包括数字图书资源、数字期刊资源和数字特种文献资源三大类。

一、数字图书资源

（一）超星数字图书馆

超星公司推出的读秀学术搜索，以元数据仓储书目搜索，可搜索图书书目数据 370 万种，是目前中国最大、最全的书目元数据仓储。已经完成中文图书的数字化加工 260 万种，内容涵盖《中图法》22 大类。

（1）读秀。读秀学术搜索是由海量中文资源：图书、期刊、报纸、会议论文、学位论文、标准、专利、学术视频等文献资源组成的庞大的知识系统。

读秀学术搜索是一个面向全球的图书搜索引擎，是一个可以对文献资源及其全文内容进行深度检索、提供原文传送服务的平台。用户可以通过读秀搜索对图书的题录信息、目录、全文内容进行搜索，提供图书封面页、目录页、正文部分页的试读，还可以对所需内容进行文献传递。

文献传递服务。对于不能看到电子全文又没有馆藏的部分图书，基于读秀搜索特有的目录页试读，了解并指定所需的部分资源范围，进入读秀搜索上的图书馆文献传递中心，根据提示实现文献传递。读秀为读者提供了单次传递原文不超过 50 页，同时一周内对同一本书传递不超过 20%，以邮件加密链接方式提供，20 天有效期的原文在线查阅服务，这一期间内，读者可以随时浏览阅读 20 次。

（2）百链。百链是国内最早实施元数据整合思想，经过积累，元数据到目前为止系统是最完整的；能实现图书、期刊、报纸、视频、学位论文、会议论文、专利、标准、科技报告、随书光盘、OA 资源、特色库等中外文文献一站式整合；百链是唯一一个有云服务架构，实际形成强大云服务能力的纸本与电子资源的整合。

（3）读秀和百链是一对“孪生兄弟”

①读秀侧重全文和中文，百链侧重元数据和外文。

②百链的重点是期刊等数据库的挂接，已挂接的数据库有 300 多个，外文期刊元数据达 10 872 万篇。

③传统图书馆以纸本资源为主，单馆建设、仅为本馆读者服务，受经费、建筑空间等限制；从 20 世纪 90 年代末期发展的数字图书馆以数据库和电子资源建设为主，虽不再受馆舍空间限制，但仍为单馆建设、仅为本馆读者服务的模式，仍受经费和 IP 范围的限制，且随着数字资源、数据库越来越多，用户检索和利用也变得比较复杂。

④百链要完成的是多馆建设、多馆服务的模式，已有 700 多家图书馆参与了百链的这种建设和服务模式。

⑤百链的主要内容。外文图书全文（30 多万种）、最全的中外文期刊篇目元数据搜索、通过元数据进行的数据库整合、文献传递服务。

⑥读秀和百链可合二为一，通过两个产品，用户真正实现文献资源的一站式搜索。

⑦如果图书馆购买了全文的，通过挂接可直接下载全文阅读，没有购买全文的，可通过文献传递获得全文。

（4）文献传递原理。读秀、百链学术搜索平台可以解决全部文献资源的检索服务；读者在百链检索平台上搜索到所需的文献资源时，填写一个 E-mail 地址，申请文献传递服务；数据库内有的文献资源，计算机都能将其自动传递到读者邮箱；对于数据库内没有的文献资源，由数字图书馆成员馆组成的图书馆参考咨询联盟，有很多图书馆专家，在线专门对全国广大读者免费做文献传递服务，利用一种机制鼓励咨询馆员的积极性，抢答读者的文献请求。广东省立中山图书馆主办的“全国图书馆参考咨询联盟”，就是利用超星技术组建的一个面向全世界读者的、免费的文献传递网站（网址 http://www.ucdrs.net/admin/union/index.do），每个社会读者都可以使用。

（二）方正阿帕比（Apabi）数字图书馆

1. 方正阿帕比概述

阿帕比是 Apabi 的中文名称，是中文电子图书及数字资源系统提供商。Apabi 分别代表着 Author（作者）、Publisher（出版者）、Artery（流通渠道）、Buyer（读者，即购买者）以及 Internet（网络）。Apabi 的意思就是通过互联网，将作者、出版社、中间商、读者联系起来，提供一整套解决方案，实现完全数字化的出版。

北京方正阿帕比技术有限公司（以下简称“方正阿帕比公司”，http://www.apabi.cn）是方正集团旗下专业的数字出版技术及产品提供商。方正阿帕比公司自 2001 年起进入数字出版领域，在继承并发扬方正传统出版印刷技术优势的基础上，自主研发了数字出版技术及整体解决方案，已发展成为全球领先的数字出版技术提供商。

2. 电子书资源全文数据库

电子图书资源库是方正阿帕比数字资源的核心部分。截止到 2010 年初，在销电子图书达 50 万种，其中，2006 年后出版的新书占到了 70%，涵盖了社科、人文、经管、文学、科技等分类，已经形成最大的文本电子图书资源库。

目前，方正阿帕比为国内 80% 以上的新闻出版单位提供技术支持和服务，并将数字图书馆应用推广到北美、欧洲、大洋洲及东南亚等海外市场，帮助中国的新闻出版单位推出正版中文电子图书总量超过 75 万种、数字报纸 800 余份，并建立了多种专业数据库。2009 年起，方正阿帕比公司提供的专业知识服务平台“中华数字书苑”，9 次作为国礼送给外国政府和学术机构，在全球范围内推动了中国传统文化的传播和发展。

3. 数字资源产品

（1）电子书。阿帕比电子书资源全文数据库、教参全文数据库、企鹅英文原版书库、阅读中国当代文学精品库、中小学“教与学”精品书库、文渊阁四库全书。

（2）数字报。中国报纸资源全文数据库、报纸行业剪报库。

（3）工具书。中国工具书资源全文数据库。

（4）年鉴。中国年鉴资源全文数据库。

（5）特色资源。艺术博物馆图片数据库、国学要览、中医古籍、北京周报、民国期刊。

（6）移动阅读。U 阅迷你书房。

（三）书生数字图书馆

1. 书生公司简介

书生公司（http://www.sursen.com）自 1996 年创立以来，一直致力于以数字技术取代传统纸张应用，提供相关产品技术和服务。

“书生之家数字图书馆”由北京书生数字图书馆软件技术有限公司于 2000 年创办，目前可提供几十万种电子图书全文在线阅读服务，所涉及的学科涵盖了计算机通信与互联网、经济金融与工商管理、生活百科、综合性图书与工具书、法律、社会科学、哲学宗教、历史地理、科普知识、知识信息传媒、自然科学、一般工业技术、冶金与金属、石化与能源动力、电工技术、电子电信与自动化，其他工业技术、建筑、交通运输与环境等多个领域。

2. 书生读吧

书生读吧（http://www.du8.com）也是一个较大的中文电子书门户网站，由国内数字纸张技术和市场的开拓者和领导者——北京书生公司建设和运营的网站，通过在线书评、读书社区、作者专区、出版社专区、期刊社专区等服务，在达到“为书找读者，为读者找书”功能的基础上，让作者、读者、出版机构能够通过多种方式交流和沟通，极大地促进了电子书产业链各环节的互动。

数字纸张也叫做 dPaper 或 ePaper，数字纸张技术至今仍是一项具有相当前瞻性的高水平 IT 应用技术。数字纸张是可以在计算机屏幕、相关设备上显示阅读的电子书籍、杂志、报刊等，具备不可篡改、不可分割等安全性，有别于传统纸张，数字纸张有着自己的特征，在各种平台上均可使用，包括元数据信息（如标题、作者、出版社等）是传统纸张难以具备的，具备较小的数据尺寸、动画和超级链接能力特性。

3. 书生搜吧资源聚合平台

书生搜吧（http://www.souba.org）是一个资源整合服务平台，向用户提供海量、专业、统一的中外期刊、图书、论文、报纸、视频、标准、百科以及各种主题数据库（法律、经济、教育）等专业学术资源的搜索和浏览服务。

该网站目前聚合了3亿条数据、500万种中外文书目、180万种图书全文、100多万篇国外期刊全文、10万小时视频、10亿页中外文资源，并且还在不断地增加可进行聚合的数据库。书生搜吧将产业联盟、资源商城、学术聚合、统一认证、跨库检索、文献传递、一站式服务等诸多理念、技术集成于一起，读者无须登录即可在无数个数据库中进行检索，检索结果自动去重、自动聚合，任意查看，为图书馆和读者查找资料提供非常便捷的服务。

（四）中国高等教育文献保障系统

1. CALIS简介

中国高等教育文献保障系统（China Academic Library&Information System，CALIS）是经国务院批准的我国高等教育“211工程”、“九五”、“十五”总体规划中三个公共服务体系之一。CALIS的宗旨是：在教育部的领导下，把国家的投资、现代图书馆理念、先进的技术手段、高校丰富的文献资源和人力资源整合起来，建设以中国高等教育数字图书馆为核心的教育文献联合保障体系，实现信息资源共建、共知、共享，以发挥最大的社会效益和经济效益，为中国的高等教育服务。

CALIS管理中心设在北京大学，下设了文理、工程、农学和医学4个全国文献信息服务中心，华东北、华东南、华中、华南、西北、西南、东北7个地区文献信息服务中心和一个东北地区国防文献信息服务中心。

从1998年开始建设以来，CALIS管理中心引进和共建了一系列国内外文献数据库，包括大量的二次文献数据库和全文数据库；采用独立开发与引用消化相结合的道路，主持开发了联机合作编目系统、文献传递与馆际互借系统、统一检索平台、资源注册与调度系统，形成了较为完整的CALIS文献信息服务网络。迄今参加CALIS项目建设和获取CALIS服务的成员馆已超过500家。

“十五”期间，国家继续支持“中国高等教育文献保障系统”公共服务体系二期建设。并将“中英文图书数字化国际合作计划”（简称CADAL）列入该公共服务体系建设的重要组成部分，项目名称定为“中国高等教育文献保障体系——中国高等教育数字化图书馆（China Academic Digital Library & Information System，CADLIS）”，由CALIS和CADAL两个专题项目组成。项目和总体目标明确为：在完善“九五”期间中国高等教育文献保障系统（CALIS）建设的基础上，到2005年底，初步建成具有国际先进水平的开放式中国高等教育数字图书馆。它将以系统化、数字化的学术信息资源为基础，以先进的数字图书馆技术为手段，建立包括文献获取环境、参考咨询环境、教学辅助环境、科研环境、培训环境和个性化服务环境在内的六大数字服务环境，为高等院校教学、科研和重点学科建设提供高效率、全方位的文献信息保障与服务，成为中国经济和社会发展的重要基础设施。

CALIS管理中心在“十五”期间继续组织全国高校共同建设以高等教育数字图书馆为核心的文献保障体系，开展各个省级文献服务中心和高校数字图书馆基地的建设，进一步巩固和完善CALIS三级文献保障体系，为图书馆提供“自定义、积木式、个性化”的数字图书馆解决方案，大力提高CALIS综合服务水平，扩大CALIS服务范围，为高等教育事业和经济文化科技事业的发展发挥更大的作用，取得良好的社会效益和经济效益。

（1）CALIS 馆际互借与文献传递系统。CALIS 馆际互借与文献传递系统是 CALIS 公共服务软件系统的重要组成部分。目前，该系统已经实现了与 OPAC 系统、CCC 西文期刊篇名目次数据库综合服务系统、CALIS 统一检索系统、CALIS 文科外刊检索系统、CALIS 资源调度系统的集成。

西文期刊文献在全国高校及非高校图书馆范围内的共知、共建和共享，多年来一直是我国图书馆界不断追求的一个重要目标，随着引进西文期刊资源的不断增多，对其进行系统的揭示、整合与建设，成为 CALIS 一项重要而急迫的任务。CALIS 构建了一个有着很强的文献揭示、联合馆藏、全文链接、原文传递以及检索、统计功能的综合性服务平台 CALIS 西文期刊目次数据库（CALIS CURRENT CONTENTS OF WESTERN JOURNALS，CCC），使得我国图书馆界多年的追求得以实现。

（2）CALIS 资源。CCC 西文期刊篇名目次数据库综合服务系统包含 24 000 万种西文学术类期刊，涵盖 9 种著名二次文献的期刊收录数据（9 种著名二次文献数据库是指：AGRICOLA 农业文摘，Biological Abstracts 生物学文摘，Chemical Abstracts 化学文摘，Current Contents 现刊篇名目次，Engineering Index 工程索引，INSPEC 科学文摘，Medicine 医学文摘索引，Science Citation Index 科学引文索引，Social Science Citation Index 社会科学引文索引），包括 100 多个大型图书馆的馆藏数据和 15 个已在国内联合采购的电子全文期刊数据库的全文链接（覆盖 8 000 种以上期刊），具备篇名目次检索、馆藏期刊的 OPAC 链接、电子全文期刊链接，CCC 数据库收录的 24 000 种学术类西文期刊近 1 000 万条篇名目次数据，每周更新一次，每年增加新出版期刊目次数据 200 万条，目前已覆盖 1999 年至今，并力求在国内图书馆的共同努力下，回溯至 1900 年。作为 CALIS 管理中心二期工程的重点项目，CCC 西文期刊篇名目次数据库综合服务和平台的应用将对资源进行科学、全面的整合调度，为各类读者提供更深层次的文献服务，大大促进全国范围内的西文期刊文献资源共享。

（3）CALIS 的服务。任何一个图书馆，只要使用 CCC，它所获得的文献支持就相当于拥有了全国图书馆的全部馆藏，这将为国内所有有西文期刊文献需求的图书馆，特别是那些文献保障能力比较低的单位，带来极大的便捷和好处。读者可以通过馆际互借或文献传递的方式，通过所在成员馆获取 CALIS 文献传递网成员馆丰富的文献收藏。

CCC 以 Web 方式提供服务，上海教育网络图书馆安装镜像服务器，采用 IP 控制方式，没有并发用户限制。所有上海教育网络图书馆的成员馆，都可以免费使用 CCC 数据库，检索到 CCC 数据库中的全部数据。其网址为：http://www.shelib.edu.cn/ShelibCollege/index.asp。

2. CASHL 简介

中国高校人文社会科学文献中心（China Academic Humanities and Social Sciences Library，CASHL），该项目是教育部根据高校人文社会科学的发展和文献资源建设的需要引进专项经费建立的。其宗旨是组织若干所具有学科优势、文献资源优势和服务条件优势的高等学校图书馆，有计划、有系统地引进国外人文社会科学期刊，借助现代化的服务手段，为全国高校的人文社会科学教学和科研提供高水平的文献保障。它是全国性的唯一的人文社会科学外文期刊保障体系。

目前 CASHL 文献传递的服务对象暂定为全国高等院校的教师、学生、科研人员以及其他工作人员。主页网址为：http://cashl.calis.edu.cn/search/default.asp。

（1）CASHL 文献资源。CASHL 文献资源主要是人文社会科学外文期刊，目前已收藏有 7 500 多种国外人文社会科学领域的重要期刊、900 多种电子期刊、20 余万种电子图书。

①高校人文社科外文图书联合目录。收录了 CASHL 两个全国中心和五个区域中心的 24 万多种人文社会科学外文图书，陆续还将添加十个学科中心和其他高校收藏的“教育部文科图书引进专款”购置的人文社会科学外文图书。它涉及地理、法律、教育、经济 / 商业 / 管理、军事、历史、区域学、人物 / 传记、社会科学、社会学、体育、统计学、图书馆学 / 信息科学、文化、文学、心理学、艺术、语言 / 文字、哲学 / 宗教、政治等学科。可提供图书分类浏览和书名、作者、主题、出版者以及 ISBN 号等检索查询，并提供馆际互借服务。

②高校人文社会科学外文期刊目次数据库。全面、系统地揭示了国外人文社会科学重点学术期刊。收录了 CASHL 中心 4 000 多种人文社会科学外文期刊，涉及地理、法律、教育、经济 / 商业 / 管理、军事、历史、区域学、人物 / 传记、社会科学、社会学、体育、统计学、图书馆学 / 信息科学、文化、文学、心理学、艺术、语言 / 文字、哲学 / 宗教、政治等学科。可提供目次的分类浏览和检索查询，以及基于目次的文献原文传递服务。其中带有“核心”标志的期刊为核心期刊。

（2）CASHL 可以提供的服务

①高校人文社科外文期刊目次数据库查询。收录了 CASHL 全国中心（北京大学和复旦大学）2 300 多种人文社会科学外文期刊，可提供目次的分类浏览和检索查询，以及基于目次的文献原文传递服务。其中带有“核心”标志的期刊为核心期刊。

②高校人文社科外文图书联合目录查询。提供北京大学、复旦大学、武汉大学、南京大学、吉林大学、中山大学以及四川大学 7 所高校图书馆的人文社科外文图书的联合目录查询。可按照书名进行检索，或按照书名首字母进行排序检索，还可以按照学科分类进行检索。

③高校人文社科核心期刊总览。它包含由北京大学图书馆主持编纂的《国外人文社会科学核心期刊总览》和被 SSCI 和 A&HCI 收录的核心期刊的两大序列。

④国外人文社科重点期刊订购推荐。提供 9 000 多种国外人文社科重点期刊的目录供用户推荐订购，用户的推荐意见将作为 CASHL 订购期刊的重要依据。

⑤文献传递服务。注册用户可在目次浏览或检索的基础上请求原文，如不知文献来源，也可以直接提交原文传递请求。通常情况下，用户发送文献传递请求后，可在 1 ~ 3 个工作日得到所需原文。

⑥专家咨询服务。由具有专业素质的咨询专家为用户提供信息咨询、课题查询服务。

⑦ CASHL 馆际互借服务。注册用户可在高校人文社科外文图书联合目录浏览或检索的基础上请求 CASHL 馆际互借服务。

（五）中国国家数字图书馆

1. 检索系统简介

中国国家数字图书馆（http://www.nlc.gov.cn）数字资源检索系统，是国家图书馆最新推出的数字资源综合检索平台，旨在有机地整合国家图书馆收藏的多文种、多学科、多载体、多类型，且分布存在的印刷型和数字化的信息资源，面向社会公众提供方便、快捷的一站式检索和信息获取服务。将国家图书馆购买的 105 个中文数据库（其中包括 11 个少儿数据库），114 个外文数据库，40 多万种中文电子图书，48 万余种外文电子图书，19 000 余种中文电子期刊，27 000 余种外文电子期刊（其中包括 282 种俄文电子期刊），300 多万篇中文学位论文，34 万余篇外文学位论文，学术会议录、企业名录等资源以及国家图书馆 OPAC 公共目录检索系统进行有机地整合，实现了这些资源之间的无缝互连。

通过该检索系统，读者足不出户就可以轻松地查找国家图书馆购买与自建的数字化资源，发现并选择读者感兴趣的资源。该系统实现了查找文章、查找电子书、查找期刊、查找数据库的整合检索。读者可以直接在该系统内一次对多个数据库进行检索，系统会将检索结果统一呈现给读者，读者也可以进入到数据库的服务界面进行检索。读者可对检索结果下载、打印、保存等操作，还可以通过检索结果获得所需的电子原文；查找电子书可以在多个数据库中同时进行。可以通过所属学科、期刊名称、ISSN 号等查找电子期刊；数据库可以通过数据库类型、学科分类、数据库名称等方式进行查找。同时，该系统集成了馆际互借、文献传递等扩展服务，极大地丰富了读者查找文献的途径，使读者可以方便地获取学习和研究所需的文献及相关网络信息，从而提高读者利用国家图书馆海量信息资源的效率。

为读者提供方便、快捷的优质服务是国家图书馆一贯追求的目标。国家图书馆数字资源检索系统是利用数字图书馆技术开展远程服务的重要手段，随着信息技术的不断发展和成熟，国家图书馆将面向公众提供更多的、高质量的数字资源内容和服务，让读者能够更加方便地享用国家图书馆的海量数字信息资源。

2. 数字资源

国家图书馆倡导公益读书，在线阅读频道将已解决版权归属的电子图书提供给社会公众免费阅读。

（1）数字图书。

①中文数字图书

a. 馆藏中文数字图书：中国国家图书馆有自建中文图书数字资源，共收图书 26 万余种。

b. 方正电子图书：拥有北大方正电子有限公司制作的电子图书总量为 35 万余种、70 万余册和年鉴 1 000 余种。其中电子图书为来自 400 多家出版社的正版电子图书，覆盖了《中图法》所有二级分类。

②外文数字图书

a. ECCO 18 世纪文献在线。18 世纪文献在线收录了 18 世纪英国、美国等其他语言国家的著作。涵盖历史、地理、法律、文学、语言、参考书、社会科学及艺术、医学等领域。（代理服务器设置）

b. EEBO 早期英文书在线（ProQuest）。它收录了所有现存的 1473 ~ 1700 年之间英语世界出版物的资料。收录著作 125 000 多本共 2 250 万页电子图像。

c. MOMW 现代经济之路。它收录了 Goldsmiths Kress 经济文学图书馆 1450 ~ 1850 年间经济与商业类出版物 61 000 种，全文超过 1 200 万页。涵盖了商业、金融、社会环境、政治、贸易和运输等领域。（代理服务器设置）

d. MOML 现代法律之路。它包含了自1800年后在英国及美国出版的所有法律类图书共22 000种，超过1 060万页。此数据库共包含99个法律领域，涉及了英、美法律体系的所有方面。(代理服务器设置)

e. GlobalBookslnPrint.com 在版书目图书书目数据库。它收录了来自43个国家超过25万个出版商的书目数据，图书数量超过1 200万本。每周更新。

(2)数字期刊。作为国家总书库，国家图书馆全面入藏国内所有正式出版物，选择入藏国外部分外文期刊。截至2009年底，馆藏中文期刊与外文期刊共计13 089 796册；国家图书馆馆藏中文期刊51 463种，6 482 532册。通过馆藏目录您可查看具体某种期刊是否被收藏，还可查看该期刊的具体馆藏信息，包括馆藏地址、收录年代、所有单册信息等。

①中文数字期刊

a. 中国期刊全文数据库(CNKI，清华同方知网)。1979年，该库精选了1994年以来科学技术、人文科学的核心和专业期刊8 200余种，部分刊物回溯至创刊。

b. 维普中文科技期刊数据库。它收录了1989年以来的12 000余种中文科技期刊，分类包括：社会科学、自然科学、工业技术、农业科学、医药卫生。

c. 人大复印资料全文数据库。该数据库收录了1995年以来的马列、政治、文化、语言、历史、哲学、法律、教育、文学、地理、社科总论、经济、体育、艺术类文献全文。

d. 中国科学文献服务系统。它收录1985年至今中英文科技核心期刊和优秀期刊2 000余种；科学引文库起始1989年以来600余种核心期刊；学科文献库建于20世纪80年代中叶，数据量约为100万条。

e. 龙源期刊网。1997年至今据中国期刊协会的推荐和读者调查，收录了中国内地具有代表性的1 700多种著名人文电子期刊全文。

f. 全国报刊索引数据库。1857年至今它收录全国社会科学类期刊6 000多种，报纸200余种。年更新量约20余万条。

g. 万方数字化期刊。1998年至今它收录5 043种期刊，其中核心刊1 300余种。

h. 中华医学会数字化期刊。它收录了中华医学会主办的115种期刊，形成了国内外医药卫生界数量最多、影响最大、权威性最强的医学期刊系列。

i. 巨灵财经资讯系统。1991年至今它收录了70多种主要财经类报刊或杂志的财经新闻，并将新闻资讯进行了股票、基金、债券、等多个专题的分类归纳，每日更新2 300余条。除财经新闻外，还包括上市公司、基金、债券等全文公告和证券法律法规等。

j. TEPS台湾科学期刊数据库(台湾华艺)。TEPS是全球提供台湾地区期刊最多的线上全文数据库。当前收录355种科学类期刊，其中，41种是2008年7~9月新增在线，8.9万篇全文PDF电子档提供下载，数据主要回溯至2000年。其收录数量仍在持续增加。

②外文数字期刊。该数据库揭示国家图书馆近三年收藏的外文期刊。子库分别为：西文、日文。通过本库可浏览某种期刊是否被国家图书馆收藏，还可浏览该期刊的刊名、ISSN、索取号、收录年代，特别是通过该库可获得该刊的中文译名。

a. 西文期刊目录。它揭示近三年在“外文文献第三阅览室”收藏的西文期刊。文种包含英文、法文、德文、意大利文、西班牙文、波兰文等。通过该目录读者可以浏览依据中图分类法进行分类排序的期刊目录，内容包括刊名、译名、缩略名、ISSN、索取号、收录年代等。

b．日文期刊目录。它揭示近三年在“外文文献第四阅览室”收藏的日文期刊，共计 1 593 种。科学技术方面的含量占较大的比重，它们基本可以反映日本科学技术发展的最新水平，纸本收藏在国内是最全面的。它们长期以来为国内各学科和科学技术人员所使用。

c．俄文期刊目录。它揭示近三年在“外文文献第四阅览室”收藏的俄文期刊，共计 900 种，其中社会科学类 316 种，科学技术类 584 种。读者可以根据中图分类法对本室所藏俄文期刊进行分类浏览，内容包括刊名、英文译名、拉丁文刊名、中文译名、ISSN、索取号、收录年代等。

d．Taylor & Francis Online Journals。它涵盖人类学与考古学，艺术与人文，行为科学，商务、管理与经济，犯罪学与法律，教育，地理、规划、城市与环境，图书馆与信息科学，媒体、文化与传播研究，政治、国际关系与区域研究，公共卫生与社会保健，社会学与相关学科，体育、休闲与旅游，战略、防御与安全研究等学科领域。Taylor & Francis 社会科学与人文数据库提供 900 余种期刊。最早可追溯至 1997 年。

e．Ei Compendex Web 工程索引。1969 至今它收录的数据来源于 5 100 种工程类期刊、会议论文和技术报告。

f．Springer LINK（德国施普林格电子期刊）。通过该平台，读者可以访问的内容有：Springer 标准期刊现刊库：1997 年至今的卷期；Springer 回溯数据库：Springer 回溯期刊（1996 年以及之前的卷期）和 13 种 Springer 回溯丛书（1996 年以及之前的卷期）；2009 年度国家图书馆以纸本方式订购的非标准期刊：2009 年卷期（即订购年的卷期）。所有刊物皆经过同行评议。

g．ABI/Info 美国商业信息期刊全文数据库。它收录近 5 000 种学术期刊和贸易杂志。它含有世界顶级的国际性商业管理全文期刊 2 516 种，提供有关全世界 6 万多家公司的商业信息。

（六）国家科技图书文献中心

国家科技图书文献中心（NSTL）的网址：http://www.nstl.gov.cn。

国家科技图书文献中心（NSTL）网络服务系统，在网站上开通了外文科技期刊数据库、外文会议论文数据库、外文科技图书数据库、中文会议论文数据库和中文学位论文数据库 5 个文献数据库。以文摘方式报道近万种外文期刊，特别是西文期刊上发表的论文以及其他类型文献。到 2001 年 8 月底，可供检索的二次文献数据量已达到 300 余万条。全国乃至全世界的网络用户，均可全天候联机免费检索该网站上的各种文献数据库。网站上报道二次文献的所有条目，中心的成员单位均收藏有全文。注册用户可随时向系统提出全文请求。

NSTL 的全文提供方式有电子邮件、普通函件、平信挂号、特快专递和传真等多种方式可供选择，用户可在网上指定其中任何一种方式。NSTL 对全文提供服务的承诺是，在收到用户的全文请求后，两个工作日内向用户发出文献全文（遇节假日顺延），加急全文提供服务一个工作日内处理完毕（遇节假日顺延）。

二、数字期刊资源

数字期刊是指以数字形式存储在光、磁等介质上并通过电子计算机进行本地或远程读取使用的电子版期刊，简称电子期刊。

电子期刊包括以光盘、磁盘为载体的电子期刊和网上电子期刊。近年来，网上电子期刊发展迅速，网上电子期刊是指以电子媒介为存储方式，并基于网络发行、订购获取和阅读。

目前，中国的数字期刊从服务能力、检索平台，综合实力等来进行综合排名，前三位应该是：中国知网 CNKI、维普资讯和万方数据。数字期刊单独进行数量排名则为维普资讯、中国知网 CNKI 和万方数据。CNKI 和万方数据除收录数字期刊外，还收录博士学位论文、优秀硕士学位论文、会议论文、年鉴、专著、报纸、专利、标准、科技成果等文献。

（一）维普中文科技期刊

1. 重庆维普资讯有限公司简介

重庆维普资讯有限公司（维普资讯网 http://www.cqvip.com）的前身为中国科技情报研究所重庆分所数据库研究中心，是我国第一家进行中文期刊数据库研究的机构。中国科技情报研究所重庆分所数据库研究中心成立于 1989 年，作为中国数据库产业的开拓者，研究中心于同年自主研发并推出了“中文科技期刊篇名数据库”（CBISTIC/CEPC Periodicals ChinaBase），这不但是我国第一个中文期刊文献数据库，也是我国最大的自建中文文献数据库。它的问世标志着我国中文期刊检索在实现计算机自动化方面达到了一个领先的水平，也结束了我国中文科技期刊检索难的历史。在《中文科技期刊篇名数据库》的基础上，数据库研究中心又研发了《中文科技期刊数据库》。1995 年，在数据库研究中心的基础上，重庆维普资讯有限公司成立了，并成为《中文科技期刊数据库》产品的运营机构。2001 年经国家新闻出版总署批准，《中文科技期刊数据库》以正式的连续电子出版物出版发行。

2.《中文科技期刊数据库》

重庆维普资讯有限公司最著名的《中文科技期刊数据库》，收录了国内公开出版的 12 000 多种期刊，含中文核心期刊 1 810 种，期刊收录年限回溯至 1989 年，部分期刊回溯至 1955 年，数据库包含近 2 300 万篇科技文献。迄今为止，维普公司收录中文报纸 600 种，维普资讯网陆续建立了 4 000 余种中文期刊的引文计量评价体系，《中文科技期刊数据库》已经成为文献保障系统的重要组成部分，是科技工作者进行科技查新和科技查证的必备数据库，是我国图书情报、教育机构、科研院所等系统必不可少的基本工具和获取资料的重要来源。

继《中文科技期刊数据库》产品之后，重庆维普资讯有限公司又研发了《中国科技经济新闻数据库》、《外文科技期刊数据库》、《中文科技期刊数据库（引文版）》、《中国科学指标数据库 CSI》、《中文科技期刊评价报告》、《中国基础教育信息服务平台》、《维普—google 学术搜索平台》、《维普考试资源系统 VERS》、《图书馆学科服务平台 LDSP》、《文献共享服务平台 LSSP》等系列产品，受到了全国各专业用户的欢迎。

（二）中国知网 CNKI

1. 公司简介

中国知识基础设施工程（China National Knowledge Infrastructure，CNKI）由世界银行于 1998 年提出。CNKI 工程是以实现全社会知识资源传播共享与增值利用为目标的信息化建设项目，由清华大学、清华同方发起，始建于 1999 年 6 月。在党和国家领导以及教育部、中宣部、科技部、新闻出版总署、国家版权局、国家计委的大力支持下，在全国学术界、教育界、出版界、图书情报界等社会各界的密切配合和清华大学的直接领导下，CNKI 工程集团经过多年努力，采用自主开发并具有国际领先水平的数字图书馆技术，建成了世界上全文信息量规模最大的"CNKI 数字图书馆"，并正式启动建设《中国知识资源总库》及 CNKI 网络资源共享平台，通过产业化运作，为全社会知识资源高效共享提供最丰富的知识信息资源和最有效的知识传播与数字化学习平台。

CNKI 工程的具体目标：一是大规模集成整合知识信息资源，整体提高资源的综合和增值利用价值；二是建设知识资源互联网传播扩散与增值服务平台，为全社会提供资源共享、数字化学习、知识创新信息化条件；三是建设知识资源的深度开发利用平台，为社会各方面提供知识管理与知识服务的信息化手段；四是为知识资源生产出版部门创造互联网出版发行的市场环境与商业机制，大力促进文化出版事业、产业的现代化建设与跨越式发展。

2. CNKI 的文献资源

CNKI 的文献资源类型包括：学术期刊、博士学位论文、优秀硕士学位论文、工具书、重要会议论文、年鉴、专著、报纸、专利、标准、科技成果、知识元、哈佛商业评论数据库、古籍等，文献总量 10 190 万篇。还可与德国 Springer 公司期刊库等外文资源统一检索。

中国知识资源总库分为三个版块：学术文献总库、科技学术文献总库、人文与社科学术文献总库。数学关系为：学术文献总库 = 科技学术文献总库 + 人文与社科学术文献总库。

（1）学术文献总库资源。《中国学术文献网络出版总库》部分文献出版报表见表 2-2。

表2-2　《中国学术文献网络出版总库》部分文献出版报表（2012年2月19日）

各类文献数据库名称	文献出版来源	来源覆盖率
中国学术期刊网络出版总库	正式出版的7 743种学术期刊	99%
中国学术期刊网络出版总库（特刊）	正式出版的1 072种学术期刊	99%
中国博士学位论文全文数据库	403家博士培养单位	96%
中国优秀硕士学位论文全文数据库	617家硕士培养单位	96%
中国重要会议论文全文数据库	全国1 790家单位主办的17 600个国际、国内学术会议	95%
中国重要报纸全文数据库	566种地市级以上报纸	43%
中国专利全文数据库	国家知识产权局知识产权出版社	100%
国家标准全文数据库	中国标准出版社	90%
中国行业标准全文数据库	7家行业版权单位	100%
中国标准数据库	中国标准化研究院国家标准馆	100%
国家科技成果数据库	35个省部级单位的83个采集点	100%
中国年鉴网络出版总库	正式出版的2 319种17 478本年鉴	96%
中国经济社会发展统计数据库	正式出版的633种3 646本统计年鉴	99%
中国工具书网络出版总库	4 000多种百科词典、图谱、手册等工具书，1 500万词条	35.30%
中国大百科全书全文数据库	中国大百科全书出版社	100%

在《中国学术文献网络出版总库》中，最有名的是《中国学术期刊网络出版总库》、《中国博士学位论文全文数据库》和《中国优秀硕士学位论文全文数据库》三个库。

（2）科技学术文献总库。《科技学术文献网络出版总库》包含了《中图法》中自然科学的各大类，其部分文献出版报表见表2-3。

表2-3 《科技学术文献网络出版总库》部分文献出版报表（2012年2月19日）

各类文献数据库名称	文献出版来源	来源覆盖率
中国学术期刊网络出版总库——自然科学	正式出版的5 184种学术期刊	99%
中国博士学位论文全文数据库——自然科学	368家博士培养单位	99%
中国优秀硕士学位论文全文数据库——自然科学	503家硕士培养单位	99%
中国重要会议论文全文数据库——自然科学	全国1 286家单位主办的9 964个国际、国内学术会议	99%
中国重要报纸全文数据库——自然科学	515种地市级以上报纸	99%
中国专利全文数据库——自然科学	国家知识产权局知识产权出版社	99%
国外标准数据库——自然科学	中国标准化研究院国家标准馆	99%
中国标准数据库——自然科学	中国标准化研究院国家标准馆	99%
国家科技成果数据库——自然科学	35个省部级单位的83个采集点	99%
中国年鉴网络出版总库——自然科学	正式出版的1 376种8 095本年鉴	99%

（3）人文与社科学术文献总库。《人文与社科学术文献网络出版总库》包含《中图法》中社会科学的各大类。表2-4列出了该总库的部分文献出版报表。

表2-4 《人文与社科学术文献网络出版总库》部分文献出版报表（2012年2月19日）

各类文献数据库名称	文献出版来源	覆盖率
中国学术期刊网络出版总库——社会科学	正式出版的3 242种学术期刊	99%
中国博士学位论文全文数据库——社会科学	368家博士培养单位	99%
中国优秀硕士学位论文全文数据库——社会科学	503家硕士培养单位	99%
中国重要会议论文全文数据库——社会科学	全国1 286家单位主办的9 964个国际、国内学术会议	99%
中国重要报纸全文数据库——社会科学	515种地市级以上报纸	99%
中国专利全文数据库——社会科学	国家知识产权局知识产权出版社	99%

（三）万方数据

1. 万方数据股份有限公司简介

万方数据网站（http://www.ilib2.com）是万方数据股份有限公司针对互联网用户需求建立的专业学术知识服务网站，隶属于万方数据资源系统，对外服务数据由万方数据资源系统统一部署提供。

万方数据股份有限公司是由中国科技信息研究所以万方数据（集团）公司为基础，联合山西漳泽电力股份有限公司、北京知金科技投资有限公司、四川省科技信息研究所和科技文献出版社发起组建的高新技术股份有限公司。

万方数据股份有限公司是国内第一家以信息服务为核心的股份制高新技术企业，是在互联网领域，集信息资源产品、信息增值服务和信息处理方案为一体的综合信息服务商。

在丰富信息资源的基础上，万方数据运用先进的分析和咨询方法，为用户提供信息增值服务，并陆续推出企业竞争情报系统、通信、电力和医药行业竞争情报系统等一系列信息增值产品，以满足用户对深度层次信息和分析的需求，为用户确定技术创新和投资方向提供决策。

2. 万方数据资源简介

万方数据（WanFang Data）资源种类和更新表见表2-5。

表2-5 万方数据资源种类和更新表（摘录时间2012年3月4日）

数据资源种类	数据总量/条	更新日期	更新数量
学术期刊	19 108 876条	2012年1月4日	更新5 554条
学位论文	2 119 516条	2012年1月4日	更新26 496条
会议论文	1 926 965条	2012年1月4日	更新16 899条
外文文献	18 733 995条	2011年8月26日	更新358 335条
专利技术	29 914 548条	2012年1月4日	更新54 461条
中外标准	288 798条	2011年12月14日	更新2 283条
科技成果	679 133条	2011年12月29日	更新47 703条
新方志	3 307 377条	2012年1月4日	更新1 770条
政策法规	418 060条	2012年1月4日	更新7 252条
企业机构	196 222条	2011年12月29日	更新19 477条
科技专家	21 411条	2011年5月5日	更新1 416条

三、数字特种文献资源

特种文献是指普通图书、期刊之外出版发行的，获取途径比较特殊的科技文献。特种文献一般包括：学位论文、会议文献、科技报告、专利文献、标准文献、科技档案、政府出版物、产品资料等八大类。这些文献一定是本学科和本专业最先进、最前沿的，也是代表当前最高水准的文献资源。特种文献特色鲜明、内容广泛、数量庞大、参考价值高，是非常重要的信息源。

1. 学位论文

学位论文（Thesis，Dissertation）是指高等院校，科研机构的毕业生和研究生，为获得相应学位，在导师指导下完成的科学研究、科学试验成果的书面报告，或者所提交的学术论文。学位论文根据所申请的学位不同，又可分为学士论文、硕士论文和博士论文三种。学位论文在格式等方面有严格要求，学位论文是学术论文的一种形式，有较高的参考价值。按照研究方法的不同，学位论文可分理论型、实验型和描述型三类，理论型论文运用的研究方法是理论证明、理论分析、数学推理等，用这些研究方法获得科研成果；实验型论文运用实验方法，进行实验研究获得科研成果；描述型论文运用描述、比较、说明方法，对新发现的事物或现象进行研究而获得科研成果。按照研究领域的不同，学位论文又可分人文科学学术论文、自然科学学术论文与工程技术学术论文两大类，这两类论文的文本结构具有共性，而且均具有长期使用和参考的价值。

其特点为：一般具有一定的独创性，内容系统详尽，是启迪思路，开创新领域的重要研究资料；参考文献多、全面，有助于对相关文献进行追踪检索；学位论文一般由授予单位收藏。近年由专业数据商收购，学位论文数字化后在网络上可以检索并获得全文。另外，各个国家也指定专门机构收藏。

2. 会议文献

会议文献（Conference Literature）是指在学术会议上和专业学术会议上宣读或交流的论文、材料、讨论记录、会议纪要等文献。会议文献是报道最新科技动向的一次文献。

会议论文属于公开发表的论文，一般正式的学术交流会议都会出版会议论文集，这样发表的论文一般也会作为职称评定等考核内容。国内中国知网还有一个会议论文数据库，专门收集会议论文集的。会议论文集不是期刊，但是有的期刊为会议论文出增刊。

会议文献可分为会前、会中和会后 3 种。

会前文献包括征文启事、会议通知书、会议日程表、预印本和会前论文摘要等。其中，预印本是在会前几个月内发至与会者或公开出售的会议资料，比会后正式出版的会议录要早 1 ~ 2 年，但内容完备性和准确性不及会议录。有些会议因不再出版会议录，故预印本就显得更加重要。

会议期间的会议文献有开幕词、讲话或报告、讨论记录、会议决议和闭幕词等。

会后文献有会议录、汇编、论文集、报告、学术讨论会报告、会议专刊等。其中会议录是会后将论文、报告及讨论记录整理汇编而公开出版或发表的文献。

其特点为：反映某些学科或领域的最新研究进展和成就，具有较高的研究价值，尤其通过参加相关的具有一定国际影响的学术会议，不仅能结识同行，把握科研动态，而且对启迪研究思路，寻找合作伙伴，传播与交流信息均具有相当重要的作用。一般是经过挑选的，质量较高，能及时反映科学技术中的新发现、新成果、新成就以及学科发展趋向，是一种重要的情报源。

3. 科技报告

科技报告（Scientific and Technical Report）是在科研活动的各个阶段，由科技人员按照有关规定和格式撰写的，以积累、传播和交流为目的，能完整而真实地反映其所从事科研活动的技术内容和经验的特种文献。科技报告是科研工作的系统总结，它属于一次文献。

其特点为：连续出版，内容专深具体，数据完整；往往是最新成果，比期刊论文发表早。内容广泛、翔实、具体、完整，技术含量高，实用意义大，而且便于交流，时效性好等，具有其他文献类型所无法比拟的特点。

4. 专利文献

专利文献（Patent Literature），广义的专利文献是指一切与专利制度有关的文献，如专利说明书，专利公报，分类表，索引，专利的法律文书等。狭义的专利文献是指专利说明书。

我国《专利法》中规定专利的种类有：发明专利、实用新型专利和外观设计专利。

其特点为：由于专利经过新颖性、创造性和实用性审查，其内容翔实可靠，科技含量高，集技术、经济、法律于一体，是获取技术经济信息的来源。专利文献是科研人员必须经常查阅的重要资源。

5. 标准文献

标准文献（Standard Literature）是对工农业和工程建设的质量、规格、基本单位及其检验方法等方面由有权威部门批准的技术规定。它反映的技术工艺水平及技术政策，是从事生产建设和管理的一种共同规范或依据。它是促进社会产品质量的三次文献。

标准文献分为：国际标准（ISO）、国家标准（GB）、行业标准和企业标准。

其特点为：某些标准文献还有法律约束力，对了解各国经济、技术政策、生产水平，分析预测发展动向，促进现代管理具有重要的参考价值。

标准文献是一种重要的科技出版物。一个国家的标准文献反映该国的经济政策、技术政策、生产水平、加工工艺水平、标准化水平、自然条件、资源情况等内容，是一种重要的参考资料。

6. 科技档案

科技档案（Technology File）是生产建设和技术工作中所形成的文件的总称，有“第一手材料”、“历史凭证”之称。在自然科学研究、生产技术、基本建设等活动中形成的具有参考利用价值，反映和记载一定单位的科学技术活动，并已归档保存的科学技术文件材料，反映和记载人类认识自然、改造自然的各项成果，是科技档案最本质的属性。档案是最忠实的一次文献。

科技档案包括图样、图表、文件材料、计算材料、照片、影片以及各种录音、录像、机读磁带、光盘等，是档案的一大门类。

其意义为：由于社会、历史现象不可能重演，因此，对历史上已经形成的文献进行研究、分析、综合已成为社会科学研究的十分重要的手段。

7. 政府出版物

政府出版物（Government Publications）是指各国政府及其所属机构出版的、具有官方性质的文献，又称为官方出版物。它是政府用以发布政令和体现其思想、意志、行为的物质载体，同时也是政府的思想、意志、行为产生社会效应的主要传播媒介。

政府出版物分为政府公报、会议文件、法规、法令、政策、统计、调查报告等。政府出版物大致可分为两类：一类是行政性文件，包括会议记录、司法资料、条约、决议、规章制度以及调查统计资料等；另一类是科技性文献，包括研究报告、科普资料、技术政策文件等由政府机关负责编辑印制的，并通过各种渠道发送或出售的文字、图片，以及磁带、软件等。

其特点为：正式性和权威性，对了解各国政治、经济、科技、法律有独特的参考作用。政府出版物数量巨大，内容广泛，出版迅速，资料可靠，是重要的信息源，是体现政府科技政策的三次文献。有专门用来检索政府出版物的工具书。

8. 产品资料

产品资料（Product Information）是指国内外厂商为推销产品而出版发行的各种商品性宣传品。它是提供产品技术规格的一次文献。

产品资料分为公司介绍、产品目录、样本、说明书等。

其意义为：对开发新产品，提高市场竞争力具有重要的参考作用。

复习思考题

1．试述数字图书馆的概念。

2．试述文献资源数字化的过程。

3．数字图书资源有哪些?

4．数字期刊资源有哪些?

5．数字特种文献资源有哪些?

6．列举维普资讯资源种类。

7．列举CNKI资源种类。

8．列举万方数据资源种类。

9．列举5个你经常查找文献资源的网站。

模块三　文献信息检索方法

任务1　文献检索途径

一、文献检索途径概述

文献检索工具是把大量的文献进行集中、分析以后，按照一定的文献特征作为可以检索的标识，经过整序排列形成的文献集合体。文献检索正是根据这些可检标识，从各个不同角度和检索途径将相关文献查找出来的过程，因此，检索途径是与文献特征密切相关的。由于不同的文献检索工具具有各自不同的检索途径，所以，检索途径又与一定的文献检索工具有关。尽管各种文献检索工具所提供的检索途径不尽相同，但就文献检索工具整体而言，其文献特征却是具有一定的共同性。

文献特征一般可分为外表特征和内容特征两种。外表特征如题名、著者、号码、文献类型等；内容特征如分类、主题以及特殊内容特征等。

文献检索工具的各种检索途径和采用的索引见表 3-1。

表3-1　文献检索工具的检索途径与采用的索引一览表

文献特征	检索途径	采用的索引
外表特征	题名途径	题名索引、题名目录、引用文献索引、文献来源索引等
	著者途径	著者索引、团体（机构或公司）索引、引文索引、专利申请人、专利权人索引
	号码途径	专利号索引、报告号索引、标准号索引、登记号索引
	文献类型途径	图书索引、会议索引、专利索引、引用文献目录索引等
内容特征	分类途径	各种分类号索引、分类类目索引
	主题途径	各种主题索引、如标题词索引、关键词索引、叙词索引等
	特殊内容途径	化学物质索引、化学分子式索引、合金索引、药品名索引、植物名索引等

二、根据文献外表特征检索的途径

1. 题名检索途径

题名检索途径是以文献的标题名称为线索检索文献的途径。题名包括文献的书名、刊名、文章的篇名、会议名称、报告名称、标准名称和专利名称等。题名检索途径包括常用的题名索引、题名目录、引用文献索引、文献来源索引等。

文献的题名一般按字顺排列。中文文献的题名有的按汉语拼音音序排列，有的按笔画、笔顺排列，也有按四角号码排列的。外文文献的题名均按字母顺序排列。

在我国古籍文献中，题名是最重要的检索途径。至今，在我国图书馆的目录体系中，题名仍然是重要的检索途径。但对于文献检索来说，题名往往不是最重要的检索途径，其原因如下。

（1）题名检索途径容易造成误检。由于题名索引是严格按题名字顺排列的，而文献的题名一般较长、较复杂，检索者不容易一字不错地正确记忆，因此，使用题名索引容易造成误检。

（2）题名检索途径不利于特性检索。文献按题名字顺编排，往往会使主题内容相同的文献被分散开来，不利于对文献进行查准率较高的特性检索。

（3）题名检索途径不利于族性检索。文献按题名字顺编排，也会使学科内容性质相同的文献被分散开来，不利于对文献进行查全率较高的族性检索。

（4）题名检索途径增加了检索干扰。题名索引还会使题名相近而内容不相关的文献集中在一起，增加了对文献的检索干扰，影响了检索效率。

由于以上原因，一般的检索性文献较少采用题名途径。目前，题名索引多用于图书馆和出版部门的书名目录、刊名目录，以及检索工具中的文献来源目录等，作用是查找某一具体文献的收藏、出版和出处情况。

2. 著者检索途径

著者检索途径是以文献的著者为线索检索文献的途径。著者检索途径包括常用的著者索引、团体（机构或公司）著者索引、引文索引、专利申请人及专利权人索引等。著者索引均按著者名称的字顺排列。

著者检索途径所依据的基点是，随着科学技术的发展，各学科部门的分工越来越细，从事科学研究和技术工作的科技人员多有所侧重和有所专长。同一著者发表的文章，往往侧重于某一学科领域或某一专业，科技人员对于本学科、本专业的人和事都是很熟悉和关心的。如研究数学的人都知道华罗庚，地质学领域的人都知道李四光，图书馆学专业的人都知道刘国钧。因此，同行的人通过文献检索工具的著者索引挑选某一专题的文献，是一种速度较快且又实用的检索途径。

著者检索途径是外文文献检索工具的重要途径。国外非常重视著者索引的编制，例如美国《化学文摘》（CA）1907 年创刊时，首先编制的就是著者索引，至今从未间断。随着我国文献检索工具的日趋完善，中文文献检索工具也开始重视著者检索途径的编制，例如《全国报刊索引（哲学社会科学版）》、《中国机械工程文摘》等检索刊物都已编制了著者索引。

由于著者索引是按著者名称的字顺排列的，不仅具有简便、稳定的特点，而且非常易于编辑，便于采用机械化和自动化的技术设备进行加工，尤其便于计算机进行数据处理。因此，著者索引的出版周期较短，往往能先于同阶段其他索引问世。著者索引中的团体著者常包括国内外一些重要研究机构的名称，这对于了解国内外科研团体、机构、企业的新技术、新工艺、新成果，以及最新科研进展都具有很大帮助。

3. 号码检索途径

号码检索途径是以文献本身特有的专用号码为线索，按照号码的大小顺序检索文献的途径。文献的专用号码包括专利号、报告号、标准号、合同号、登记号、订购号、拨款号等。分类号虽然也是一种号码，但一般归入分类途径，因为分类号反映文献的内容。

各种文献号码索引可用于检索某一已知文献的报道和出处情况，也可作为同一文献不同号码间互相转换的工具，如月刊文摘号与年刊文摘号的转换，同一专利不同国家专利号的对照，合同号与报告号的对照等。

文献的号码索引编制简易，检索迅速、方便，这是其最大优点。例如，美国《化学文摘》1981 年以后编有专利索引，包括专利号索引和专利对照号索引。检索者只要掌握了其中一种专利号，利用相应的号码索引，就会很方便地查到有关专利及各国的专利号，既快捷又准确。然而，使用号码索引必须以掌握准确的文献号码为前提条件，而文献的号码往往要先经过检索才能获得。所以，号码检索途径不是文献检索的主要途径，而只是一种辅助性的检索途径。

4. 文献类型检索途径

文献类型检索途径是以文献的类型为线索检索特定类型文献的途径。文献类型包括期刊、专利、标准、科技报告、会议文献、学位论文和图书等。

在检索文献时，根据检索课题的需要，检索者往往希望有重点地查找某种特定类型的文献，为此，需要掌握文献检索工具所收录的文献类型。例如，有些文献检索工具收录的文献类型是综合性的，即包括多种类型的文献，也有些检索工具只重点收录某几种类型的文献，而不收录某种类型的文献。例如美国《工程索引》，对期刊论文和会议文献反映的更为全面，但它不收录专利文献。又如我国的《国外科技资料馆藏目录》，不收录国外科技期刊中反映的文献。还有的检索工具专门用于检索某种特定类型的文献，例如中文文献检索工具中的《中国专利索引》、《中国学术会议文献通报》、《中国学位论文通报》等，是分别收录我国专利文献、会议文献和学位论文的专门类型文献检索工具。在进行文献检索的过程中，要充分注意到文献检索工具收录的文献类型，以避免无效检索。

三、根据文献内容特征检索的途径

1. 分类检索途径

分类检索途径是以文献内容所反映的学科知识体系为线索检索文献的途径，包括各种分类号和相应的类目名称索引，以及不带分类号的类目名称索引等。

利用分类检索途径进行文献检索是一种族性检索。分类索引是根据检索者要重点查找某一类内容的文献为出发点而编制的。分类检索途径将各种内容的文献，依其内容所属的学科性质，按照一定的文献分类体系，即使用一定的文献分类工具，例如，《中国图书资料分类法》、《中国图书馆分类法》、《国际专利分类表》等，将其系统地组织起来，将每个内容都置于一定的学科体系之下，使文献的各种概念相互关联，并能显示出其从属关系、并列关系和相关关系，较好地体现了学科的系统性。检索时采取由大类到小类，步步为营，层层逼近的方法，比较符合人们的思维习惯，而且在层层逼近的过程中会产生群体效应。所以，分类检索的最大优点是族性检索性能好，因此使它成为文献检索的主要途径之一。

使用分类检索途径，要求检索者尽量熟悉分类体系，弄清类目之间的主要关系。在类目之间的关系中，下面三种关系最为重要。

（1）从属关系

这是指一个较大的类目与其直接细分出来的小类之间的关系。例如，生物科学与植物学、植物学与植物生物化学、植物生物化学与植物次生物质等都是从属关系，即后面的小类从属于前面较大的类目。它们层层隶属，组成相对的上下位类目，下位类的意义必须借助于上位类才能明确，上位类的意义必须通过下位类才能体现。众多的类目层层细分，形成了一种倒树杈的形状，但在分类索引中则呈现单线式排列的形式。

（2）并列关系

这是指由同一个上位类直接细分出的若干个并列的下位类之间的关系。例如，化学类直接细分出的无机化学、有机化学和分析化学等；生物科学类直接细分出的细胞学、遗传学、生理学、植物学、动物学、昆虫学和人类学之间的关系，都是并列关系。这些具有并列关系的类目彼此之间互称同位类。同位类通过共同的上位类相互联系，具有共有属性，但它们又各自具有特有属性，互相排斥，互不辖属。同位类的这种既联系又排斥的二重性，在进行文献检索中具有极为重要的作用。

（3）相关关系

这是指各种内容相互关联的类目之间的关系，即此类目与彼类目虽分属不同的学科，但又存在着某种意义上的关系。例如，人体生理学与生理学、水声工程与水声学等都具有相关关系。相关关系在文献检索工具中常用“参见”或“见”表示。在进行文献检索时，利用相关关系可以扩大文献的检索范围，为提高文献的查全率提供有效的途径。

了解并熟悉类目之间的这些关系，可以更为有效地利用分类检索途径进行文献检索。

分类检索途径所使用的分类体系，依检索工具不同而不尽相同。中文检索工具大多使用《中图法》系列，包括以前的《中国图书资料分类法》、《中国图书馆图书分类法》，现在改名为《中国图书馆分类法》，也有使用其他分类方法的，外文检索工具多使用自编的分类法。专利文献一般多使用《国际专利分类法》。

在利用分类检索途径检索文献时，还要熟悉所选用的文献检索工具使用的分类体系，否则，在检索中很难找到恰当的类目和分类号码。另外，分类索引是根据一定的分类工具编制的，而分类工具又总是程度不同地落后于科学技术的发展，对于一些新兴学科、边缘学科、交叉学科和综合性学科的文献，往往难以安排在合适的类目及分类号码之中，不能确切地反映其学科体系，从而造成检索困难。一般来说，分类索引对于那些学科专业内容非常专深细小的课题，以及跨学科、跨主题的文献不太适用，对于这类文献最好使用主题检索途径。

2. 主题检索途径

主题检索途径是以文献内容所反映的主题为线索检索文献的途径，包括使用各种主题索引，如标题词索引、关键词索引、单元词索引和叙词索引等。

利用主题检索途径进行文献检索是一种特性检索。主题索引是根据检索者查找某一特定专题或特定问题为出发点而编制的。主题途径是依各种文献所论述的问题，采用一定的主题标引工具，即使用一定的主题词表。例如，美国《工程索引》的工程标题表，我国文献标引用的《汉语主题词表》及各种学科专业的主题词表等，为各种文献赋予特定的主题词，按照主题词的字顺排列起来提供检索。主题词是一个较广泛的概念。主题索引依其组织主题词的原则和方法有所不同，可以分为几种类型的主题词，如标题词、关键词、单元词和叙词等。

标题词是来自普通语言中比较成熟定型的事物名称，并经过挑选和规范化，用以表达文献主题内容的词、词组或短语。它具有直接、专指和通用性的特点。标题词索引是一种使用最早的传统的主题索引，它又可以分为单级标题词和多级标题词两种。多级标题词集中和反映复杂事物概念及其层次的能力更强，至今仍被许多检索工具使用，例如，美国《化学文摘》、《工程索引》及我国的《中国机械工程文摘》中的主题索引均为标题词索引。

关键词是直接从文献的题目、文摘或正文中抽取的具有实质意义的词语，是一种未经优选和规范的自然语言。关键词索引具有易编、快速、客观、节省和检索点多等优点。但由于关键词是未经规范的自由词，从整体上讲，与原文主题存在一定的偏差，因此关键词索引具有快捷但粗糙的特点。关键词索引按其结构形式可分为普通关键词、题内关键词和题外关键词索引，此外，还有双重上下文关键词、增补关键词和词对式关键词索引等。由于关键词索引采用的是文献中的自然语言，具有编检快速的特点，被有些检索工具所选用，作为主题索引的一种，例如美国《化学文摘》和《化学题录》等。另外，由于使用关键词索引检索文献符合人们使用自然语言检索文献的习惯，所以采用关键词标引文献，使用关键词索引检索文献，已成为近几年来逐渐流行的新趋势。

单元词是来自文献篇名、文摘或正文中经过规范化，能表达文献主题概念单元的最小而又具有独立意义的词。使用单元词编制索引的主导思想，是尽量避免选用词组或短语表达复杂的文献概念，尽量选用最基本的词汇单位——单元词，并通过若干词的组配表达复杂的概念。单元词索引诞生于 20 世纪 50 年代，由于它在进行字面组配时，容易发生错误的组配和造成歧义等问题，现在已基本被功能更强大的叙词所代替，但是单元词组配的原理却为实现计算机检索指出了方向。因此，它在文献检索发展史上具有不可抹杀的功绩。

叙词是由文献内容中抽取出来，并经过严格规范化处理，用以表达文献主题的名词术语。它是在单元词及其他一些主题词索引方法的基础上发展起来的。叙词不仅能反映事物的概念特征，词与词之间有严密的语义关系，同时还有概念组配功能，可以达到更高的专指度，能表达各种复杂的检索要求，特别适合于计算机检索，也适用于手工检索。叙词索引具有直观、多维、灵活、专指和便于组配等优点，被许多文献检索工具所选用。例如英国的《科学文摘》、美国的《政府研究报告》、《宇航科技报告》和我国用于文献主题标引的《汉语主题词表》等。

主题检索途径是许多外文文献检索工具的最重要的检索途径，中文检索工具最初使用主题索引的较少。这是由于一方面我国的文献检索工具多以分类为最主要的检索途径，而主题词在相当程度上与分类类目相互重合；另一方面，是由于编制主题索引的技术难度和工作量都比编制分类索引更大。不过，近年来随着电子计算机技术在文献检索工具编制工作中的日益广泛应用，以及主题索引所特有的非常适合读者检索思维习惯的优点，已有越来越多的中文文献检索工具编制了主题索引，可为使用者提供主题检索途径。

主题检索途径的最大优点，是能满足对文献进行特性检索的要求，特别适合于查找那些比较专门、具体的文献资料。由于它是用文字（即各种主题词）作为检索标识的，所以表达事物的概念更为准确、灵活，无论问题的专深程度有多高，都能很明确地直接表达出来，而不受学科类目设置和类目级别的限制，还可以随时根据学科发展的需要增添新的主题。主题检索途径的另一个优点，是能将分散在各个学科领域中有关同一主题的文献集中于一个主题词之下，这对于从事专门研究工作的科技人员是十分便利的。

3. 特殊内容检索途径

特殊内容检索途径是以文献的特殊内容特征为线索检索文献的途径，它是指除分类和主题两种内容检索途径之外，文献所特有的内容检索途径。特殊内容检索途径常用的索引包括化学物质索引、化学分子式索引、合金索引、药品名称索引和植物名称索引等。

特殊内容检索途径不是文献检索的主要途径，而是一些辅助性的检索途径。但是，由于它们都存在于专业性文献检索工具之中，所以对于检索某些专业性的文献具有其特殊的作用。例如，化学分子式索引很受化学化工类检索者的欢迎，而合金索引则更受物理和冶金工作者的青睐。

综上所述，在文献检索中，分类检索途径和主题检索途径是文献检索中最重要的两种检索途径。分类和主题检索途径二者各有千秋，互为优缺点。分类检索途径族性检索性能好，主题检索途径特性检索性能好。在实际检索工作中，二者可以互相配合，取长补短，达到既查全又查准的目的。

使用题名、著者、号码和文献类型等外表特征检索途径，以及使用特殊内容检索途径，都要求具备一定的前提条件，即在检索之前必须掌握文献的题名、著者、号码、文献类型和特殊内容等文献特征方可进行检索，因此它们都有一定的局限性。但是，这些辅助检索途径都在不同的方面具有快速、准确、方便的优点，所以也都是有效的和不可忽视的文献检索途径。

需要注意的是，不同的检索工具会有不同的检索途径。在开始进行文献检索之前，一定要了解和熟悉将要使用的文献检索工具的各种检索途径，以便于经过分析、判断和选择，确定以哪些为主要检索途径，以哪些为辅助检索途径，这样才能提高文献检索效率，顺利完成文献检索的任务。

任务2 文献检索方法

文献检索方法是多种多样的，分别适用于不同的文献检索目的和要求。手工检索与计算机检索使用的检索方法有所不同。具体选用哪些方法，要根据检索过程中的主、客观具体条件而定。现以手工检索和计算机检索为主要内容，介绍常用的各种文献检索方法。

一、常用法

常用法，顾名思义就是文献检索中经常使用的一种方法，也是文献检索中最重要的一种方法。它是利用现有的各种文献检索工具查找文献的方法。由于检索的要求不同，常用法又可分为顺查法、倒查法和抽查法三种不同类型的方法。

1. 顺查法

这是一种根据检索课题的起始年代，利用所选定的文献检索工具，由远而近地逐年进行查找的方法，也是一种掌握某课题全面发展情况的大规模的文献查找方法。

利用顺查法检索文献，漏检的可能性很小，查全率和查准率都较高。但是，显而易见，这种方法如果采用手工方式进行检索，比较费时费力，检索的工作量很大，而对于计算机检索则不存在此类问题。顺查法一般适用于那些主题较复杂、研究范围较大、研究时间较久的科研课题文献的检索。

2. 倒查法

倒查法与顺查法相反，是一种利用所选定的文献检索工具由近及远地进行检索，一旦获得较满意的结果即行停止检索的方法。它的检索目的是要获得某学科或某研究课题最新或近期一定时期内所发表的文献或研究进展状况。

倒查法比顺查法省时省力，工作量小，而且检索出的都是最新文献，对某学科或某研究课题的最新动向及发展水平可以一览无遗。同时，在最新文献中，一般也都有引用、论证和概括的早期有关文献及其线索，从而可以了解其基本发展情况。利用倒查法检索文献查新率很高，但从总的方面来讲，漏检的可能性上升了，查全率和查准率都程度不同地受到了影响。倒查法一般适用于新兴学科的研究课题，或检索某课题的最新进展情况，尤其适用于定题文献检索服务。

3. 抽查法

抽查法是一种利用文献检索工具进行重点抽查检索的方法。它是根据学科发展的脉动性特点而采用的一种有效的检索方法。

任何学科的发展，从整体上看都具有脉动性，即都是呈现波浪起伏式地发展，既有其发展中的高峰期，也有其发展中的低谷期。在某学科高峰期所发表的文献数量，要远远高于其低谷期发表的文献数量，抽查法就是有重点地检索某学科发展高峰期时的文献。它只要付出较少的检索时间、人力和工作量，就可能获取较多的文献，收到事半功倍的检索效果。

利用抽查法检索文献，必须较准确地掌握要检索学科及研究课题的历史发展状况及高峰期的起止时间，方可达到满意的检索效果。

二、追溯法

追溯法是以文献后面所附有的参考文献为线索，逐一追溯查找相关文献的检索方法。

随着社会科学技术的迅速发展，文献的数量也在迅猛增加，这使得人类智力成果间的继承关系也更加密切。人们都在使用着人类共同创造的智力财富，同时又都在此基础上发展和创造着更新的智力财富。在各种文献后面所附有的参考文献集中体现了这种继承关系，而追溯法正是根据文献所具有的这个特点而设计产生的。

一篇文献后面往往附有数篇、数 10 篇，乃至更多的参考文献，这些参考文献必然在某些方面与这篇文献相关。如果追查到这些相关的参考文献，会发现每篇参考文献后面又附有与之相关的若干篇参考文献。按照这种方法追查扩检下去，就会一变十，十变百，产生如同滚雪球般的效果，可以获得一大批相关文献，而不必使用或很少使用检索工具。这种利用参考文献进行追溯检索的时间顺序是由近及远的。

还有一种追溯法，追溯检索文献的时间顺序是由远而近的。例如，1963 年美国设在费城的科学情报研究所出版的《科学引文索引》(《Science Citation Index》，简称“SCI”)，就是利用追溯法的这个原理编制而成的。目前我国也出版有《中国科学引文索引》。由于引文索引是按特定文献的著者为检索途经，以后谁引用或参考了该文献，则在其著者项下列出引用或参考著者的名称和文献来源，所以其追溯检索的时间顺序是由远而近的。

追溯法也有其局限性：一是参考文献的不相关性。随着科学技术的发展，学科门类一方面越分越细，而另一方面学科之间的交叉渗透却越来越强，这样就会出现科学文献与某些参考文献的学科性质之间疏远的情况。而且追溯的时间越远，这种疏远的情况就越明显，使参考文献与原文献之间的相关程度下降，其参考价值也随之下降。二是某些参考文献的不真实性。文献后面所附有的参考文献，一般是作为佐证、引用或参考其观点，但也有的著者是为了炫耀自己博学多才而故意旁征博引。这种参考文献的水分较大，利用价值很低，不但陡然增加了追溯检索文献的工作量，而且会造成很高的误检率。三是引用文献检索收录的不完全性。任何一种引文索引都不可能将所有的文献都包括进去，这样就会使相关的文献难以查全，从而增大漏检率，使追溯法的使用受到限制。

对于进行全面而详尽地回溯性检索，除可利用常用法外，还可利用追溯法进行追溯性检索，作为进一步的补充检索，这样可以达到更加全面、详细的程度。

三、交替法

交替法就是交替使用常用法和追溯法进行文献检索的一种方法。

交替法的具体做法是：先采用常用法，即首先利用文献检索工具查找出一批相关文献，然后采用追溯法，即利用查找出的这批相关文献后面所附有的参考文献进行追溯性检索，由此会获得更多的相关文献。由于引用的参考文献一般都具有这样的特点，即近五年之内较重要的文献一般都会被引用。根据这个特点，就可以跳过这五年，再采用常用法，利用检索工具再查找出一批相关文献，然后利用其后面附有的参考文献进行追溯性检索。如此交替使用常用法和追溯法进行查找，直到文献检索的结果满足检索要求时为止。

交替法的检索效率较高，能比较系统地迅速查找到所需要的文献。但是，交替法也存在一定的漏检性，使查全率和查准率受到影响。

四、选词法

选词法是在采用主题检索途径或采用计算机检索时，帮助检索者按照不同的检索要求，更好地选择检索主题词进行辅助检索的一种方法。根据不同的选词方法，可以分为以下几种不同的类型。

1. 上取法

上取法是按照检索词的等级关系，向上选用一个合适的上位主题词进行扩展检索的方法，又称上位扩检法。上取法可以提高检索的网罗程度，提高查全率。

例如，在检索“汽油机点火系统的结构与性能”这一课题时，经过分析，与课题相关的主题词有“内燃机”、“汽油机”、“点火系统”、“结构与性能”四个。显然，使用“结构与性能”进行检索是不合适的，因为这是一个泛称主题词，只能用做副主题词，配合其他的限定主题词共同使用才有实际检索意义。使用“点火系统”作为主题词，“结构与性能”为副标题进行检索，也还有一定的泛指性，因为不只是汽油机才有点火系统。最合适的主检索词应该是“汽油机”，而以“点火系统”和“结构与性能”作为副检索词。然而，为了扩大检索面，提高文献的网罗程度，可以再选用上一级的“内燃机”作为其上位检索词进行补充扩展检索，这样做可在一定程度上提高对该课题文献的查全率。

2. 下取法

下取法是按照检索词的等级关系，向下选用若干个相关的下位主题词进行缩微检索的方法，又称下位扩检法。下取法可以提高文献检索的精确度。

例如，在检索“石油开采中的热力采油方法”这一课题时，除了使用“热采”这个正式主题词进行检索外，还可以选用“火烧油层”和“注蒸汽”这两个下位检索词进行缩微检索。查找出的相关文献就会成为该课题的补充相关文献，利用这些文献，可以更深入地了解“石油开采中的热力采油方法”，并且提高了课题文献检索的精确度。

采用下取法，还能在检索不到准确的主题时，提供很接近原主题的文献，有助于检索者经过分析、判断得出较正确的结论。

3. 旁取法

旁取法是按照主题词的等级或排列关系，从主要检索词近旁选取一个或若干个同位词、相关词或邻近词进行补充检索的方法。

例如，在检索“火成岩”方面的有关文献时，除了主要按“火成岩”这个主题词查找外，还可以选取“岩浆岩”这个同位词进行补充检索。再例如，检索“河底滚砂”，可以选取“跃移搬运”这个相关词进行补充检索，以扩大检索面，降低漏检率。

4. 截词法

截词法是一种截去原来主题词的词缀（包括前缀与后缀），只用其词干或词根作为检索词检索的方法，又称词干检索法。这种方法对于检索外文文献更为适用。

例如，在利用美国《生物学文摘》检索“有关早泥盆世古植物研究”课题的文献时，可以采用截词法，先截去其前缀，只用“泥盆纪”这个主题词进行检索；当检索到一批相关文献后，再补上其前缀，从中选出“早泥盆世”的有关文献，记下文摘号；再利用其他途径检索出有关古植物方面文献的文摘号，将两组号码相互对照，号码吻合者即为切题文献。截词法也是一种辅助检索方法，但有时却能取得意想不到的收获。

5. 任意选词法

任意选词法，也称任意抽词法，主要适用于利用计算机进行的文献检索。它是利用在计算机数据库中的文献信息数据，可以从中任意选（抽）取字词进行检索的特性而设计的一种检索方法。利用这一特性，可以达到手工文献检索所无法达到的检索效果。因为在手工文献检索中，文献的排序都必须按照严格的先后次序，不可能进行任意的抽词检索，而这一点在计算机文献检索中，却可以轻而易举地实现。

6. 追踪法

追踪法是通过审阅已检索出的相关文献，从中发现可供进一步检索使用的其他主题词，再利用这些主题词为线索进行追踪检索的一种方法，它常常是一种提高检索效果的有效方法。

7. 搭脚手架法

搭脚手架法是指检索者在不能直接查出检索工具中的有关文献时，可以另外设计一些辅助性的间接途径，借助这些间接途径，查找出合适的检索词进行检索的方法。因为它类似建筑施工中的搭脚手架，故此得名。

以上是选词法中常用的几种方法。此外，有时还采用倒置、重排、取反义词、用不同的拼写形式及空隔方式等多种方法，改变或替换原来的检索词，以求取得更为全面、准确的检索结果。选词法不仅适用于手工文献检索，同时也适用于计算机检索。

五、交叉限定法

交叉限定法是主要用于计算机文献检索中的一种方法。它是充分利用在计算机文献检索中，其检索表达式可以具有交叉限定的特性，即检索式中的逻辑“与”符号（或采用“*”、“×”、“and”等），对两种或两种以上的检索条件进行交叉限定，可以大大提高文献检索的查准率。

例如，要检索有关“英语反义词”的文献，可在计算机检索系统的第一和第二个检索词处，依次分别输入“英语”和“反义词”，在检索表达式处输入相应的逻辑“与”符号，如“*”、“×”、“and”等（不同的计算机检索系统，可能检索表达式不完全相同，但含义相同），无论采用主题还是题名途径，计算机都会将同时含有“英语”和“反义词”的文献检索出来。

任务3 文献检索程序

文献检索，就是根据检索课题的要求，利用检索工具或相关文献，按照一定的检索途径、检索方法和检索程序查找出相关文献的过程。文献检索的程序一般可分为以下七步。

一、分析研究课题

文献检索程序的第一步是分析研究检索课题，即首先要对文献检索课题的内容进行认真细致地分析和研究。

分析研究课题的内容，是需要分析研究检索课题的学科性质是什么，是属于哲学、社会科学，还是属于自然科学或技术科学，它在学科领域中处于什么位置，与其相近、相邻或相关的学科都有哪些。还要分析研究检索课题的主题内容是什么，该课题是一个独立完整的问题，还是隶属于某一个大问题之下的小问题，它与其他问题之间的关系如何。该课题可以抽取出哪些检索主题词，这些主题词之间的关系如何，哪个为主要检索词，哪些为附属检索词，利用选词法还能选出哪些辅助性的检索词等等。

总之，文献检索程序的第一步工作，主要就是对检索课题的内容性质进行分类和主题的分析研究，以便划定进一步检索的类目范围和主题范围。

二、明确检索要求

文献检索程序的第二步工作，主要是明确对检索课题的一些具体要求，包括以下内容。

（1）对检索文献水平的要求。即明确所查找的课题文献要求达到什么样的水平，是要求一般文献，还是要求较高级的内部文献；是要求提供文献检索，还是要求提供具体的事实、数据或是原始文献。

（2）对检索文献范围的要求。即明确要求是需要提供全面的有关文献，还是需要提供主要的相关文献，或是只需要最新或较新的文献。

（3）对检索文献摘录形式的要求。即明确要求文献检索的结果编制成目录式、题录式、文摘式，还是要求提供原始文献的全文。

（4）对检索文献类型的要求。即明确需要检索某种特定类型的文献，如会议文献、学位论文、专利文献、标准文献、期刊论文等，还是需要某几种类型的文献，或是需要综合性的各种类型文献。

（5）对检索文献语种的要求。即明确需要检索的是中文文献，还是需要外文文献。若为外文文献，是否需要特定文种的，或者是中外文文献都需要检索。

（6）对检索文献查找年限的要求。即明确提供准确或相对准确的文献检索起止年限。如果采用常用法中的抽查法，则要以若干个高峰期的起止时间为文献检索的起止年限。

（7）对检索文献完成时间的要求。一般可以分为三种不同的时间要求，即紧急型、近期型和定期型。紧急型是对文献检索完成的时间要求紧迫，多是为了某项紧急的研究任务；近期型是对文献检索的时间要求不太严格，只要在近期一段时间内完成即可；定期型是要求对某课题进行定期检索，以便始终了解其进展情况。

文献检索只有在这些检索要求都明确之后，才能继续进行后续程序的工作，否则就会走弯路，给检索工作增添不必要的困难。

三、制定检索策略

文献检索程序的第三步是制定检索策略，这一步是决定文献检索工作成功率高低的关键所在。检索策略就是为了实现检索目标而制定的全盘计划和方案，是对整个文献检索过程的谋划与指导。制定检索策略是一个重要的决策过程。

检索策略的具体内容是：在分析研究课题和明确检索要求的基础上，确定文献检索工具、检索途径、检索方法和检索步骤等，即确定适合于检索课题使用的文献检索工具，包括选定重点检索工具和辅助检索工具；根据检索工具的特点，确定使用何种检索途径及其索引；确定需要查找的类目、适于检索使用的主题词；根据检索课题的要求选择合适的文献检索方法；确定适合于检索课题的具体检索步骤，以及准备在可能遇到困难时的后备检索方案等。

在“信息就是金钱，决策就是生命”的今天，检索策略的制定尤为重要，它成为文献检索工作高效率的生命线。

四、试验性检索

文献检索程序的第四步是进行试验性检索，即在开始正式文献检索之前，进行一次小规模、快速的试验性检索是很有意义的。这好比是工厂在正式投产之前的试生产，能为正式文献检索工作的全面展开打下良好的基础。

试验性检索的具体做法是：翻阅图书馆、资料室或情报室的馆藏目录；浏览有关检索工具的累积索引；扫描一下有关的参考书目，尤其应利用文献指南或其他工具；查一查有无相关的专题书目，因为这种专题书目是非常有用的，它能提供许多基本的参考文献，省去许多原来必须要做的工作。通过这些，粗略地估计出要查找的文献量有多大，然后选取其中一段时间，例如半年或一年，从头至尾地把这段时间内与检索课题有关的文献全部查找出来。再对这些检索出的文献进行分析研究，审查它们是否比较切题，从而可以知道检索时所使用的分类类目或主题词以及查找范围是否合适。

通过试验性检索，可以从中发现一些问题，根据这些问题，再返回去及时修改和调整检索策略，以便在正式的文献检索过程中避免过多的失误，少走弯路。

五、正式检索

文献检索程序的第五步是正式检索，这是文献检索的主要过程。在检索时，要优先选用与检索课题对口的专业性检索工具，其次选用综合性检索工具。在各种文献检索工具中，特别要注意使用其中的文摘性检索工具，因其所含信息量较大，介于题录性检索工具和原始文献之间，尤其是一些较大型的文摘更是如此，例如中文检索工具《高等学校文科学报文摘》中的单篇摘编。题录性检索工具由于没有文摘，信息量较小，但它却具有条目体积小、文献收录量大的优点，能更全面地提供有关文献的线索。在文献检索过程中，要注意充分利用文摘性检索工具信息量大和题录性检索工具文献收录量大的优点，相互取长补短，配合使用，以达到较为满意的检索效果。

在检索过程中，还应当根据所用文献检索工具索引设置的具体情况，灵活运用各种检索方法，注意使用各种参照检索项目，并认真加以审查核对。要注意各种索引在不同年代中的变化情况，这种变化在文献检索工具中是屡见不鲜的。要尽可能地利用各种累积索引，这样可以提高检索速度，减少检索的工作量，又不影响查全率和查准率。

要将检索到的结果随时记录在卡片或纸片上，最好不要记录在笔记本上，因为笔记本不便于整理和重排，而卡片或纸片可以很方便地整理和组织排列，并极易从中剔除重复的文献。

检索成功的关键，一是对课题内容的深刻理解；二是具有相当熟练的使用各种索引的技能；三是能够根据具体情况的变化，灵活组织运用各种检索途径和检索方法。

六、辅助性检索

文献检索程序的第六步是辅助性检索，这是对正式检索的进一步补充。如果经过正式检索过程后，用专业性和综合性检索工具查到的文献仍然不能达到较满意的效果时，可以进一步作辅助性检索，也称补遗性检索。

辅助性检索可以利用与课题相关程度较差的一些辅助性检索工具，也可以利用最新的期刊论文、相关领域或边缘领域的文献、行业文献、内部资料等。为了尽可能地获取文献线索，还可以重点查找评述性文献，从中又可以获得一些相关的参考文献。

当检索者在辅助性检索过程中，发现文献检索的命中率越来越小，即频繁发现相关文献都已看到过，或发现检索到相关新文献和新资料信息的机会越来越少时，整个检索过程基本就可以结束了。

七、整理检索结果，获取原始文献

文献检索程序的第七步是整理检索结果，获取原始文献，这也是检索工作的最后一步。当检索过程基本完成后，要对已经检索出的文献进行分析、选择、整理和归纳，剔除其中参考价值不大的部分，归纳交叉重复的部分，然后分辨出文献的类型、文种和国别，并搞清各种缩写和代号。

如果需要的检索结果为原始文献，就要在查出其收藏单位的基础上，首先从本单位、本地区的文献收藏单位（例如图书馆、资料室、情报室、档案馆等）进行查找。方法是根据所需要原始文献的类型，选用收藏单位相应的馆藏目录进行查找。如果本单位、本地区的文献收藏单位没有收藏这些原始文献，可以利用联合目录或其他文献收藏单位的书本式目录，以及检索刊物上提供的线索查知其收藏单位，再通过外借、复制、馆际互借等手段获取原始文献。

文献检索程序示意图见图 3-1。

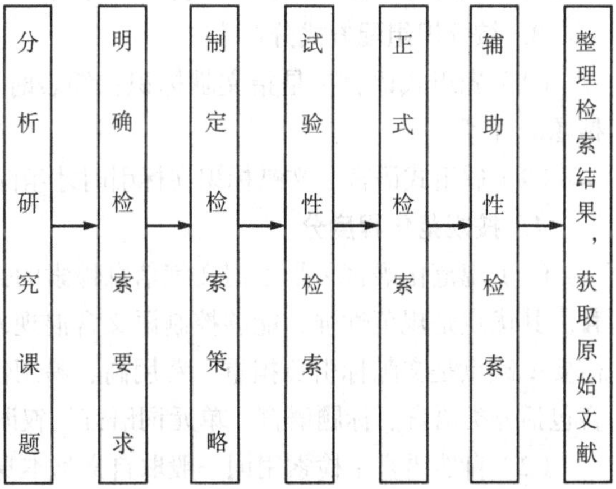

图 3-1　文献检索程序示意图

任务4 检索语言

一、检索语言的概念

检索语言（retrieval language）是描述文献的信息特征和表达用户信息提问的一种专门语言；是根据文献信息检索的需要，为标引和检索文献信息而使用的语言；是把信息存储与检索联系起来，以便实现交流的语言。各种分类法、主题词表、叙词表都属于检索语言范畴。

二、检索语言的分类

1. 按描述文献特征分

（1）描述文献外部特征的检索语言：描述文献外部特征的检索语言主要是指文献的篇名（题目）、作者姓名、出版者、报告号、专利号等。

（2）描述文献内容特征的检索语言：描述文献内容特征的检索语言主要是分类语言和主题语言等。

2. 按其构成原理分

（1）分类语言：用分类号来表达各种概念，将各种概念按学科性质进行分类和系统排列。

（2）主题语言：用词语来表达各种概念，将各种概念按字顺进行排列。

（3）代码语言：用某种符号代码系统来标引文献信息特征并排列组织文献信息的语言。常用的符号代码有：分子式、元素符号、专利号、标准号、报告号、ISSN 号，等等。

3. 按标识组配方式分

（1）先组式语言：是指文献标识在编表时就固定组配好了的检索语言，如体系分类语言、标题语言等。

（2）后组式语言：文献标识在标引时才组配起来的检索语言，如叙词语言等。

4. 按规范化程度分

（1）规范化语言：是根据文献信息检索的需要而创制的一种表达文献主题和内容的人工语言。其优点是规范性强，能够控制语义含混现象和词间关系，能较好地满足人们扩检、缩检等需要；缺点是文献标引负担重、费用高、易用性差，不能反映最新的学科发展动态。规范化语言包括分类语言、标题语言、单元词语言、叙词语言等。

（2）自然语言：检索用词一般取自文献本身（题名、摘要、全文等），主要依赖于计算机自动抽词技术完成。其优点是在检索时不受控制，符合人们日常表达的习惯，标引简便高效，词汇专指度高，能及时反映学科的发展现状等；缺点是对同义词、近义词、多义词等没有进行规范处理，不能反映概念的一一对应关系，从而影响查全率。

检索语言类型结构如图 3-2 所示。

三、分类语言

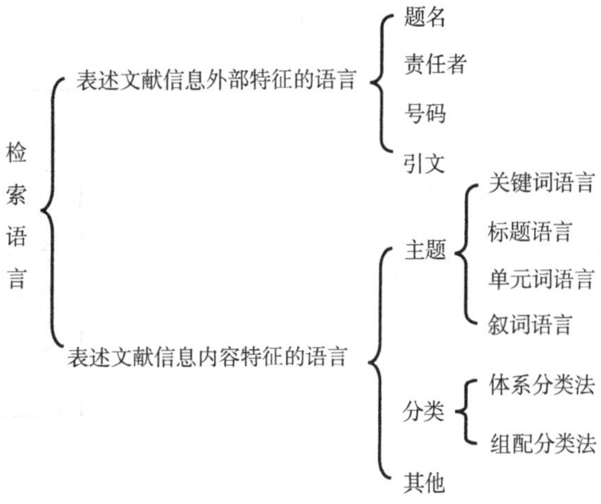

图 3-2　检索语言类型结构图

1. 分类语言的基本原理

分类语言是以学科体系为基础，用分类号和类名来表达文献信息的内容主题概念的一种检索语言。分类语言主要可分为体系分类法、组配分类法等。

体系分类法语言的构成原理，它按学科、专业来集中文献，直接体现知识分类，采用了概念的划分与概括的逻辑方法，对概念进行系统排列，是一种等级制的概念标识系统。目前，国内外常用的分类法《中国图书馆分类法》(简称中图法)、《中国科学院图书分类法》(简称科图法)、《美国国会图书馆图书分类法》(Library of Congress Classification，LC)、《杜威十进制分类法》(Dewey Decimal Classification，DDC)、《国际十进制分类法》(Universal Decimal Classification，UDC)等主要是以等级体系分类法为主。

分类语言的优点是系统性很强，能够很系统地检索一个学科和专业的文献。缺点是按学科、专业集中文献，同一事物不同学科的文献全部分散开来。体系分类法属于先组式语言，不太适合新学科、狭窄主题和跨学科主题的文献检索。

2.《中国图书馆分类法》(简称中图法)

类目表是分类法的主体，它决定分类号的含义，选用分类号表达文献信息内容。各种具体的分类法，其类目表的结构不尽一致，但都是由大量的类目以并列关系和等级关系为主组成的分类体系。以我国的中图法为例，它的类目表就是由基本大类、简表、详表和通用复分表组成。

中图法由 5 个基本部类，22 基本大类构成。标记符号采用字母与阿拉伯数字相结合的混合号码，即用一个字母表示一个大类，以字母的顺序反映大类的序列（图 3-3）。

3. 索取号

对图书的分类号有一个大致了解后，我们还要介绍一下索取号。索取号是表明馆藏中某一文献的排架位置以便提取和归架的一套编号。由分类号和书次号组成，书次号有两种，著者号或种次号。著者号是为了集中同一类中同一著者的不同著作而按照图书著者姓氏（包括集体著者）的字顺或笔画所取的号码。如武汉工业学院图书馆的雯莉编著的《101 位年轻人应知道的世界名人》索取号为 K811-49/W347。种次号是以图书到达图书馆的先后次序为依据编制的一种书次号，它是以图书馆的种数为计数单位。如华南农业大学图书馆的《现代文献信息检索》的索书号为 G354/30。

四、主题语言

主题语言不像分类法以学科体系为中心，而是利用词语来表达文献信息中论述的主题概念。主题语言包括标题词语言、单元词语言、叙词语言、关键词语言等。

基本部类	基本大类（一级类）
马克思列宁主义、毛泽东思想、邓小平理论	A 马列主义、毛泽东思想、邓小平理论
哲学	B 哲学
社会科学	C 社会科学总论
	D 政治、法律
	E 军事
	F 经济
	G 文化、科学、教育、体育
	H 语言、文字
	I 文学
	J 艺术
	K 历史、地理
自然科学	N 自然科学总论
	O 数理科学和化学
	P 天文学、地球科学
	Q 生物科学
	R 医药、卫生
	S 农业科学
	T 工业技术 →
	U 交通运输
	V 航空、航天
	X 环境科学
综合性图书	Z 综合性图书

简表（二级类）

T–0 工业技术理论
T-1 工业技术现状与发展
T-2 机构、团体、会议
T-6 参考工具书
[T-9] 工业经济
TB 一般工业技术
TD 矿业工程
TE 石油、天然气工业
TF 冶金工业
TG 金属学与金属工艺
TH 机械、仪表工业
TJ 武器工业
TK 能源与动力工程
TL 原子能技术
TM 电工技术
TN 无线电电子学、电信技术
TP 自动化技术、计算机技术 →
TQ 化学工业
TS 轻工业、手工业
TU 建筑科学
TV 水利工程

详表（三级类）

[TP–9] 自动化技术经济
TP1 自动化基础理论
TP2 自动化技术及设备
TP3 计算技术、计算机技术 →
TP6 射流技术(流控技术)
TP7 遥感技术
TP8 远动技术

表（四级类）

TP3-0 计算机理论与方法
TP30 一般性问题
TP31 计算机软件
TP32 一般计算器和计算机
TP33 电子数字计算机(不连续作用电子计算机)
TP34 电子模拟计算机(连续作用电子计算机)
TP35 混合电子计算机
TP36 微型计算机
TP37 多媒体技术与多媒体计算机
TP38 其他计算机
TP39 计算机的应用

图 3–3 中图法部分类目

主题语言的优点在于检索人员不必从知识体系的角度去判断所需文献属于什么学科，只要根据课题研究的对象，直接用能表达、描述文献内容的主题词去查检，而且同一篇文献可用多个主题词来标引。缺点是需要检索一门学科或一个专业及各种事物在同一学科、专业方面的文献资料时则很困难。

1. 标题语言

标题语言的基本原理是使用规范化的自然语言来直接表达文献论述的事物—主题，而不管该文献从哪一个角度，哪一个学科来论述事物—主题的。

标题语言是以标题词作为主题标识，以词表预先确定的组配方式标引和检索文献信息的一种主题法。所谓标题词是来自自然语言中比较定型事物的名称，并经规范化处理、能表达文献主题内容的词、词组或短语，标题词的规范工具为标题表。目前，使用最广泛的标题表是《美国国会图书馆标题表》。

标题语言的优点是直观、明确、简便，比较符合手工检索，查准率高，但灵活性不够，无法从多个因素、角度检索，因此标题语言已不适应当今时代的发展。

2. 单元词语言

单元词是指最基本的词汇单位，在概念上不能再进一步分解。单元词法是以单元词作为主题标识，通过字面组配的方式表达文献主题的主题语言。单元词法目前已发展为叙词法，因此不作详细介绍。

3. 叙词语言

叙词语言是主题语言的高级形式，它吸收了单元词法单词组配的基本原理，吸收了标题词法对语词的严格规范和参照系统，吸收了分类法的知识分类的原理，是近来用途较广，既适用于手工检索、又适用于计算机检索的检索语言。它已成为当今检索语言的主流，许多检索工具采用的是叙词语言。

叙词语言有三个最主要的特征：①概念性：叙词语言选用那些能有效表达相应学科领域所应用的各种科学概念的基本名词术语作为叙词，因此具有很强的概念性。②规范性：叙词语言对叙词采用了严格的规范化措施，如对同义词的优选，对多义词和词义含糊的词的注释等，以达到一个叙词与一个概念严格对应的要求。③组配性：叙词的组配属概念组配，也就是概念的分析与综合，并不是简单地把词分拆和组合。如检索“河北梆子”，如用概念组配应该是“河北地方剧”+“梆子”，而不是简单地拆分为“河北”+“梆子”。

叙词语言的体现形式是叙词表。叙词表是将标引人员和检索用户的自然语言转换成规范化语言的一种工具。国内常用的叙词表有《汉语主题词表》，而国外的检索工具大都采用了叙词表，如EI、EBSCO、INSPEC和三大农业数据库等等。对于叙词表，首先应了解其参照系统所使用的符号及其语义关系，见表3-2。

表3-2 汉语和英语叙词表常用参照符号及含义说明

参照关系	术语名称	汉语符号	英文符号	英文名	作　用
等同关系	用	Y	USE	use	从非叙词指引到叙词
	代	D	UF	used for	叙词的同义词

续表

参照关系	术语名称	汉语符号	英文符号	英文名	作 用
属分关系	分	F	NT	narrower terms	叙词的下位词（狭义词）
	属	S	BT	broader terms	叙词的上位词（广义词）
	族	Z	TT	top terms	叙词的族首词
相关关系	参	C	RT	related terms	叙词的相关词

现以 EBSCO 出版公司出版的“学术期刊集成全文数据库”（academic search premier）中的叙词表进行讲解，这是一个比较典型的叙词表（据 2006 年数据）（图 3-4）。

叙词检索的优点：

①等同关系词加以规范统一，并且显示等同关系，检索时可达到较高的查全率。

如：现在要检索电子商务方面的文献，电子商务的英文翻译有：E-Business、E-Commerce、Electronic Commerce，我们可以检索叙词 Electronic Commerce 来达到较高的查全率。

②对多义词、同形异义词进行限定说明，检索时可达到较高的查准率。

例如：cultures 既可以指文化的意思，在生物学上还指培养的意思，为了提高查准率，则应对其所属范围作出限定，即加限义词。

文献一 title（篇名）：Remarks Concerning Testing Parameters for Blood Cultures.

subject terms（叙词）：CULTURES（Biology）

文献二 title（篇名）：Contemporary French Cultures and Societies

subject terms（叙词）：CULTURES

③叙词表中等级关系和相关关系的显示，可使用户根据检索的需要，选择合适的词（上位词、下位词、相关词）来扩大或缩小检索范围。

4. 关键词语言

关键词语言的基本原理就是将文献原来所用的、能描述其主题概念的具有实质意义的词抽出，不加规范或只作极少量的规范处理，按字顺排列，以提供检索途径的方法。关键词语言与标题语言、单元词语言和叙词语言同属于主题语言，但不同之处在于关键词语言对描述主题概念的词是不加规范或只作极少量的规范处理。

关键词语言是以关键词作为文献内容标识和检索依据。所谓关键词，是从文献的标题、摘要甚至是正文中抽取出来的，对表达文献主题内容具有实质意义的语词。关键词不是逐个选定的，也不编制关键词表，相反，用一种“非关键词表”来控制抽词范围。列入非关键词表的词，

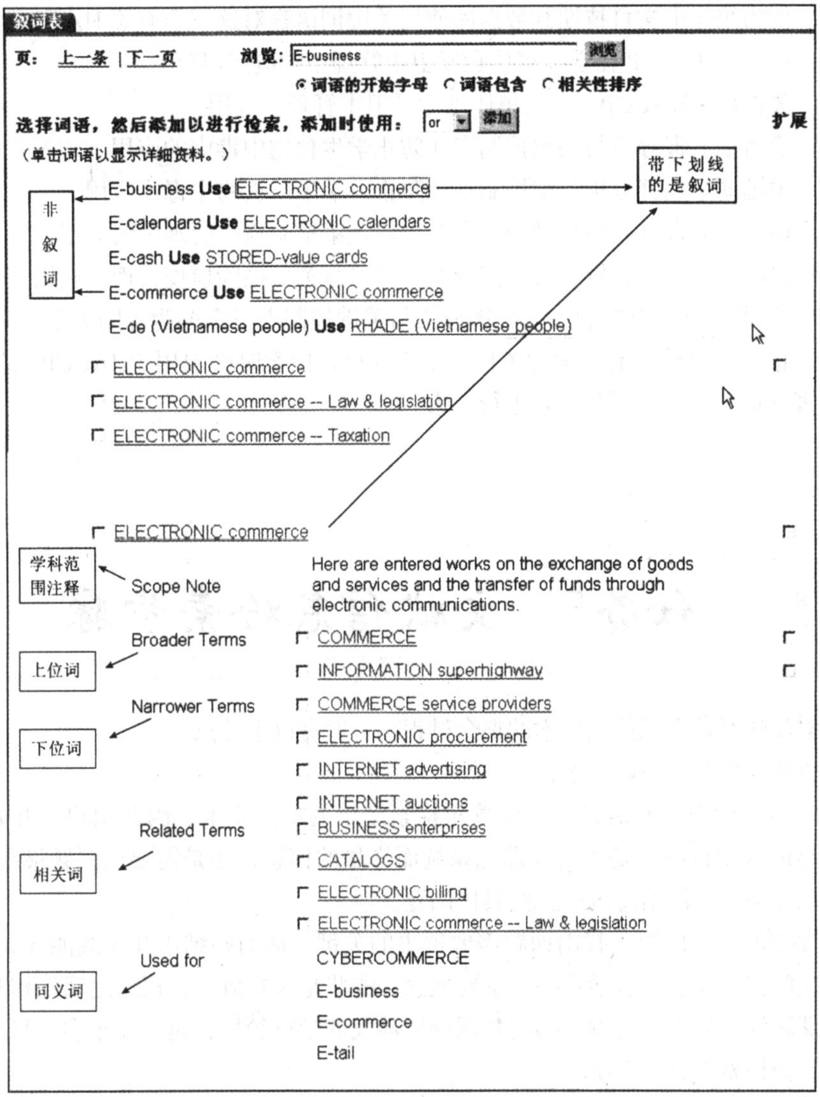

图 3-4　EBSCO 叙词表

说明：①上位词，指概念上外延更大的主题词。例："花"是"鲜花"的上位词，"植物"是"花"的上位词。
②下位词，指概念上外延更小的主题词。例："鲜花"是"花"的下位词，"花"是"植物"的下位词。
③相关词，指有相互关联的主题词。例："孙中山"与"辛亥革命"。

都是那些毫无检索意义的词，如冠词、介词、连词、感叹词、代词等。

关键词是文献中使用的自然语词，关键词检索的优点是表达主题比较直观、专指，用户不需要特别学习和培训，都可以保证较高的查准率。缺点在于关键词语言对自然语言中大量存在的等同关系词不加规范统一，也不显示等同关系。所以，在关键词系统中，同一主题的文献因作者用词不同而被分排在许多地方，检索时必须用表达该主题的许多个等同关系词多处查找，才能达到较高的检全率。

例如：下例为维普中文科技期刊数据库使用关键词语言对这三篇有关 HACCP 文章的标引。

文献一 篇名：HACCP 在学校集体食堂卫生管理中的应用研究

关键词：HACCP 学校集体食堂 卫生管理 应用

文献二 篇名：危害分析与关键控制点在防止学生食物中毒中的应用

关键词：危害分析关键控制点 防止 学生 食物中毒 应用

文献三 篇名：危害分析与关键控制点在出口蔬菜检验检疫管理中的应用

关键词：危害分析与关键控制点 出口蔬菜 检验检疫管理 应用

HACCP、危害分析关键控制点、危害分析与关键控制点三个词为等同关系，如果要保证一定的查全率，也就是要检全有关 HACCP 方面的资料，检索时必须用“HACCP+ 危害分析关键控制点 + 危害分析与关键控制点”来进行检索。

任务5 文献信息检索步骤

所谓检索步骤就是文献信息检索的整个过程，一般有以下几点：

（1）分析研究课题，明确检索目的

①明确检索目的。不同的目的决定着对检索结果的不同要求。因此用户在开始检索之前，必须明确自己的检索目的，是需要该课题系统而详尽的信息，还是需要该课题最新的信息，或者只是需要该课题的片段信息解决一些具体问题。

②明确课题的主要内容。找出课题需要解决的关键，从而归纳出几个既能代表信息需求又具有检索意义的主题概念，包括哪些是主要概念，哪些是次要概念，概念之间的相互关系等等。

③明确课题涉及的学科范围。搞清楚课题所涉及的学科领域，是否属于多学科或交叉学科，以便按学科选择检索工具（系统）。

④明确课题需要的文献类型、语种、地区、时间范围等。

（2）选择相关检索工具（系统） 明确了课题的检索范围和要求后，就要据此来选择检索工具（系统）。首先应从课题的需求出发，考虑该课题所属学科及其相关学科领域内有哪些检索工具（系统），然后根据检索工具（系统）的质量、性质、检索人员以往的经验等，初步选定符合要求的检索工具（系统）。检索工具（系统）的选择还需考虑文献类型、时间范围。

（3）确定检索途径、检索方法 通过对检索要求的分析并同时考虑所选用的检索工具（系统）的特点，才能较合理地确定所要查找课题的检索途径、检索标识。

采用哪种检索途径主要受检索工具（系统）所能提供的检索途径限制。有的检索工具（系统）本身检索途径就有限，无法进行选择。如果某一检索工具（系统）检索途径比较齐全，有多种检索途径可供选择，则要从课题检索要求出发。如果课题检索要求资料范围较广即泛指性较强的课题，则最好选用分类途径；如果课题检索要求资料比较专深，要求达到“特性检索”

时，则以选用主题途径为好；如果事先知道文献著者、题名、分子式等条件，则选用著者途径、题名途径、分子式途径等为好。

为了迅速、准确地查找文献，还必须根据用户的检索目的，以及有关主题的学科发展状况，选择合适的检索方法。

（4）制定检索式　只有在计算机检索中才需要编制检索式。检索式就是采用计算机信息检索系统规定的算符（如布尔逻辑算符、位置算符、截词符、限制符等），将检索词进行组配，确定检索词之间的关系，准确地表达课题需求内容的式子。

（5）检索文献　根据确定的检索途径，查找某种索引或把检索式输入检索工具中自动进行查找，如果发现检索出的文献不符合检索课题的要求，可以对检索策略及时调整。①对检索数量比较少的结果，可以扩大检索范围，如可使用检索词的上位词、相关词来进行检索；增加或修改检索途径；去掉一些次要主题词；合理使用计算机算符如截词符等。②对检索数量过多的检索结果，进一步缩小检索范围，如使用下位词来限定检索；增加“AND”组配算符等等。

（6）获取原始文献　有一些检索工具（系统）是直接提供原文的，而有些检索工具（系统）只是提供文献信息的线索，对这一部分文献我们可以通过馆藏目录，馆际互借等渠道获取。

任务6　检索效果评价

检索效果（retrieval effectiveness）是指用户对检索工具（系统）实施检索的有效程度，也是某次检索满足用户信息需求的程度，是衡量检索系统性能的一个基本指标。反映检索效果的最重要的两个标准是查全率和查准率。

查全率（recall ratio）又称检全率，是指检索出的相关信息量与检索工具（系统）中相关信息总量的比率，具体可用下列公式表示：

$$\text{查全率}=\frac{\text{检索出的相关信息量}}{\text{检索工具（系统）中相关信息总量}}\times 100\%$$

查准率（precision ratio）又称检准率，是指检索出的符合课题需要的相关信息量与检索出的信息总量的比率。具体可用下列公式表示：

$$\text{查准率}=\frac{\text{检索出的相关信息量}}{\text{检索出的信息总量}}\times 100\%$$

理想的检索结果是无遗漏、无差错地检出所需的全部文献信息，也就是查全率和查准率均达到100%，但现实中是不可能的。一系列实验结果表明，查全率和查准率之间存在互逆关系。也就是说查全率上升了，查准率就会下降，反之也一样。在检索的现实中，检索的效果如达不到理想的状态，用户一般比较强调一方面，而对另一方面的要求就可能降低。例如：进行专利检索或者申报科研课题时就要求高度的查全率，以避免不必要的人力、物力浪费。反过来，如果时间比较紧，比如用户在科学研究过程中遇到了技术难题，需要参考国内外同行的经验和研究成果，这时的检索只要求检出某一主题的信息，要求查准率较高。还有的用户需要取中，他们需要在比较全的基础上接受一种“合理”的查准率。不同的用户对查全率与查准率的要求不同，可以通过扩大和缩小检索范围来调节两者的关系，以满足不同用户的需求。

复习思考题

1．试述文献检索途径。
2．试述文献检索方法。
3．试述文献检索技术。
4．什么是检索评价指标？查全率与查准率的关系如何？
5．提高查全率的方法有哪些？
6．提高查准率的方法有哪些？

模块四　数字图书及检索

任务1　超星数字图书馆及检索

一、超星数字图书馆概述

超星公司是目前国内最大的数字图书提供商，超星数字图书馆是该公司的一个主要产品。它由海量的读秀知识库和读秀学术搜索平台组成。

读秀学术搜索是一个真正意义上的文献搜索及获取的服务平台，其后台建构在一个由海量全文数据及超大型数据库基础之上。其以10亿页中文资料为基础，为读者提供深入内容的章节和全文检索、部分文献试读、文献传递等多种功能。

同时，读秀的一站式检索模式实现了馆藏纸质图书、电子图书等各种资源在同一平台上的统一检索、获取。无论是学习、研究、写论文、做课题，读秀都能够为读者提供最全面、准确的学术资料。读秀致力于为用户提供全面有特色的数字图书馆整体解决方案和文献资源服务，为广大读者打造一个获取知识资源的捷径。

1. 读秀知识库

读秀知识库是由海量中文资源，如：知识、图书、期刊、报纸、会议论文、学位论文、标准、专利、学术视频等文献资源组成的庞大的知识系统。

（1）知识频道。其资源有3亿个章节、10亿页全文资料。提供“在线阅读，支持在检索结果页面进行PDF下载，支持在阅读页面进行文字摘录和整页文字提取，阅读页面提供本页来源查看”等功能。利用知识频道能检索出某句话出自何处。

（2）图书频道。其资源有260万种中文图书全文、370万种图书书目。

实现功能：检索可深入图书目录章节，在线试读，支持局部快速文献传递，支持馆藏挂接（电子本、纸本）；中文图书的显示系统提供本馆文献资源（图书纸本、电子本及其他文献资源）目录显示；图书内容的主题学术发展趋势分析（支持多主题比较）；独有的图书被引用数据；馆藏结构主题分布分析。提供通过检索或分类导航进入，左侧聚类、高级和二次检索等方法快速缩小范围等深度服务，专业检索支持复杂逻辑运算。

（3）期刊频道。其资源有 7 000 万篇目，提供刊种、篇目检索；支持主题学术趋势分析（多主题比较），支持搜索报告的在线生成，专业检索支持复杂逻辑。

（4）报纸频道。其资源有 8 300 多万篇目，6 300 多万篇全文，提供报种、篇目检索；绝大部分篇目直接在线全文阅读，有些报纸支持日更新。

（5）其他频道。其资源有学位论文 280 万篇；会议论文 330 万篇；专利 560 万；标准 110 万；词条 1 300 万（全文）；人物 140 万（全文）；视频资料 520 多万份；文档 4 300 多万份（全文）；考试资料 480 万份（全文）；课程资料 3 万多门。

2. 中文一站式解决方案

读秀学术搜索是超星公司推出的目前最优秀的中文一站式解决方案。它的三大核心功能是全文服务系统、中文图书的目录关联系统和情报分析功能。具体由知识搜索系统、目录章节的搜索系统、图书挂接系统、其他相关文献最佳检索系统、情报分析系统等多个系统组成。

（1）知识搜索系统。这是在最全的中文书全文搜索系统进行搜索，解决每个名句，每个典故，如科学发展观第一次提出等都可以在此找到出处，全文检索直接指向本页来源，通过层层链接均可最终达到纸本和电子本。

（2）目录章节搜索系统。这是目次级别的深入检索，指示出检索到的名句在图书的那个章节，并有链接直达章节去阅读原文。

（3）图书目录关联挂接系统。这是将实现本馆纸本、电子本的整合，检索到的书与本馆藏书（纸质藏书和电子书）的关联和挂接，还提供全国联合目录提示系统，提供全国哪些高校图书馆有此书的信息，通过链接直达该馆目录系统，这是馆际互借的基础和前提。馆藏挂接的好处是，读者可通过读秀的图书频道检索命中找某个目录章节，一站式快速获取本馆资源。

（4）其他相关文献的最佳检索系统。提供检索到的其他相关文献信息。

（5）情报分析系统。情报分析系统给读者提供该知识领域的发展趋势和数据分布直观分析图，引用等数据。

二、读秀学术搜索功能

“读秀”是由海量全文数据及元数据信息组成的超大型数据库。可搜索图书书目数据 370 万种，是目前中国最大、最全的书目元数据仓储；读秀的思想是把所有图书以章节为基础重新整合在一起的海量数据库，是一部由 3 亿章节、10 亿页全文所组成的最大的百科全书，任何一句话、一句典故，都可以在读秀中找到出自哪本书的哪一页。读秀学术搜索是一个面向全球的图书搜索引擎，是一个可以对文献资源及其全文内容进行深度检索、提供原文传送服务的平台。用户可以通过读秀对图书的题录信息、目录、全文内容进行搜索，提供图书封面页、目录页、正文部分 17 页的试读。还可以对所需内容进行文献传递。读秀多层面地为学者提供了所需的资源。

1. 整合各种文献资源

读秀学术搜索将图书馆纸质图书、电子图书、期刊等各种资料整合于同一平台上统一检索，使读者在读秀平台上即时查找、获取知识文献。在高效服务读者的同时，也节省图书馆的人力、物力，减轻图书管理人员的工作强度，提高工作效率和图书馆的管理水平和能力。

读秀学术搜索将检索框嵌入到图书馆等文献服务单位门户首页，为读者提供整合多渠道文献资源的统一检索，读者可在读秀平台上查询、获取目标资源。读秀不但检索精准，使用方便，同时也提高了文献服务单位现有的资源利用率。其具体整合内容如下：

（1）整合纸质图书。图书馆有大量纸质图书，读者使用自动化系统只能检索到图书的元数据信息，不能看到具体内容，无法判断图书是否是所需要的，整合完成后，读者检索时可直接试读图书的原文，通过试读，判断是否是所选择的图书。

（2）整合电子资源。将图书馆自有的电子图书，购买的电子图书、电子期刊等电子资源，与读秀知识库数据进行对接，整合后实现馆内文献资源的最充分利用，使读者真正零距离地获取知识，提高资源的利用率。

（3）整合资源统一检索。将图书馆常用的各种资源整合于同一平台上，统一检索，避免多个站点逐一登录、逐一检索的弊端，读者可在同一站点上查询所有信息，检索过程便捷，用户使用方便，大大提高了图书馆的服务水平。

2. 章节和全文深度检索

读秀集成了业界先进搜索技术，突破以往的简单检索模式，实现了章节和全文深度检索功能。通过使用读秀知识库的深度检索，读者能在最短的时间内获得最深入、最准确、最全面的文献信息，节约时间，使读者把更多的时间和精力投入学习研究中，提高了学习效率。

3. 260 万种图书实现自动文献传递

读者通过检索后，本馆有馆藏资源的可以直接在挂接中获取，但是对于本馆没有馆藏的部分，读者可以通过读秀特有的目录页试读，进入读秀上的图书馆文献传递中心，根据提示实现文献传递。读秀为读者提供了单次传递原文不超过多 50 页，同时一周内对同一本书传递不超过 20%，以邮件加密链接方式提供 20 天有效期的原文在线查阅服务，这一期间内，读者可以随时浏览阅读。

读秀文献传递是通过计算机自动进行的，可以立即获取所需要的资料，没有时间、空间的限制。读秀 260 万种中文图书资源能够满足不同读者的专业需求，读者通过读秀参考咨询系统从海量图书资源库中自动获取所需文献，使图书馆的文献资源保障能力得到提升。目前，大部分高校图书馆存在着馆藏不足、资金有限等问题，读秀是解决这个矛盾的有效方案。

4. 搭建交流平台，实现读者间以及读者与图书馆间的互动

读秀学术搜索为读者之间、专家与读者提供一个良好的交流平台，使得读者的学习和研究有了互动性和互补性。同时在读者与图书馆之间创建了沟通渠道，图书馆的购买和读者的需求能够实现一致，提高图书馆资源的利用率。

5. 学术趋势图

读秀在 2010 年后，增加了学术发展趋势曲线图，为读者提供了观察所搜索主题的学术变化趋势。例如，搜索主题为“彩色电视机原理”的图书发展趋势曲线图，如图 4-1 所示。

从图 4-1 可知，使用“图书”频道搜索，搜索到主题为“彩色电视机原理”趋势曲线图显示约在 1999 年发行量最高，每年的出版号约 14 本。“彩色电视机原理”的期刊发展趋势曲线图如图 4-2 所示。

从图 4-2 可知，使用“期刊”频道搜索，搜索到主题为“彩色电视机原理”期刊趋势曲线

图 4-1 “彩色电视机原理”的图书发展趋势曲线图

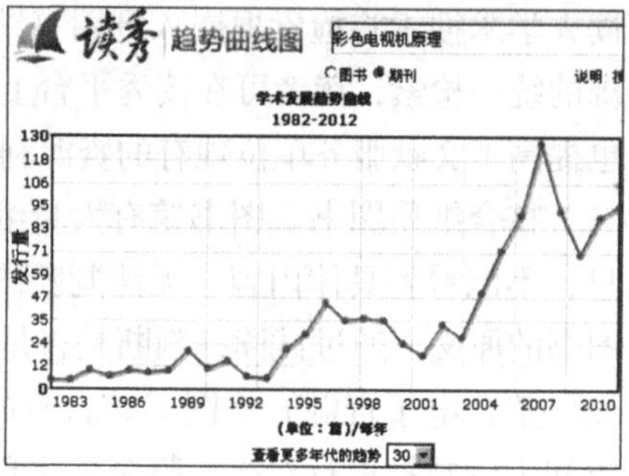

图 4-2 “彩色电视机原理”的期刊发展趋势曲线图

图显示，2007 年在期刊上发表的与“彩色电视机原理”相关的文章近 130 篇。

6. 图书被引用情况报告

图书被引用情况报告，可作为图书和作者的影响度、权威性评价依据。本报告是北京世纪读秀技术有限公司于 2011 年 4 月 29 日发布的。本报告是中文图书对中文图书的被引用情况报告，迄今为止，属本类报告中的首次发布。报告的目的是便于大家观察和了解图书的被引用情况，为图书和作者的权威性评价提供依据。

本报告基于以下数据统计：被引用的图书指的是自 1911 年 1 月 1 日 ~ 2010 年 12 月 31 日发行且书目数据符合分析条件的 3 067 155 种中文图书。引用图书指的是自 1911 年 1 月 1 日 ~ 2010 年 12 月 31 日发行且全文数据符合分析条件的 1 843 526 种中文图书。

本报告的基本结论：有被引用的图书共计 801 597 种，即到目前为止，有被引用的图书占全部被考察图书的 26.13%。

统计方法：在引用图书中仔细核对被引用图书的书名、作者、出版年信息，核对正确则计入统计中。有被引用种数和引用次数两种指标，前者主要用于评价作者的权威性和用于考察年代、学科的分布；后者主要用于评价某种具体图书的权威性。

被引用图书的出版年分布；被引图书的类别分布；被引图书最多的作者（前 3 000 多位个人作者，即影响最大的图书作者）；被引次数最多的图书（前 6 000 多种，即影响最大的图书）；图书被引用情况报告补充说明；单本书的被引用指数及部分引用图书列表等，可用于了解其被引情况。

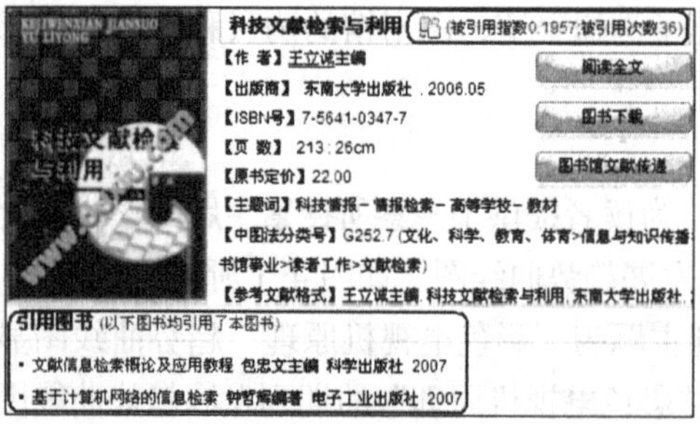

图 4-3 图书被引用情况图

例如，作者王立诚主编的《科技文献检索与利用》，页数：213 页，出版日期：2006 年 5 月，被引用指数 0.195 7；被引用次数 36，该图书的被引用情况图如图 4-3 所示。

以下图书均引用了本图书：①文献信息检索概论及应用教程，包忠文主编，科学出版社，2007 年出版；②基于计算机网络的信息检索，钟哲辉编著，电子工业出版社，2007 年出版。

7. 读秀的专业搜索

读秀的图书、期刊、报纸、学位论文和会议论文频道等都设有专业搜索功能，支持任意复杂的布尔逻辑检索式，非常适合图书馆专业人员进行查新检索。检索规则说明：

（1）字段：T= 书名，A= 作者，K= 关键词，P= 出版社，Y= 出版年，S= 丛书名，R= 摘要，C= 目录（字母大小写均可）。

（2）逻辑符号："*" 代表并且，"｜" 代表或者，"-" 代表不包含；（这三个符号前后均应有半角空格作为分隔）。

（3）其他符号：（　）括号内的逻辑优先运算，= 后面为字段所包含的值，＜代表小于等于，＞代表大于等于（均为半角符号）。

【例 4-1】 查找书名中含有"数字"并且"图书馆"并且"建设"，且出版年范围是 2000 ~ 2010 年（含边界）的书。

表达式为：（t= 数字 *t= 图书馆 *t= 建设）*（2 000 ＜ Y ＜ 2 010）。

搜索结果：找到相关的中文图书 20 本，读秀的专业检索如图 4-4 所示。

8. 读秀搜索条

此工具为 IE 浏览器搜索条，方便读者使用读秀搜索。适用：Windows XP/2000/2003/Windows 7，IE 版本：IE6/1E7/IE8/1E9。

使用方法：在读秀首页下方"使用帮助"中，小贴士"搜索工具条"，单击"下载安装文件"，解压下载的 RAR 文件，双击解压得到的"安装．bat"文件，在浏览器顶部的工具图标显示部分，单击鼠标右键，在快捷菜单中选中"读秀工具条"之后，读秀搜索条就显示出来。读秀搜索工具条如图 4-5 所示。

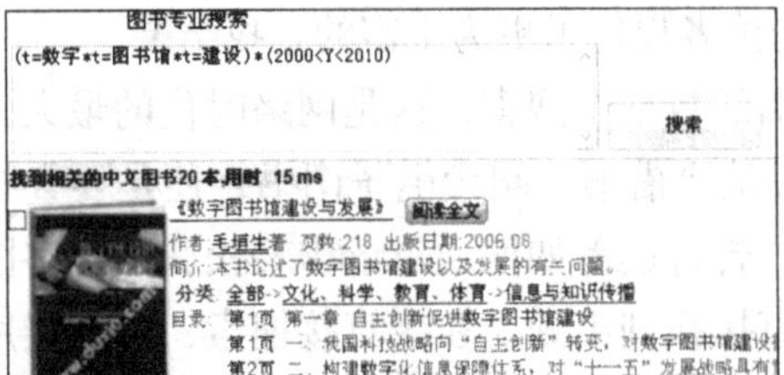

图 4-4　读秀的专业检索

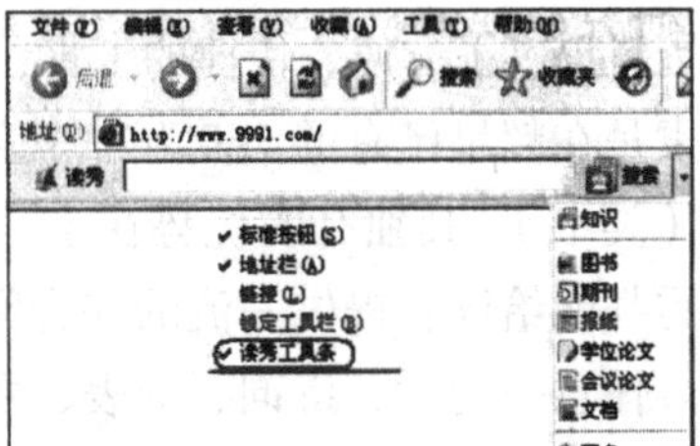

图 4-5　读秀搜索工具条

安装应注意的问题：如自行安装不成功，可手工将 dxtoolbar.dll 文件复制到 windows/system32 中，然后运行"安装．bat"文件。

三、读秀学术搜索文献分类

借用不同电视频道播放不同电视节目的相似概念，读秀将文献类型定义为不同频道，文献频道分为"知识、图书、期刊、报纸、学位论文、会议论文、专利、标准、视频"等频道，再根据文献类型的不同，提供的检索字段也有差异，各频道中采用描述该文献类型最密切相关的字段，读秀学术搜索中文献频道与检索途径（字段）对应关系有，见表 4-1。

表4-1 读秀文献频道与检索途径对应关系表

检索途径文献频道	途径1	途径2	途径3	途径4	途径5	途径6
知识						
图书	全部字段	书名	作者	主题词		
期刊	全部字段	标题	作者	刊名	关键词	作者单位
报纸	全部字段	标题	作者	来源	全文	
学位论文	全部字段	标题	作者	授予单位	关键词	
会议论文	全部字段	标题	作者	关键词	会议名称	
专利	全部字段	专利名称	申请号	发明人	IPC号	
标准	全部字段	标准号	中文名称	英文名称		
视频	全部字段	视频名称	介绍	字幕	主题词	

从表 4-1 可知，各种文献类型提供的检索途径都是表征此类文献最本质的字段，如图书提供的检索途径有：全部字段（相当于全选）、书名、作者、主题词 4 项。又如期刊提供的检索途径有：全部字段、标题、作者、刊名、关键词、作者单位等。各文献频道对应的检索字段不需要记，也不填写，只是单击单选。但是，选择了什么字段，检索框中输入的检索词一定要与此对应，不能张冠李戴，如选择书名途径，填写作者，或者其他著录信息。

四、知识（全文）检索

读秀的知识（全文）检索功能打破了文献的传统阅读使用方式，运用全文检索手段，深入到内容和章节帮助读者直接查找、阅读到相关知识点。这种全新的文献利用方式，为研究型读者收集资料提供了方便、快捷的工具，同时也为读者提供了更为丰富的查找结果。

搜索是在超星已有的 260 万种全文中文图书的数据中搜索，这是网络时代的最大的中文百科全书（类书）。其独有的优势在于：无论读者是要借书、阅读电子图书，还是要查找学术论文，读秀都能给读者提供一流的综合阅读体验，告诉读者如何通过读秀轻松获得数字图书或学术论文。任意一句话、诗词、图表、数据均可直接找到出处。在线直接搜索，可直接用篇名找到文章。

读秀学术搜索平台不仅让检索变得如此简单，而且最重要的是一站式检索服务，文献分类清楚，查找什么类型的文献，就选择什么类型的频道。这是目前我国最先进的一站式学术搜索平台。因为它的元数据来自 1 123 家超大的图书馆联盟，因此它的检全率也是最高的。

1. 知识搜索步骤

知识搜索步骤为：①选择“知识”频道；②填写检索词（为使检索命中率更加精准，推荐同时使用多个关键词或较长的关键词进行检索）；③单击“中文搜索”按钮。

图 4-6 读秀中文学术搜索平台

烦琐和深奥的文献检索，在读秀学术搜索平台上就变得如此简单，只需填写一个检索词，单击一下鼠标就完成了。读秀中文学术搜索平台如图 4-6 所示。

2. 以章节和知识点搜索

创新的知识点检索模式，为研究型读者提供查找资料便捷的途径。读秀不是以检索文献单元为根本目标，而是以检索文献所包含的知识点为根本目标，是将各类文献中所包含的同一知识内容检索出来。读秀围绕关键词进行全面、发散式的搜索，其检索结果显示的是与关键词相关的所有知识点，免除读者反复查找、确认的过程，为读者提供便捷的知识获取途径。

读秀的知识频道搜索不是以单本书为单位进行服务，而是以章节和知识点为单位进行搜索，每次搜索都是在 3 亿个章节、10 亿页全文资料的读秀知识库进行搜索和服务，即把所有的书变成了一本书进行搜索和直接阅读，提供少量页的 PDF 下载。

知识频道的检索最简单，和百度一样，输入检索关键词或者一句话，单击“中文搜索”（或“外文搜索”）就可找到一组相关的文献，再通过浏览选择就可以找到需要的文献。

通过知识频道的全文搜索，可搜索到所有图书中的任何一句话（诗词）、任何一副插图（图表）等。另外，知识频道搜索也提供文字摘录和文字提取功能，方便用户引用。

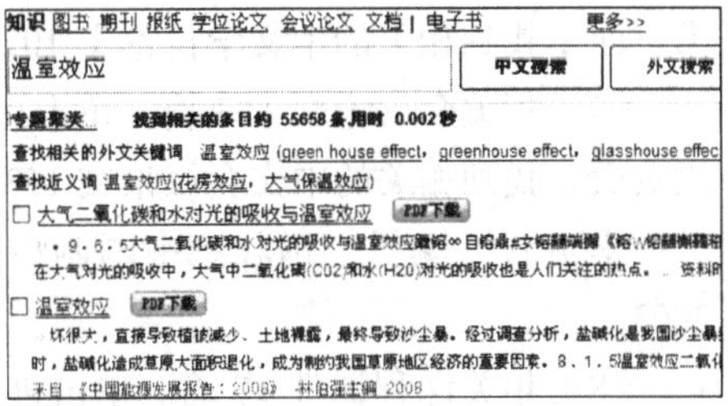

图 4-7 用知识频道搜索“温室效应”得到的结果

【例 4-2】 利用关键词“温室效应”查找相关的知识。

方法为：①读秀默认“知识”频道，在检索框中输入“温室效应”；②单击“中文搜索”，就得到相关条目 55 658 条。用知识频道搜索“温室效应”得到的结果如图 4-7 所示。

3. 读秀的多面搜索

在读秀的任何一个频道，任何一个搜索都可以显示很多相关的词条解释、人物、图书、期刊、报纸、学位论文、会议论文、内容、图片、视频等信息，这就是读秀的多面搜索。

例如在例 4-2 中，页面右侧有更多与“温室效应”相关的信息，即多面搜索的内容有：

（1）相关词条 24 条。温室效应（green house effect，greenhouse effect，glasshouse effect），词典。例如：

温室效应简介：温室效应（来自 IPCC 术语表中对温室效应所作出的定义的中文版）是由环境污染引起的温室效应是指地球表面变热的现象。温室效应主要是由于现代化工业社会过多燃烧煤炭、石油和天然气，这些燃料燃烧后放出大量的二氧化碳气体进入大气造成的。二氧化碳气体具有吸热和隔热的功能。它在大气中增多的结果是形成一种无形的玻璃罩，使太阳辐射到地球上的热量无法向外层空间发散，其结果是地球表面变热起来。因此，二氧化碳也被称为温室气体。温室气体有效地吸收地球表面、大气本身相同气体和云所发射出的红外辐射。大气辐射向所有方向发射，包括向下方的地球表面的放射。温室气体则将热量捕获于地面——对流层。

（2）相关图书 1 373 种。单击进入“图书”频道，检索词“温室效应”，“全部字段”的检索页面；找到相关的中文图书 1 373 种。例如，如下两位作者，单击可以直接进入图书页面。

温室效应，戴君虎等编著，中国环境科学出版社，2001.

温室效应的功过是非，周家斌，田生春著，内蒙古大学出版社，2000.

（3）相关期刊 6 024 篇。单击进入“期刊”频道，检索词“温室效应”，“全部字段”检索页面；找到相关的中文期刊 6 024 篇。例如，如下两位作者，单击可以直接阅读其文章。

王冬梅．学知报．教师版，2011，(32).

王乐飞．科学 24 小时，2011，(10).

（4）相关报纸 339 篇。单击进入“报纸”频道，检索词“温室效应”，“全部字段”检索页面；找到相关的中文报纸 557 篇。例如，如下两位作者，单击可以直接进入阅读页面。

温室效应，崔友岭．中国教师报，2003/03/19.

温室效应，济南日报，2008/09/09.

（5）相关文档 631 篇。单击进入“文档”频道，检索词“温室效应”，全部检索页面；找到相关的中文文档 631 篇。

（6）相关学位论文 102 篇。单击进入“学位论文”频道，检索词“温室效应”，全部字段检索页面；找到相关的中文学位论文 102 篇。

（7）相关会议论文 163 篇。单击进入“会议论文”频道，检索词“温室效应”，全部字段检索页面；找到相关的中文会议论文 163 篇。例如：

李英青，李勇，杨壮．中国制冷学会第十一届全国冷（热）水机组与热泵技术研讨会，2003.

（8）相关课程课件 17 篇。单击进入“课程课件”专题馆，检索词“温室效应”，包含“全部”检索页面；找到相关的课程课件 17 种。

（9）相关考试辅导 23 篇。单击进入“考试辅导”专题馆，检索词“温室效应”，包含“全部”检索页面；找到与温室效应相关的中文考试辅导资料 23 篇课程课件。

（10）相关专利 13 篇。单击进入“专利”频道，检索词“温室效应”，全部字段检索页面；找到相关的中文专利 13 篇。

（11）视频 93 部。单击进入“视频”频道，检索词“温室效应”，全部字段检索页面；找到相关的视频 93 部。

（12）人物相关 12 位

（13）其他频道。电影、博客、音乐、新闻、论坛、地图等。

（14）相关搜索。温室效应及其控制对策、二氧化碳温室效应、二氧化碳温室效应、环境效应、温室效应的影响、温室气体与温室效应、二氧化碳温室效应饱和度、温室效应及其控制对策、温室效应全球变暖、二氧化碳温室效应、二氧化碳与温室效应、温室效应分析、大气温室效应、温室效应的产生、温室效应、地质历史、地球温室效应等，提供了许多与关键词相似、相近的相关内容，供读者选择和扩展查找。

有如此多的相关文献信息，为学习和研究提供了丰富的文献资源。

4. 读秀全文搜索

读秀知识搜索还是一种全文检索引擎，集天下书为一书。例如，输入“模具技术”关键词，单击“搜索”，读秀要从 10 亿页全文中查找，这一次搜索找到与“模具技术”的条目约合知识点词条 18 632 条，查看搜索结果，发现读秀为读者提供了相关知识点的全面的知识描述，如有关模具技术的内涵、模具的技术经济指标、模具技术国家重点实验室、模具装配与模具技术的标准化、我国模具技术的发展趋势等内容。然后就可以单击读者感兴趣的内容，如《模具制造工艺学》标题链接，阅读原文。读秀检索的阅读方式，是一种知识点的阅读方式，可以对一个知识点所在章节的内容进行阅读，实际上，是突破了原有一本本查找知识点的新阅读体验。如果这些知识源还不够，还可以通过“本页来源”链接查看本书的书名《模具制造工艺学》，作者：李振平主编．模具制造工艺学．机械工业出版社，2007.1．当前页 140 页的详细信息，如：

第六章 模具使用与维修

模具在设计、加工、调试成功后，即可投入正常生产。正确使用和维护模具是保证连续生产高质量制品和延长模具使用寿命的重要因素。通常情况下，模具同一般的设备相比，较复杂、较精密，对操作和维护的要求比较苛刻。实际操作中极易因错误操作而损坏模具或降低精度，同时也存在正常磨损。因此，在整个生产过程中，正确地使用和精心地维护模具，对企业正常生产和提高效益，具有十分重要的意义。

选择电子全文，或者通过文献传递方式可获得更多内容。

在读秀全文搜索频道的页面中，采用了关键词红色显示的方式，非常适合快速阅读和查找资料，另外，还可使用左上工具栏选择文字摘录功能“选取文字”，方法为：点击左上“选取文字”，选择“文字摘录”，按住鼠标左键，拖动鼠标选择要摘录的区域，然后单击“确定”按钮，就可以对图书中一段文字进摘录；单击鼠标右键，可利用快捷菜单进行“复制”和“粘贴”引用。或点击“文字提取”，再点击页面，选择文字即可。

特别提请读者注意：在摘录文字时，最好养成好的习惯，记录下文献来源，如“李振平主编．模具制造工艺学．机械工业出版社，2007.1.”，以后引用时要标明参考文献。

5. 读秀是一部终生学习的百科全书

读秀围绕读者所要的“知识点”进行检索，就通过相关词条（定义）、图书、期刊报纸、文档、学位论文、会议论文、课程课件、考试辅导、专利、视频、人物、更多相关、更多搜索等频道，将搜索结果送到读者面前，通过这些密切相关的文献资料，读者完全可以对该知识从了解、熟悉到精通。

网络的便捷改变了读者获取信息的方式，只要会搜索、会利用，什么知识、什么概念，读者完全可以在短时间内对它略知一二。一个人在一生中，可能会遇到很多以前不曾知道的，或根本没有涉及过的知识领域，对于比较简单的问题，应该利用网络的便捷优势，马上去搜索、了解、学习，从网络上找到解决问题的答案。可以说，读秀是一部值得终生学习的百科全书。

五、图书检索

读秀整合了中文图书资源，实现了单位纸质图书、电子图书的统一检索和文献服务，并提供了丰富的图书揭示信息（封面页、书名面、版权页、前言页、目录页、部分正文页），实现了图书的目次检索，使读者通过检索目次知识点来准确查找图书。

“图书”频道是超星的主要频道，提供了“图书频道（检索框和检索字段）、分类导航、高级检索、专业检索”4 个找书途径，图书频道提供搜索图书的 4 种途径如图 4-8 所示。

（一）用分类导航查找书

分类导航入口在首页“图书”频道搜索框右侧，单击“分类导航”进入下级页面，如图 4-9 所示。系统提供两种入口：

图 4-8 “图书”频道提供搜索图书的 4 种途径

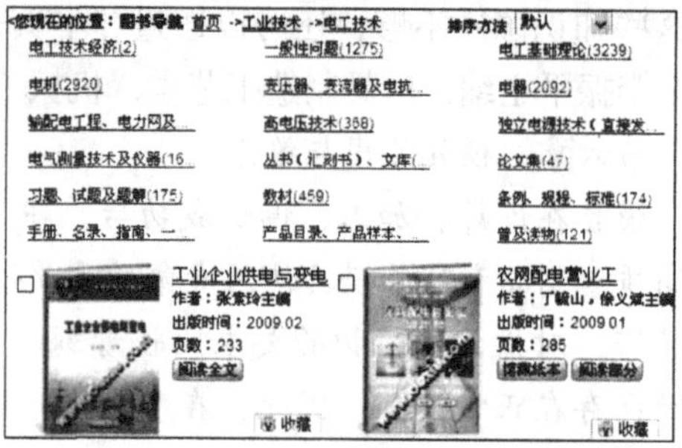

图 4-9 用分类浏览进入的页面

（1）从分类导航进入浏览图书：分类导航是按照《中图法》进行分类的，通过列表逐级对图书进行浏览。可以一级级深入，直到找到所需的图书为止。用分类浏览进入的页面如图 4-9 所示。

（2）输入关键词搜索图书

图 4-10 检索深入到图书的目录中

【例 4-3】 查找“汶川大地震”方面的图书。

方法为：①选择图书频道；②系统默认全部字段；③输入关键词“汶川大地震”；④单击“中文搜索”，就得到如图 4-10 所示页面。检索深入到图书的目录中，这在传统搜索中是无法做到的。

图书检索深入到章节，实现基于内容的检索。读秀突破传统模式的局限，检索结果不仅只限于书名、作者、主题词等 MARC 字段，而是围绕关键词深入到章、节、目录，直至全文之中进行检索。通过基于内容的检索，提示图书丰富的知识内容。

（二）通过“图书”频道查找书

“图书”频道检索步骤：①选择“图书”频道；②默认全部字段；③填写检索词；④单击“中文搜索”。

【例 4-4】 查找“汶川大地震”方面的图书。

方法为：①选择“图书”频道；②默认“全部字段”，③输入关键词“汶川大地震”；④单击“中文搜索”。读秀默认将从 370 万种中文图书的基本信息和 3 亿个图书章节中寻找，这次共找到与“汶川大地震”相关的中文图书 642 种，其页面如图 4-11 所示。

检索结果及生成的相关信息：

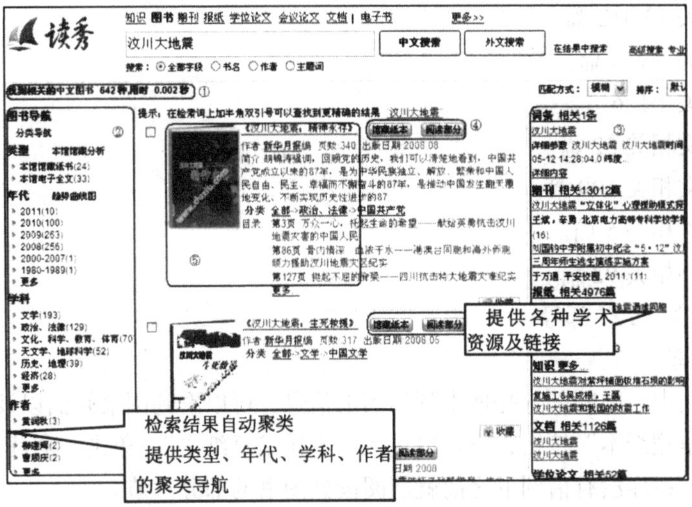

图 4-11　搜索到与“汶川大地震”相关的图书信息

1. 找到相关中文图书 642 种

2. 页面左侧聚类信息

（1）类型本馆馆藏分析。①本馆馆藏纸书 24 种；如果要获取这本纸质图书，可以单击“本馆馆藏纸书”按钮，进入到“图书馆馆藏信息”，了解书目信息，通过图书馆借到此图书。

②本馆电子全文 33 种；单击“本馆电子全文”按钮，可以链接到本馆的电子图书页面。

（2）年代聚类和趋势曲线图。单击趋势曲线图可以生成如图 4-12 所示的“汶川大地震”学术发展趋势图。

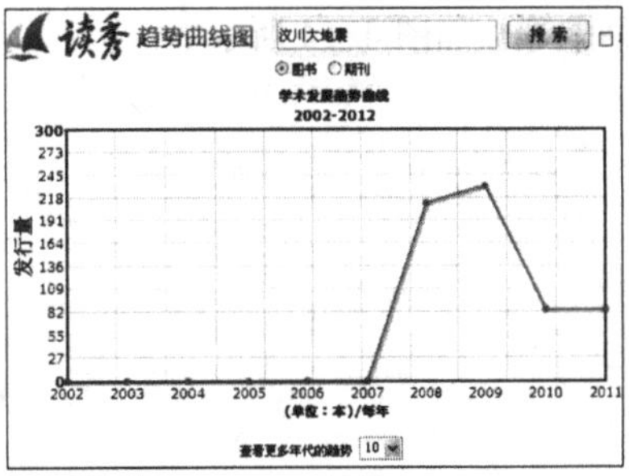

图 4-12　“汶川大地震”学术发展趋势图

从图 4-12 可以看出，2008 年汶川大地震后，引起了众多学者的高度关注，绝大多数文献都出版于这个时期之后。2008（256）、2009（263）、2010（100）。

（3）学科聚类。它包括文学（193）、政治、法律（129）、文化、科学、教育、体育（70）、天文学、地球科学（52）、历史、地理（39）、经济（28）。

（4）作者聚类。黄润秋（3）、李永新（3）等。

有三种方式可缩小搜索范围：①通过左侧的“类型、年代、学科和作者”等聚类方式缩小搜索范围；②通过右上方的“在结果中搜索”；③精确定位搜索范围。

3. 页面右侧提供相关文献信息及链接

读秀凭借先进的检索技术，整合文献服单位各种资源，帮助读者扩大知识搜索的范围。读者在一次搜索后，可以同时获得围绕知识点多角度、全面的学术信息。在海量的学术资源库前端为广大读者打造一个崭新的学术检索工具。

（1）词条相关 1 条。

（2）图书相关 642 种。

（3）期刊相关 13 012 篇。

（4）报纸相关 4 976 篇。

（5）文档相关 1 126 篇。

（6）学位论文相关 52 篇。

（7）会议论文相关 199 篇。

（8）课程课件相关 5 篇。

（9）考试辅导相关 92 篇。

（10）视频相关 3 227 部等。

4. 主页面信息

搜索结果页面中，中间部分是搜索到的图书信息，可以看到图书封面以及目录。

（1）单击“馆藏纸本”按钮，就可以进入“本馆馆藏纸书”；单击“阅读部分”可以阅读到图书的部分内容，在你没有借到书之前就能阅读到图书的部分章节。

（2）检索结果是封面和图书相关信息，其中一条如图 4-13 所示。

读秀这种深入到章节、页面的搜索功能，极大地扩大了读者查找图书的范围。单击书名和封面超链接，显示的是图书的详细信息，如作者、出版日期、ISBN 号、页数、内容摘要、作者简介等，如图 4-14 所示。

图 4-13 《汶川大地震：精神永存》封面和图书相关信息

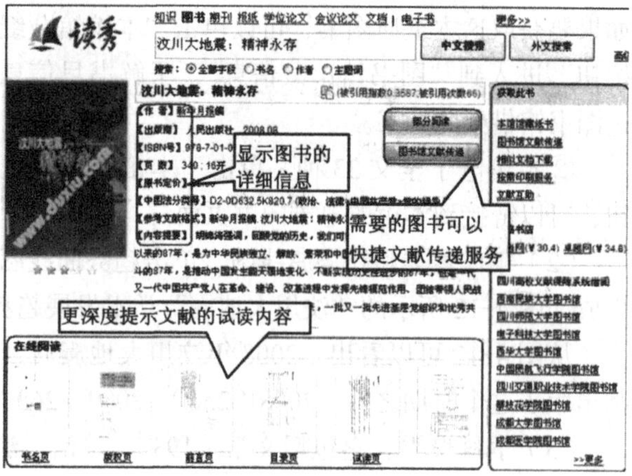

图 4-14 该图书更详细的信息

（3）读秀还提供了书名面、版权页、前言页、目录页以及部分正文页的试读，让读者在借到图书之前，就对图书的内容进行了全面的了解，这是传统 MARC 不能做到的。

（4）获取全文。如果本馆有电子书，则显示有“阅读全文”按钮；如果没有则显示“部分阅读”，需要的图书可以通过“图书馆文献传递”获取快捷的文献传递服务。

（5）获取此书。右侧列出了更多“获取此书”的途径，如“本馆馆藏纸书”、“图书馆文献传递”、“相似文档下载”、“按需印刷服务”、“文献互助”等。

（6）如果本馆没有纸质图书，也没有电子书，可以通过右侧所在地区的“四川高校文献保障系统借阅”栏目，可以帮助读者了解其他图书馆对这本图书的馆藏情况，如“西南民族大学图书馆、四川师范大学图书馆、电子科技大学图书馆、西华大学图书馆、中国民航飞行学院图书馆、攀枝花学院图书馆、成都大学图书馆”等。例如，单击“成都大学图书馆”查看其他图书馆详细藏书信息，如果需要还可以通过“馆际互借”渠道借阅其他图书馆图书。成都大学图书馆目录信息如图 4-15 所示。

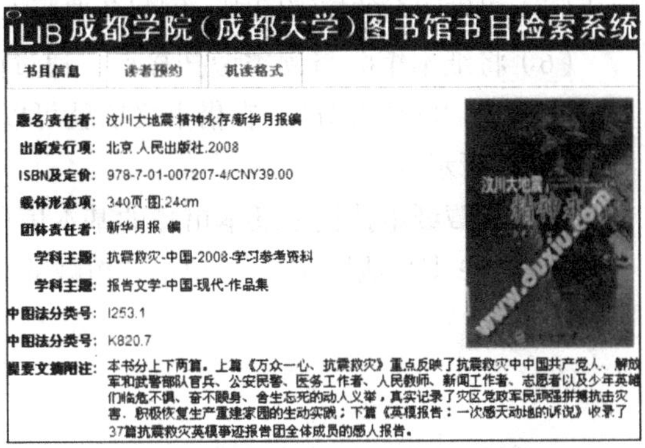

图 4-15　成都大学图书馆目录信息

（7）还可以通过单击“图书馆文献传递”按钮，或网页左侧“图书馆文献传递中心”获得，方法是填写咨询文献传递申请表单，输入文献传递的页码，填写读者正确、有效的 E-mail 地址，提交成功后，系统会将文献内容通过 E-mail 自动发送到读者的邮箱。读者打开邮箱，就可以看到所需要的图书内容，单击链接，就可以阅读。这个过程相当于借阅了此书，在 20 天有效期内，可以 20 次阅读和摘录，超过规定期限，链接失效，相当于此书归还了。

（三）通过高级搜索查找图书

高级检索是提高图书查准率的一项有效方法，读秀图书高级检索界面如图 4-16 所示。

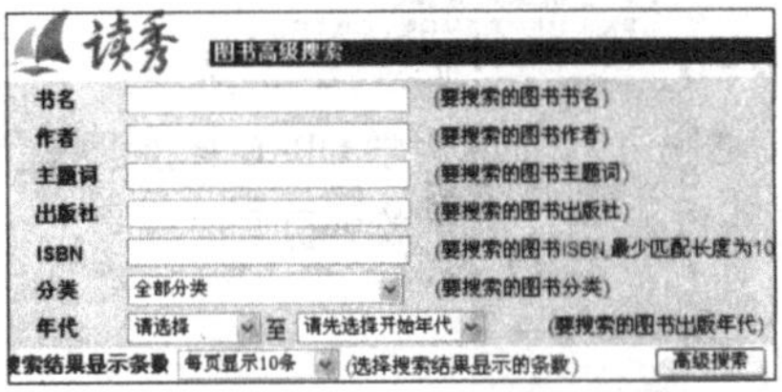

图 4-16　读秀图书高级检索界面

高级检索是一个照单填空的过程，从“书名、作者、主题词、出版社、ISBN、分类（选择）、年代（选择）”等字段，逐一限定条件，使得图书检索结果定位得更加精确。

实际操作时，读者能填多少就填多少，每多填一个空，就缩小一个范围，空填得越多，检索到的文献就越精确。如果确实不能填入多个字段，也可以再输入一个或者两个字段，或者就在书名框中输入一个关键词，单击“高级搜索”，也能找到满足输入条件的书。如果检索的结果太多，可以进行二次搜索；或者使用“在结果中搜索”功能，实际上这是一个把复杂工具简单化的过程。

（四）读秀图书频道的特点

（1）读秀学术搜索的最大特色是可深入到图书的目录中。

（2）260 万种书均提供在线试读，通过试读目录等，读者就知道图书的内容。

（3）提供本馆的电子书挂接服务，本地有电子全文的即可直接阅读全文。

（4）提供文献传递服务。

为了保护作者版权，读秀采用局部使用模式，每本图书的咨询都有自己的规则。例如：①每本图书单次咨询不超过 50 页，同一图书每周的咨询量不超过全书的 20%；②所有咨询内容有效期为 20 天。

（5）提供图书的按需印刷、网络免费版本等链接。

（6）将纸本馆藏与读秀做挂接后，通过读秀的章节和全文搜索，读者即可找到本地纸本馆藏。单击“阅读部分”，在借书之前就可以看到封面、版权页、目录等内容，纸本馆藏挂接如图 4-17 所示。

（7）馆藏纸本挂接：纸本馆藏的基本信息（书名、作者、出版社、出版年、ISBN、页数、价格、OPAC 书目地址样本）。单击“馆藏纸本”进入本校图书馆的书目数据库系统，如图 4-18 所示。

图 4-17　纸本馆藏挂接

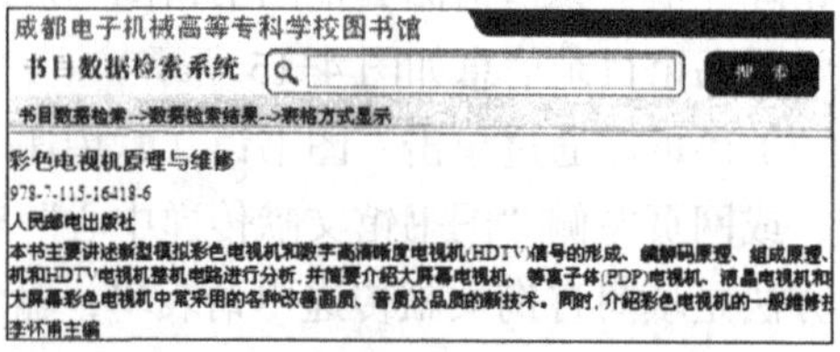

图 4-18　本校图书馆的书目数据库系统

（8）OPAC 挂接读秀：传统的 OPAC 只能搜索到文献的基本信息。读秀提供一个接口给 OPAC，即读秀的图书封面和详细信息页面接口。OPAC 技术人员稍做修改，即可在 OPAC 中直接显示读秀图书封面并链接到读秀的图书详细信息页面（方便读者试读等），通过 OPAC 即可领略现场翻书的体验。图 4-19 所示是北京大学 OPAC 挂接读秀之后的检索页面。

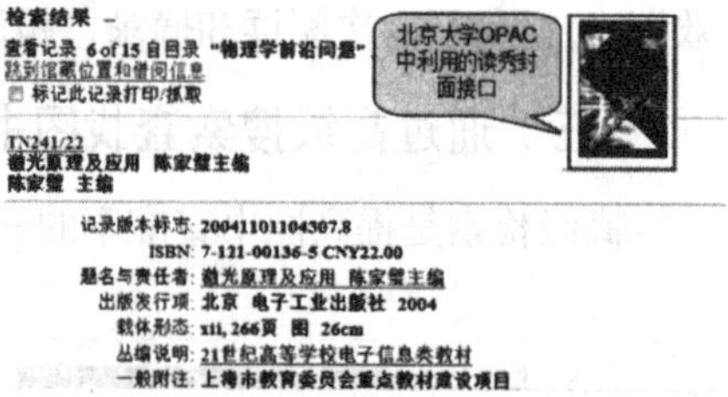

图 4-19　北京大学 OPAC 挂接读秀之后的检索页面

六、图书检索全程实例

1. 图书检索

【例 4-5】 查找关于“怎样建设数字图书馆”的书。

登录读秀首页 http://www.duxiu.com；选择“图书”频道；选择“书名”途径；在检索框中输入检索词：“怎样建设数字图书馆”，单击“中文搜索”；得到如图 4-20 所示页面。

单击封面或书名链接，进入图 4-21 所示的该书的详细信息页面。

可以单击“部分阅读”按钮，阅读该书的“书名面、版权页、前言页、目录页以及部分正文页”等内容。但是，要获取更多的全文，可以通过“图书馆文献传递”获取。

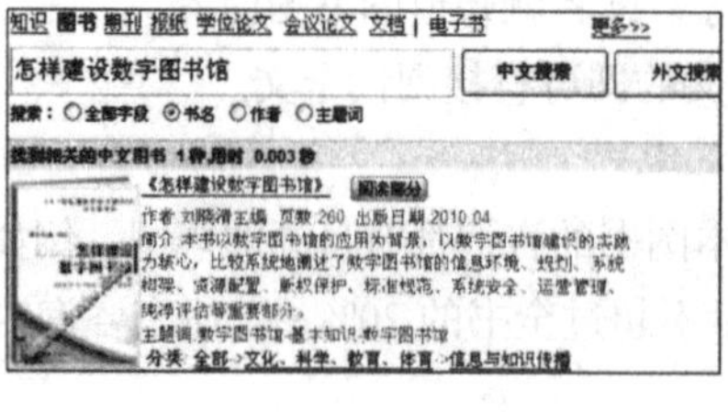

图 4-20　搜索到的“怎样建设数字图书馆”页面

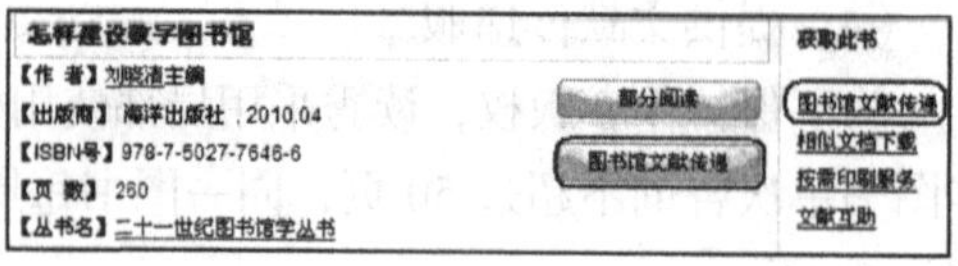

图 4-21　该书的详细信息页面

2. 通过文献传递获取全文

文献传递是读秀最主要的免费服务方式。文献传递就是图书馆参考咨询中心通过 E-mail，快速准确地将读者需要的资料发送到读者的邮箱，为读者提供全文服务。

（1）单击“图书馆文献传递”，进入“图书馆参考咨询服务”页面。图书馆参考咨询申请表单如图 4-22 所示。

（2）认真仔细填写咨询申请表单。

要认真填写 3 个信息：正文页码、E-mail 和验证码，以确保提交无误。最后单击“确定提交”即可。单击“确认提交”后，系统会提醒读者填写的邮箱地址是否准确无误，系统提醒核对邮箱如图 4-23 所示。

图 4-22　图书馆参考咨询申请表单

图 4-23　系统提醒核对邮箱

如果有错，马上改正还来得及，只有单击“确定”后，系统才按照读者的要求，自动把读者需要的文献发给读者指定的邮箱。咨询提交成功提示如图 4-24 所示。

咨询提交成功后，马上去打开邮箱，将会收到一封新邮件，如图 4-25 所示。

图 4-24　咨询提交成功提示

图 4-25　收到一封新邮件

打开邮件之后，进入咨询图书链接页面，如图 4-26 所示。

3. 阅读全文摘录文字

该链接页面是咨询图书的基本信息和咨询有效期 20 天，只允许打开 20 次的提示信息。单击“怎样建设数字图书馆 15～60 页”链接，即可阅读读者所需文献。图书正文页面如图 4-27 所示。

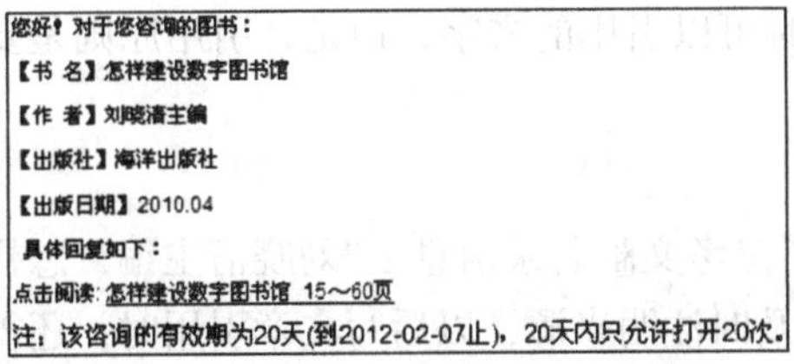

图 4-26　咨询图书链接页面

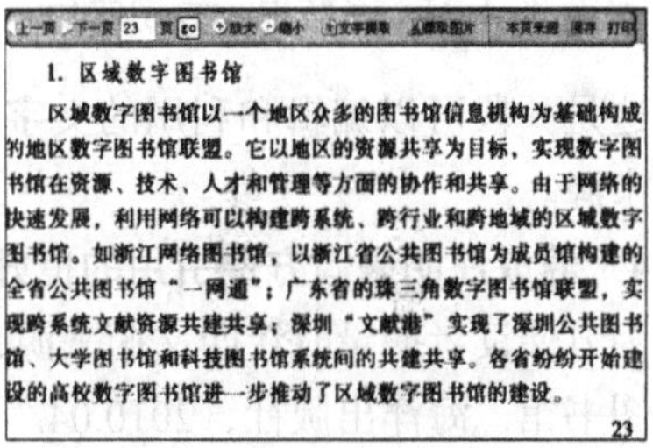

图 4-27　图书正文页面

这是在邮箱中打开的图书阅读页面，并不是使用超星专用阅读器打开的，所以界面有所不同。在页面最上方有一排功能按钮，方便读者进行各种操作，如“上一页、下一页、放大、缩小、文字提取、截取图片、本页来源、保存、打印”等可供选择。

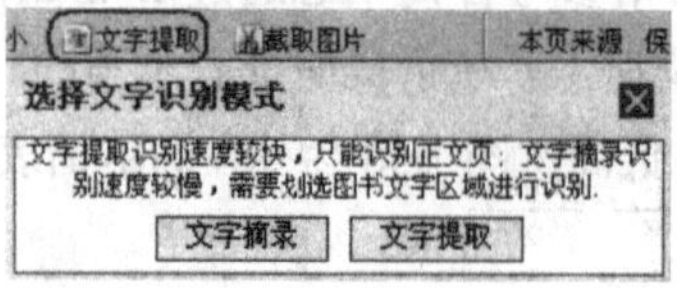

图 4-28　文字提取说明页面

如果要对感兴趣的某段文字摘录，可以单击“文字提取”按钮，会弹出图 4-28 所示页面。

根据提示“文字提取识别速度较快，只能识别正文页；文字摘录识别速度较慢，需要画选图书文字区域进行识别”。选择“文字摘录”，画选需要摘录的文字区域，如图 4-29 所示。

单击“确定”后，系统将图片形式的文字，经过“OCR”文字识别系统，转换成可编辑的数字文字，如图 4-30 所示页面。

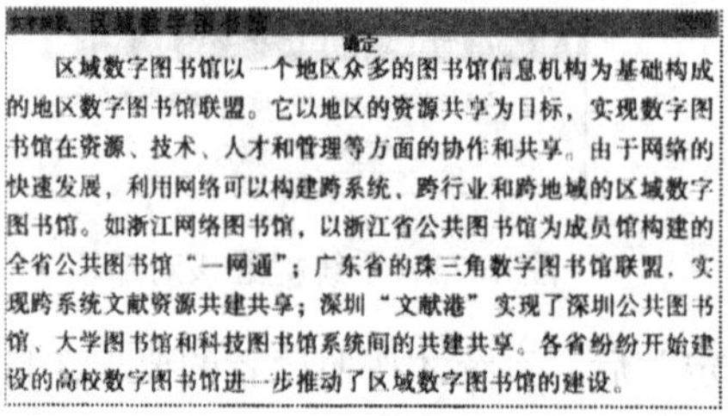

图 4-29　画选需要摘录的文字区域

图 4-30　“OCR”文字识别后的数字文字

单击“复制”按钮后，系统会提示“复制成功”字样，如图 4-31 所示。

单击“确定”按钮后，可以复制到 Word 文档（或者记事本）。方法是打开 Word 文档，按粘贴命令的快捷键“Ctrl+C”，摘录的文字就复制到了 Word 文档，如图 4-32 所示。

图 4-31　系统提示复制成功

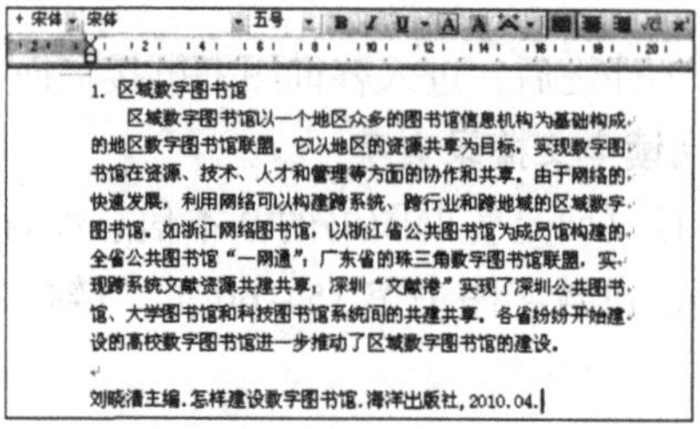

图 4-32　摘录文字复制到 Word 文档

这是一段可以编辑和利用的文字，是写文章时可以引用的文字，但是，引用原则是要注明文章来源。

4. 养成注明来源方便引用的良好习惯

为方便读者摘录时注明文摘来源，系统提供了参考文献著录信息：“刘晓清主编. 怎样建设数字图书馆. 海洋出版社，2010.04.”如果此时不及时注明来源，以后写文章引用时，还得重新去查找这段文字的出处。这是很费时间的。

所以，应该养成阅读的良好习惯。为了尊重作者的劳动，在写作时可以引用这段文摘，但是一定要及时注明文摘来源，以便以后引用时注明出处。

5. 查看“我的咨询”

在图书馆参考咨询服务页面，可以单击“我的咨询”，然后在输入框填写读者咨询时使用的 E-mail，以查看读者自己的咨询记录。“我的咨询”页面如图 4-33 所示。

图 4-33 “我的咨询”页面

七、读秀的使用技巧

1. 搜索词的选择技巧

搜索词尽量不要太短、太普通，如只搜索“经济”、“中国”这样的词，会因结果太多而成为无意义搜索。尽可能用相对准确的、较长的专业词，或者多个词搜索。

2. 读秀的搜索语法

（1）逻辑“非”。在要排除的（不希望在结果的标题中出现的）关键词前加空格再加半角减号，如“数字图书馆 - 高校”。

（2）在知识频道，可用“time：”+ 数字年份，用于命中某年的资料；用书名作为关键词，用于命中某本书。

3. 扩大、缩小搜索范围的技巧

（1）扩大搜索范围 ①搜索结果太少或者没有，要充分利用右侧相关信息，查看其他文献类型是否有命中的结果，或者改变搜索方式为“模糊”、利用搜索结果页面顶端和底端上提供的外文关键词（还有近义词、相关搜索词）、手工将所搜索的关键词用空格分开（去掉个别字），以便扩大搜索结果；②搜索会议论文时，如果搜索结果没有或太少，可直接用标题在“知识”频道中尝试搜索一下，很多可命中且可全文阅读；③无论什么文献，如果搜索结果没有或太少，可直接用标题在“文档”频道中尝试搜索一下，很多可命中且可下载全文。

（2）缩小搜索范围 搜索结果太多，要充分利用左侧的聚类，或改变搜索方式为“精确”、在结果中搜索、高级搜索、将搜索条件的“全部字段”改为标题作者等特定字段，以便缩小范围。

任务2 Apabi数字资源平台

一、数据库简介

北京方正阿帕比技术有限公司（以下简称“方正阿帕比公司”，www.apabi.cn）是方正集团旗下专业的数字出版技术及产品提供商。方正阿帕比公司自 2001 年起进入数字出版领域，在继承并发展方正传统出版印刷技术优势的基础上，自主研发了数字出版技术及整体解决方案，已发展成为全球领先的数字出版技术提供商。

方正阿帕比公司为出版社、报社、期刊社等新闻出版单位提供全面的数字出版和发行技术解决方案。目前，我国 80% 以上的出版社在应用方正阿帕比（Apabi）技术及平台出版发行电子书，每年新出版电子书超过 6 万种。阿帕比（Apabi）电子书产品已在全球 3 000 多家学校、公共图书馆、教育城域网、政府、企事业单位等机构应用，全国多家报社的 300 多份报纸应用方正阿帕比数字出版技术发行数字报。

二、检索指南

1. 进入 Apabi 数字资源平台

Apabi 数字资源平台主页（http://ref.lib.apabi.com/Default2.asp? lang=gb）如图 4-34 所示。

图 4-34　Apabi 数字资源平台主页

2. 下载安装 Apabi Reader 阅读器

使用 Apabi 数字资源，需要下载安装 Apabi Reader 阅读器。进行登录后，单击“方正 Apabi Reader 下载”，下载并安装最新的 Apabi Reader，就可以选择电子资源，下载阅读了。

三、检索方式

1. 快速检索

系统提供的检索途径有书名、责任者、主题/关键词、摘要、出版社、年份、全面检索、全文检索等。Apabi 快速检索如图 4-35 所示。

（1）检索步骤　选择检索项，输入检索词，单击“查询”按钮，迅速查到要找的书目。检索结果可选择“图文显示”或“列表显示”。图 4-36 是快速检索到的书目信息及列表。

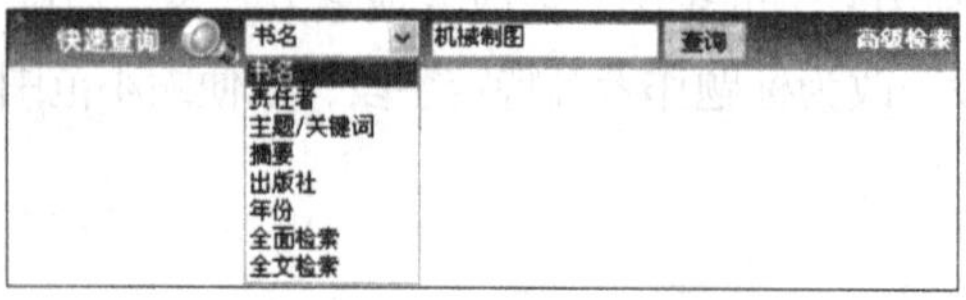

图 4-35　Apabi 快速检索

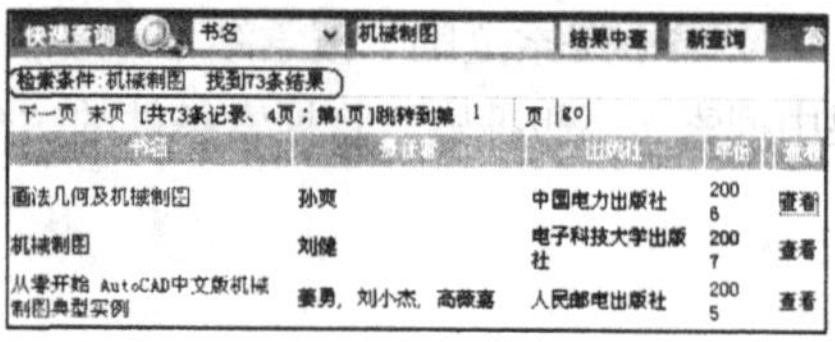

图 4-36　快速检索到的书目信息及列表

（2）二次检索　系统提供了二次检索功能，即在对初次检索结果不满意时，还可以进行二次检索（即在结果中查）；如果选择“新查询”，则重新开始一个新的检索。

单击书目后面的“查看”可得到详细的书目信息。

2. 高级检索

高级检索可以输入较多的检索条件，如书名、责任者、出版社等更多的限止条件，使检索结果更加符合要求。高级检索分为“本库查询”和“跨库查询”。

（1）本库查询　单击主页“高级检索”，出现“本库查询”页面，如图 4-37 所示。

检索过程：①在下拉列表中选择检索项；②输入与检索项相关的检索词；③各检索词之间可以用逻辑关系“并且”或“或者”进行连接；④所有的选项设置完成后，单击“查询”开始高级检索；⑤检索结果可选择图文显示或列表显示。单击“关闭高级检索”可结束检索。

（2）跨库查询　跨库查询是在一个或者多个资源库中进行查找。跨库检索页面如图 4-38 所示。

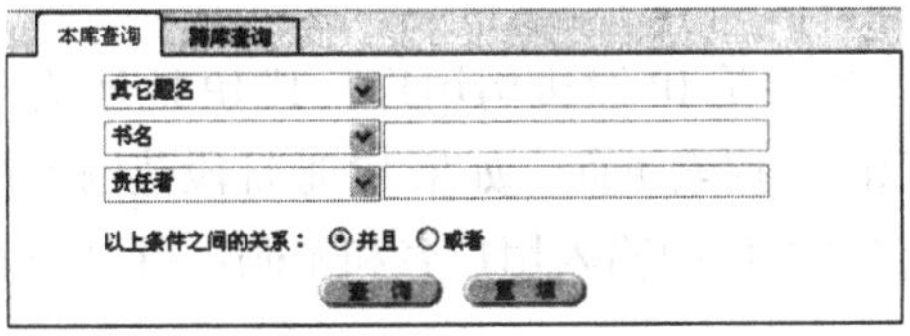

图 4-37　本库查询页面

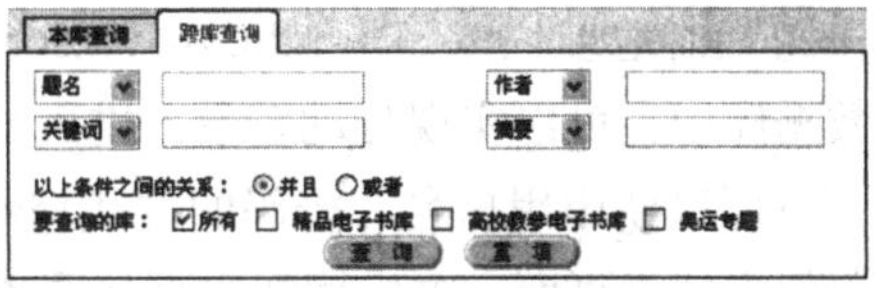

图 4-38　跨库检索页面

跨库查询时需要复选要查询的库，可选择所有库，或者精品电子书库，或高校教参电子书库等。其他项与“本库查询”相同。

3. 分类检索

系统为用户提供了《中国图书馆分类法》和分类浏览，分类浏览查找图书如图 4-39 所示。

其方法是单击类别名，页面会显示当前库该分类的所有资源的检索结果，并显示该类图书有多少条，并提供了“图文”或“列表”或“缩略图”的单项选择。图 4-39 是通过分类途径查找图书的示例，是《中图法》中“工业技术 / 无线电电子学、电信技术 / 基本电子电路”的图书的列表显示，共有 360 条信息。

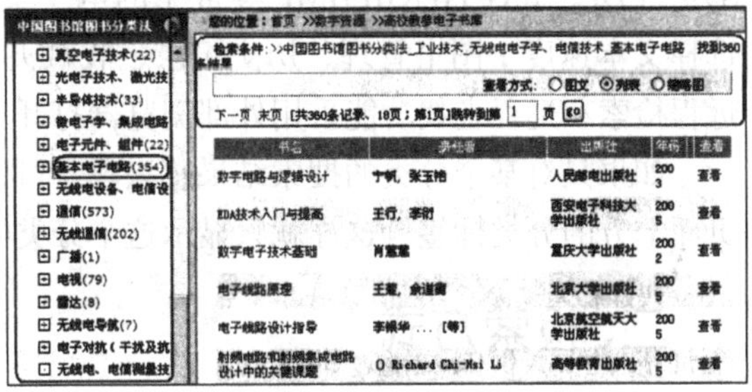

图 4-39　分类浏览查找图书

4. 在线浏览与下载

在线浏览是指用户登录系统后，可以在一定的时间内在线浏览任何一本书（包括已借完的）。单击“在线浏览”按钮，将启动 Apabi Reader 下载该资源。但该资源不进入文档管理器，且只有在规定的时间内可以阅读。在线浏览的用户数受权数的限制。

单击“下载”按钮，将启动 Apabi Reader 下载该资源。资源被下载到本机，下载占用资源复本数。当资源的复本数被借光了，原“下载”按钮将变为“预约”按钮。

任务3　书生数字图书馆

一、简介

书生资源门户向用户提供海量、专业、统一的中外期刊、图书、论文、报纸、视频、标准、百科，以及各种主题数据库（法律、经济、教育）等专业学术资源的搜索和浏览服务。

书生资源门户是一个学术资源的聚宝盆，目前聚合了3亿条数据、500万种中外文书目、180万种图书全文、100多万篇国外期刊全文、10万小时视频、10亿页中外文资源，并且还在不断地增加可进行聚合的数据库。

1. 书生搜吧

在浏览器地址栏，输入 http://www.souba.org，如果是IP段机构用户，其IP地址范围已经录入数据库中，可以实现自动登录，进入书生资源门户搜索页面。如果IP地址段范围不在数据库中，也可以使用用户名、密码的方式登录，在登录页面中输入用户名和密码也可以进入到书生资源门户搜索页面。书生搜吧主页如图4-40所示。

2. 下载书生阅读器

书生阅读器是书生的新一代通用电子文档阅读器，支持SEP、GW、GD、IFR、S2/S72/S92、PDF、JPG/TIF/GIFBMP等常见的电子文档格式。其7.2版优化了启动速度、关闭速度、选择文本速度；图书管理、历史纪录、收藏夹数据采用异步加载提高启动速度；图书管理中的远程检索和远程查找功能采用外部浏览器打开。

如果只对某个分类的搜索结果感兴趣，可以单击分类名称、“单击此处查看更多链接”或者页面上方的分类标签，这样就只显示这个分类的搜索结果。

二、检索方式

1. 一般检索

从图4-40可知，搜索页面列出了选定的搜索范围中所有分类的搜索结果，包含综合、图书、期刊、论文、外文论文、外刊、标准、视频、报纸、百科、法律、经济、教育所有内容，想查什么类，就选择什么类。

如果想变更搜索范围，可以在页面上方的复选框中进行钩选，然后单击“搜索”按钮。也可以在输入框中输入其他关键词，单击“搜索”按钮，或者输入检索词，按回车键重新进行搜索。图书搜索页面如图4-41所示。

图4-40 书生搜吧主页

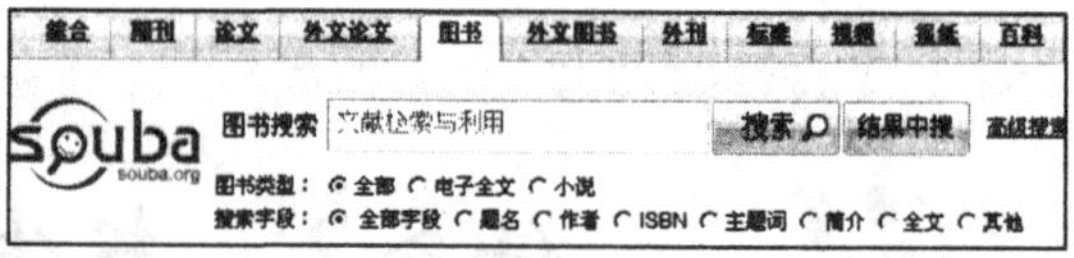

图4-41 图书搜索页面

提供图书类型：全部、电子全文、小说。

提供搜索字段：全部字段、题名、作者、ISBN、主题词、简介、全文、其他。

系统提供了在结果中搜索；图书搜索页面除了列出搜索结果的数目外，还统计出搜索结果中图书的年代分布、中图分类分布。可以手动指定年代的起止年份，也可以选择中图子分类以缩小搜索范围，更精确地查找目标。

根据图书资源的收录情况，有些图书可以提供在线阅读服务，单击“在线阅读”按钮则直接进入图书在线阅读页面。单击书名或者图书封面进入图书详细信息页面。有些图书也提供“在读吧网试读此书”、“在读吧网查看此书”的链接按钮。

2. 高级检索

单击“高级检索”，进入图书高级检索界面。高级检索界面如图 4-42 所示。

高级检索提供了“全部字段、题名、作者、ISBN、主题词、简介、全文、其他”等途径的检索；图书类型提供了“全部、电子全文”；时间限定，近 1～5 年等；搜索结果包含的关键词。

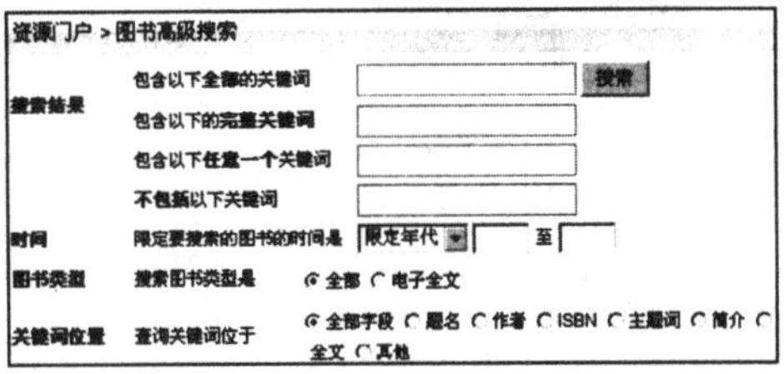

图 4-42　高级检索界面

复习思考题

1. 试述超星数字图书馆的资源。
2. 熟悉读秀学术搜索平台及用法。
3. 试用读秀的知识搜索找几本书，获得全文、阅读、下载、摘录、注明来源。
4. 试用读秀的图书搜索找几本书，获得全文、阅读、下载、摘录、注明来源。
5. 试用读秀的文献传递服务。
6. 试用 Apabi 数字资源平台检索几本书。
7. 试用书生搜吧查找几本书。

模块五　常用国内数据库

任务1　国内主要数据库

一、CNKI知识网

中国知识基础设施工程（China National Knowledge Infrastructure，CNKI）是以实现全社会知识信息资源共享为目标的国家信息化重点工程，于1995年正式立项。它由清华同方光盘股份有限公司、中国学术期刊（光盘版）电子杂志社、光盘国家工程研究中心等单位，于1999年6月在《中国学术期刊（光盘版）》（CAJ—CD）和中国期刊网（CJN）全文数据库建设的基础上研制开发的一项规模更大、内容更广、结构更系统的知识信息化建设项目。CNKI工程集团经过多年努力，采用自主开发并具有国际领先水平的数字图书馆技术，建成了世界上全文信息量规模最大的“CNKI数字图书馆”，并正式启动建设《中国知识资源总库》及CNKI网格资源共享平台，通过产业化运作，为全社会知识资源高效共享提供最丰富的知识信息资源和最有效的知识传播与数字化学习平台。主要包括知识创新网和基础教育网。知识创新网设有：国内通用知识仓库、海外知识仓库、政府知识仓库、企业知识仓库、网上研究院和中国期刊网。它的主要产品包括：中国期刊全文数据库（CJFD），中国重要报纸全文数据库（CCND），中国优秀博/硕士论文全文数据库（CDMD），中国基础教育知识库（CFED），中国医院知识库（CHKD），中国期刊题录数据库（免费），中国专利数据库（免费）。下面以中国期刊网全文数据库为例予以介绍。

1. 数据库简介

中国期刊网全文数据库是CNKI知识创新网中最具特色的一个文献数据库，也是该公司的核心产品。它是在《中国学术期刊（光盘版）》的基础上开发的基于因特网的一种大规模集成化、多功能动态学术期刊全文检索系统，收录了国内1979年以后6 600种核心与专业特色中英文期刊的全文。

内容共分为9个专辑，分别是：数理科学（理工A）、化学化工能源与材料（理工B）、工业技术（理工C）、农业、医药卫生、文史哲、经济政治与法律、教育与社会科学、电子技术与信息科学，共126个专题文献数据库（表5-1）。

表5-1 中国期刊网九大专辑及细分类目

专　辑	细　分　类　目
理工A辑	数学、力学、物理、天文、气象、地质、地理、海洋、生物、自然科学综合（含理科大学学报）
理工B辑	化学、化工、矿冶、金属、石油、天然气、煤炭、轻工、环境、材料
理工C辑	机械、仪表、计量、电工、动力、建筑、水利工程、交通运输、武器、航空、航天、原子能技术、综合性工科大学学报
农业专辑	农业、林业、畜牧兽医、渔业、水产、植保、园艺、农机、农田水利、生态、生物
医药卫生专辑	医学、药学、中国医学、卫生、保健、生物医学
文史哲专辑	语言、文字、文学、文化、艺术、音乐、美术、体育、历史、考古、哲学、宗教、心理
经济政治与法律专辑	经济、商贸、金融、保险、政论、党建、外交、军事、法律
教育与社会科学专辑	各类教育、社会学、统计、人口、人才、社会科学综合（含大学学报哲社版）
电子技术及信息科学专辑	电子、无线电、激光、半导体、计算机、网络、自动化、邮电、通讯、传媒、新闻出版、图书情报、档案

2. 数据库登录方式

首先输入网址 http://www.cnki.net，进入 CNKI 首页（图 5-1）。该页内“数据库列表”中列出 8 种数据库，分别为：中国期刊全文数据库、中国博士学位论文全文数据库、中国优秀硕士学位论文全文数据库、中国重要会议论文全文数据库、中国重要报纸全文数据库、中国图书全文数据库、中国年鉴全文数据库和中国引文数据库。由于 CNKI 的全文数据库均为收费检索数据库，对于购买了使用权的用户可以从中国期刊网中心网站注册得到账号和密码。在首页填入正式注册的账号和密码，选中购买了使用权的全文数据库，点击“登录”按钮确认，进入全文数据库检索界面。校园网用户可以直接登录校图书馆网站，在图书馆网络数据库中找到“中国期刊网”，点击登录即可，无须输入账号和密码。中国知识网登录界面见图 5-2 所示。

图 5-1　中国知识网主页

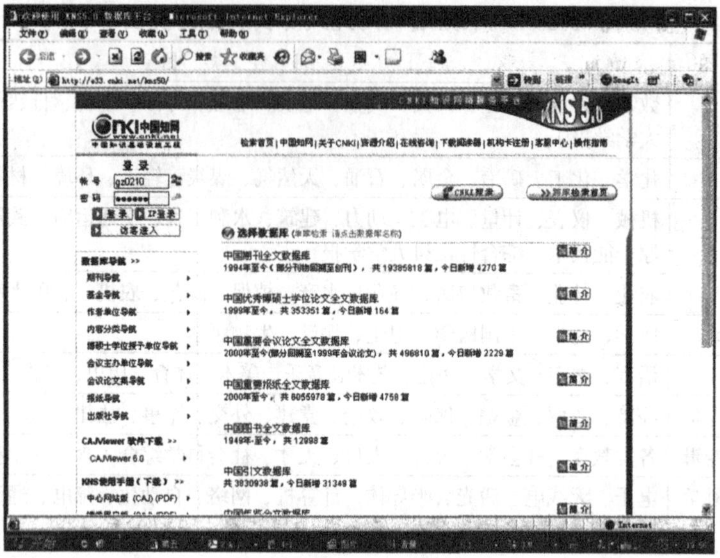

图 5-2　中国知识网登录界面

3. 检索方式

登录全文检索系统后，系统默认的检索方式即为初级检索方式（图 5-3），在主页面左侧的导航栏中进行检索。步骤如下：

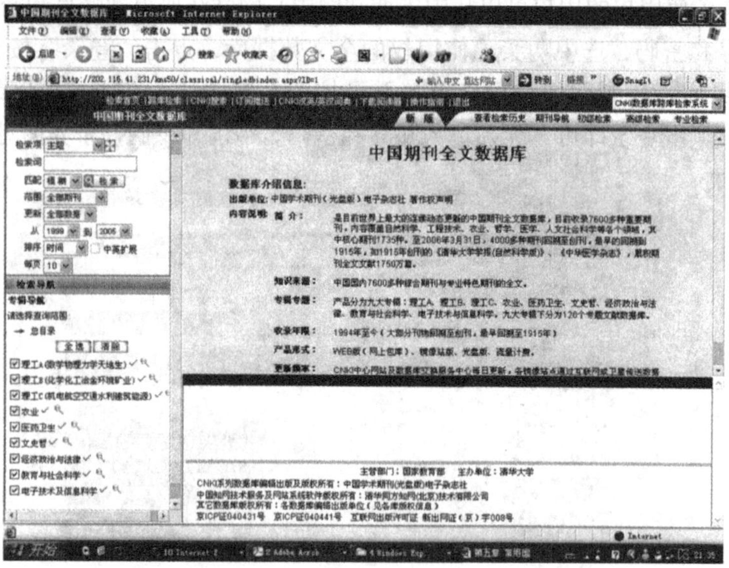

图 5-3　中国期刊网全文数据库检索界面

①选取检索类目范围。双击专辑查看下一层的类目，同样步骤操作直到要找的类目范围。在要选择的类目范围前打“√”。例如，点击“理工 A 辑专栏目录”，出现数学、力学等类目。再点击“数学”，又出现相应的下级类目，直到最后，出现数学史与数学范畴、数学理论、计

算工具三个最末的类目。双击末级类目后，系统自动进行检索，结果显示该类目所包括的全部文献。

点击过程中的目录，返回其上一层目录。点击“全选”，则每个类目都被选择。点击“清除”，清空所选的专题类目。

②选取检索字段。在“字段”（即检索项）的下拉框里选取要进行检索的字段，新版里可供检索的字段有：主题、篇名、关键词、摘要、作者、第一作者、单位、刊名、参考文献、全文、智能检索、年、期、基金、中图分类号、ISSN、统一刊号共 17 种。选择后，以下的检索将在选中的字段中进行。

③匹配方式。可以选择精确或模糊两种匹配方式。

④选择时间范围。可以选择某一确定年份，也可以选择在一段时间内进行检索（如：选择从“1998”年到“2003”年）。

⑤选择排序方式。此为对检索结果的排列。有无序、相关度、更新日期三个选项。无序：为检索结果无序排列。相关度：以检索词在检索字段内容里出现的命中次数排序。出现检索词次数越多的文献排列越靠前。更新日期：以更新数据日期最新排列，数据更新的日期越新的文献排列越靠前。

⑥输入检索词。在“检索词”文本框内输入关键词。关键词为文章检索字段中出现的关键单词，当按相关度排列时，其出现的频率越高，文献记录就越靠前排列。

⑦进行检索。点击“检索”按钮进行检索或点击“清除”按钮清除输入，在页面的右侧上部列出检索结果，点击其中一项，可以在下面的细览区列出详细信息。

⑧二次检索。一次检索后可能会有很多记录是用户所不期望的文献，这时可在第一次检索的基础上进行二次检索，二次检索是在上次检索结果的范围内进行检索，可以多次进行。这样可逐步缩小检索范围，使检索结果越来越靠近自己想要的结果。二次检索输入框设在页面右侧前次检索结果显示的上方，在“检索词”框里输入新的关键词，并在“字段”下拉框中选择二次检索的字段，点击“二次检索”按钮进行检索。

高级检索模式即在输入检索词的那一步操作中，可以输入多个检索词，各检索词输入框之间设有逻辑运算符下拉框可供选择，其逻辑算符选项有 AND、NOT 和 OR。在全文检索系统的主页右上方页面转换工具条中点击“高级检索”，即可切换到高级检索界面。在高级检索中同样设置了二次检索的功能。

4. 检索结果处理

①原文浏览和下载。中国期刊网的文章有 CAJ 和 PDF 两种格式，分别用 CAJ 阅读器和 Adobe 阅读器阅读（如图 5-4），在中国期刊网的主页上点击“下载阅读器”即可下载安装。如果需要浏览和下载文章的原文，系统提供两种方法：一是直接点击结果显示页面右上方篇名前的“原文下载”图标；二是通过点击篇名打开下方的摘要显示窗口，然后点击该窗口中“原文下载”链接进行原文下载。两种方法都会出现一个弹出窗口，有“在文件的当前位置打开”和”将文件保存到磁盘”两种方式供选择。选择前者的话，全文浏览器会自动将全文以原貌的格式打开显示在页面上；若选择后者，则出现保存文件的窗口，系统会提示用户输入保存路径和文件名，确定后，全文文件会被存入电脑指定的位置。

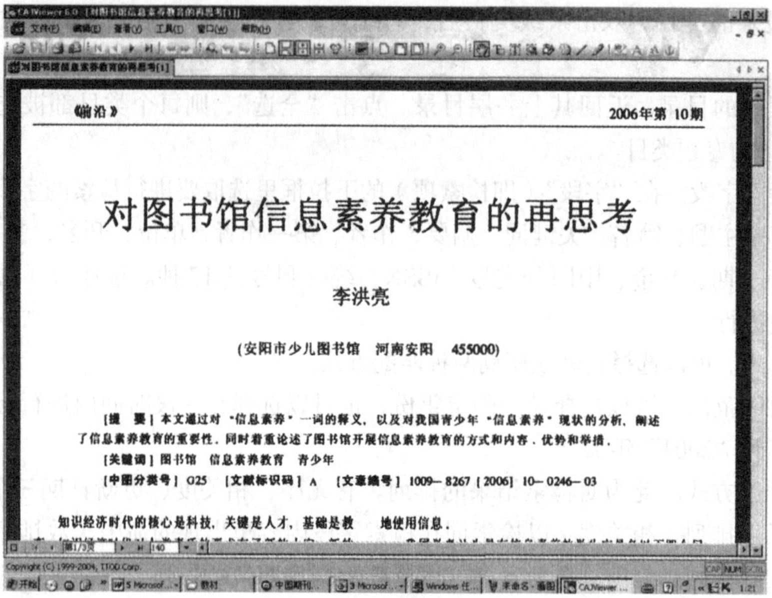
《前沿》 2006年第10期

对图书馆信息素养教育的再思考

李洪亮

(安阳市少儿图书馆 河南安阳 455000)

[提 要] 本文通过对“信息素养”一词的释义，以及对我国青少年“信息素养”现状的分析，阐述了信息素养教育的重要性，同时着重论述了图书馆开展信息素养教育的方式和内容、优势和举措。

[关键词] 图书馆 信息素养教育 青少年

[中图分类号] G25 [文献标识码] A [文章编号] 1009-8267(2006)10-0246-03

知识经济时代的核心是科技，关键是人才，基础是教 地使用信息。

图 5-4 CAJ 浏览器打开的一篇文献原文

②打印原文。打印保存过的原文时，要首先找到保存的 CAJ 格式文件，双击选中的 CAJ 文件，全文浏览器会自动打开。点击页面上方工具条中的打印机图标，然后根据需要输入必要的打印参数，点击“确定”，即可实现全文打印。打印当前正在浏览的全文时，可直接点击打印图标或从 IE 浏览器“文件”菜单中选择打印命令进行打印。

二、维普中文科技期刊数据库

1. 数据库简介

维普数据库是由国家科委西南信息中心重庆维普公司 2000 年推出的系列大型文献数据库，包括：维普中文期刊数据库（全文）数据库、中文科技期刊题录数据库、中文科技期刊引文数据库、外文科技期刊题录数据库、中国科技经济新闻数据库。

中文科技期刊数据库包括全文库、题录库和引文库，内容以科技类为主，也有部分社科门类，包括自然科学、工程技术、农业科学、医药卫生、经济管理、教育科学和图书情报七大类。全文库收录我国 1989 年至今出版的 8 000 余种科技期刊的全部原文。按学科划分为 36 个专辑、200 个专题供选择。下面以《中文科技期刊全文数据库》为例介绍其检索和使用方式。

2. 数据库登录方式

购买此数据库的高校可以通过校园网直接进入，或由维普资讯（http://www.cqvip.com）使用账号密码登录。广东网络图书馆的成员可先登录广东网络图书馆的主页（http://www.gdnetlib.edu.cn），在电子资源列表中即可看到中文期刊数据库（维普）（华师站、广东电大站），点击上述两个镜像站点之一即可进入维普中文科技期刊全文数据库主页（图 5-5）。

3. 检索方式

维普中文科技期刊数据库提供了 5 种检索方式，它们分别是：

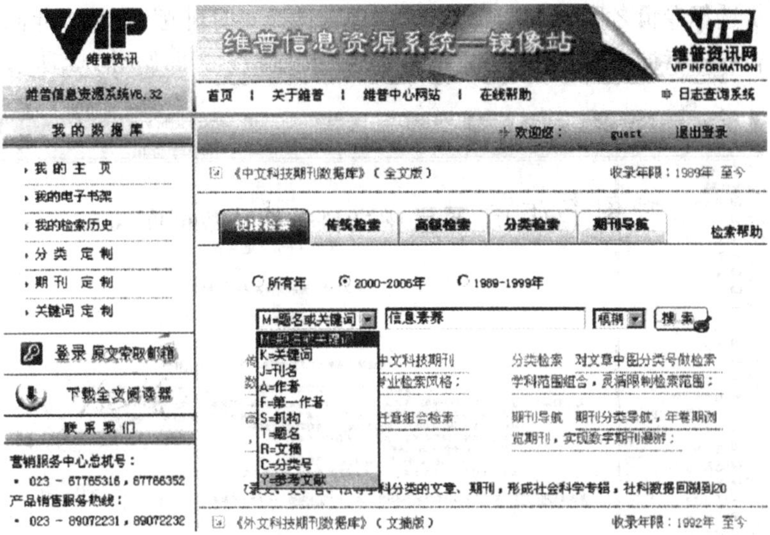

图 5-5　维普科技期刊全文数据库首页

（1）快速检索。在首页的检索框中直接输入检索式（或检索词）进行检索的方式即为快速检索。可供选择的检索途径有：题名或关键词、关键词、刊名、作者、第一作者、机构、题名、文摘、分类号和参考文献共 10 种。检索途径可通过下拉菜单选择，选定后，在其后的检索输入框中输入简单检索条件，点击检索即进入结果显示页面，可实现题录文摘的查看或下载，及全文下载功能，同时，也可进行检索条件的再限制检索或重新检索。检索结果页面如图 5-6 所示。

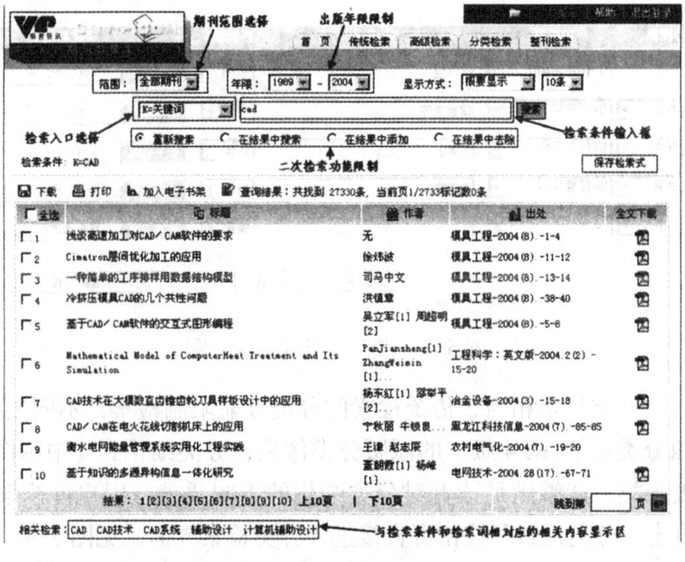

图 5-6　维普快速检索结果显示界面

（2）传统检索。原网站的《中文科技期刊数据库》检索模式，经常使用本网站的老用户可以点击此链接进入检索界面进行检索操作，可进行中刊文章题录文摘浏览、下载及全文下载。

步骤如下：(a) 选择专辑名称；(b) 确定检索选项：选择“期刊范围”和“年限”；(c) 选择检索途径；(d) 输入检索词；(e) 查看检索结果。维普传统检索界面如图 5-7 所示。

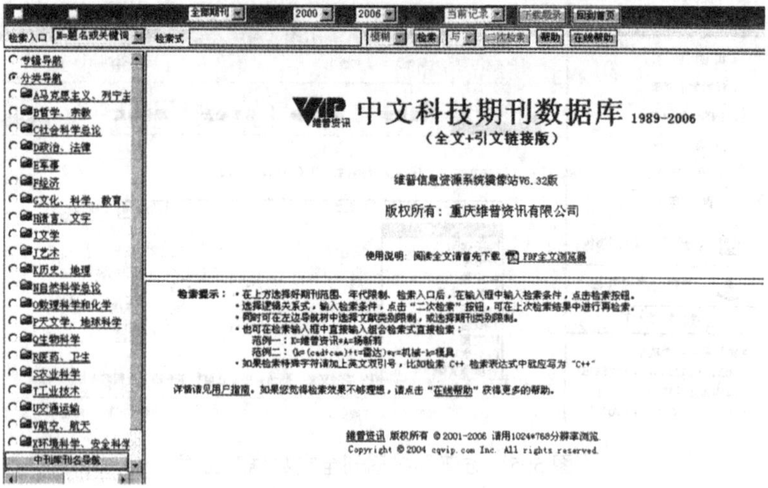

图 5-7 维普传统检索界面

（3）高级检索。提供向导式检索和直接输入检索式检索两种方式。运用逻辑组配关系，查找同时满足几个检索条件的中刊文章。向导式检索为读者提供分栏式检索词输入方法。除可选择逻辑运算、检索项、匹配度外，还可以进行相应字段扩展信息的限定，最大限度地提高了检准率。维普高级检索模式图如图 5-8 所示。

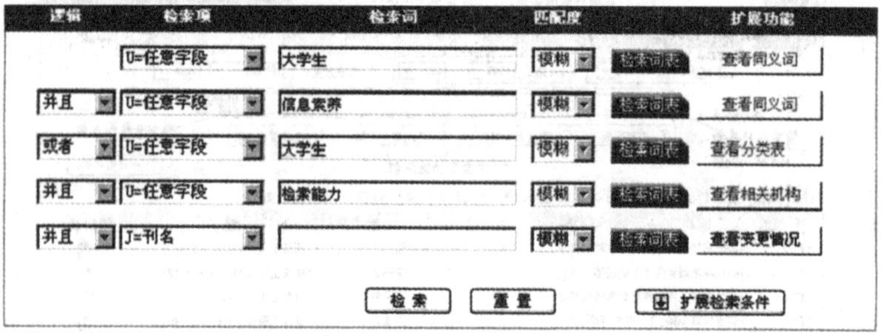

图 5-8 维普高级检索模式图

（4）分类检索。分类检索相当于传统检索的分类导航限制检索，不同之处在于：这里采用的是《中国图书馆分类法》（第 4 版）的原版分类体系，分类细化到《中国图书馆分类法》（第 4 版）的最小一级分类，能够满足读者对分类细化的不同要求，用户可按学科类别逐级进入，获取检索结果。点击“分类检索”按钮可直接进入分类检索界面。见图 5-9。

（5）期刊导航。根据期刊名称字顺或学科类别对维普公司收录的所有期刊进行浏览，或通过刊名或 ISSN 号查找某一特定刊物，并可按期查看该刊的收录文章，同时可实现题录文摘或全文的下载功能。点击“期刊导航”按钮可直接进入期刊导航检索界面。见图 5-10。

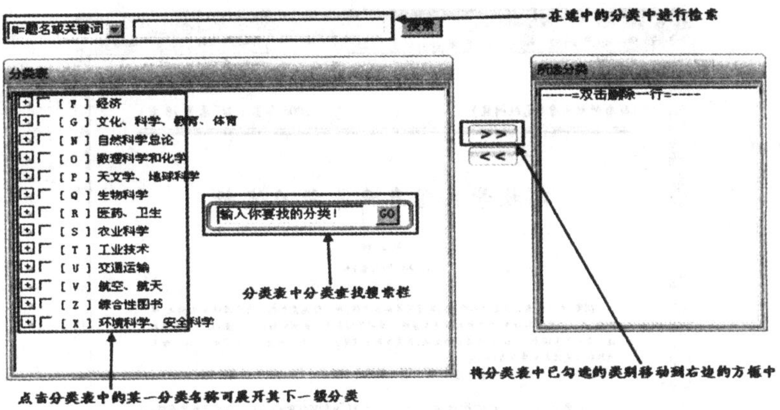

图 5-9　维普分类检索界面

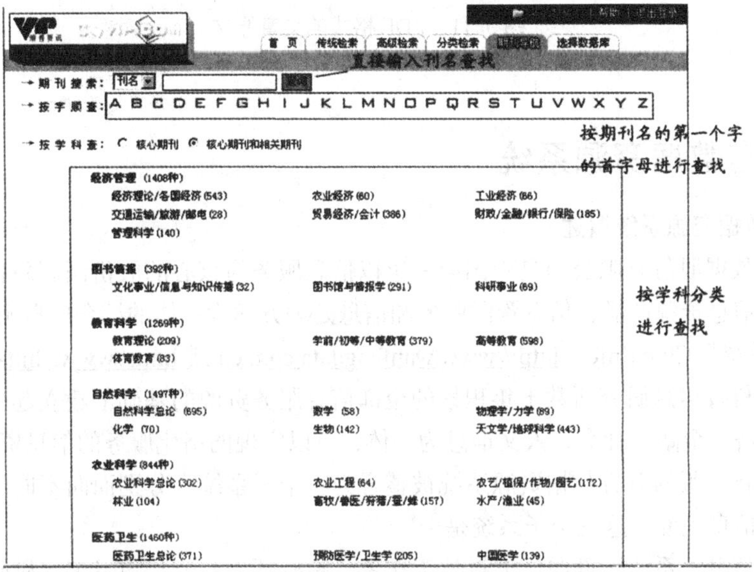

图 5-10　维普期刊导航界面

4. 原文下载和阅读

维普 1989 年至今的数据全部提供 PDF 格式（国际通用格式）全文，PDF 全文需使用 Adobe Reader（PDF 浏览器）阅读浏览，可对全文进行查找、复制、选取图片等操作。（图 5-11）如果用户想要浏览、下载和打印检索到的全文，需要预先下载 Adobe 阅读器，下载方式为：登录维普数据库网站后点击首页左侧中部的“下载全文阅读器”按钮（图 5-5），下载安装维普浏览器。安装步骤很简单，按照提示点击“下一步”即可。每个检索终端都需要安装一次。

系统提供了多种下载途径：

（1）单篇文章下载。在检索结果页面上，点击与文章对应的全文下载图标，或者在文章题录细览页面上点全文下载图标，都可以下载 PDF 格式的全文。

（2）多篇文章下载。在检索结果的概览页面上勾选文章，点击全文下载按钮，即出现文章

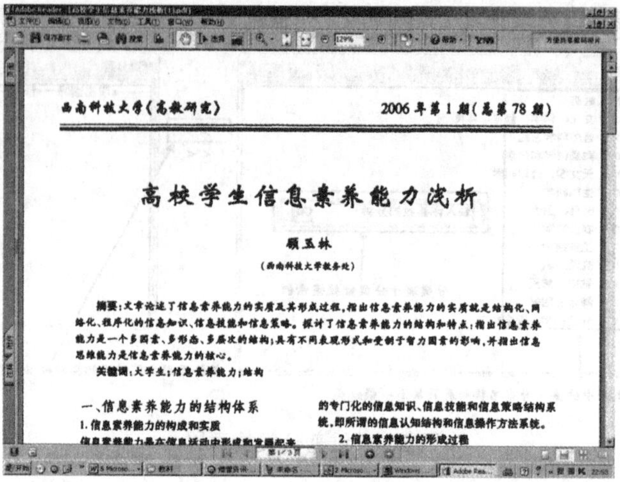
西南科技大学《高教研究》 2006年第1期(总第78期)

高校学生信息素养能力浅析

顾玉林

(西南科技大学教务处)

摘要:文章论述了信息素养能力的实质及其形成过程,指出信息素养能力的实质就是结构化、网络化、程序化的信息知识、信息技能和信息策略。探讨了信息素养能力的结构和特点:指出信息素养能力是一个多因素、多形态、多层次的结构;具有不同表现形式和受制于智力因素的影响,并指出信息思维能力是信息素养能力的核心。

关键词:大学生;信息素养能力;结构

一、信息素养能力的结构体系

1. 信息素养能力的构成和实质

的专门化的信息知识、信息技能和信息策略结构系统,即所谓的信息认知结构和信息操作方法系统。

2. 信息素养能力的形成过程

图 5-11 PDF 格式的文章原文

下载管理页面。

三、万方数据资源系统

1. 万方数据资源系统概述

北京万方数据股份有限公司是中国第一家以信息服务为核心的股份制高新技术企业，在互联网领域，集信息资源产品，信息资源服务和信息处理方案为一体的综合信息服务提供商。“万方数据资源系统”ChinaInfo（http://www.wanfangdata.com.cn 或 http://www.chinainfo.gov.cn）是该公司在中国科技信息研究所数十年积累的全部信息服务资源的基础上建立起来的，以科技信息为主，集经济、金融、社会、人文信息为一体，可以实现网络化服务的信息资源系统。

目前，全新改版的万方数据资源系统被整合为三个子系统，分别面向不同的用户，为用户提供全方位的信息服务。这三个子系统是：

（1）科技信息子系统。面向广大科技工作者、高校师生、公共图书馆、科研单位以及政府管理部门提供全方位的科技信息。子系统分“科技文献”、“名人与机构”、“政策法规”、“中外标准”、“成果专利”、“台湾系列”、“商务与贸易”和“公共信息”8 个栏目。共 110 多个数据库资源，信息总量达 1 400 多万条，年数据更新达几十万条以上。

（2）数字化期刊子系统。该系统以刊为单位上网，保留了刊物本身的浏览风格和习惯。期刊全文采用 HTML 和 PDF 两种国际通用格式上网，方便读者随时阅读和引用。所有期刊按理、工、农、医、人文、社会科学、经济管理与教科文艺等 8 大类划分，共集纳了 100 多个类目的近 5 000 多种期刊（其中绝大部分是进入中国科技论文统计源的核心期刊）。

（3）企业服务系统。面向广大工商、企业用户提供全面的商务信息和解决方案。该库以近 20 万家重要企业及其产品信息为基础，全面介绍中国企业生产现状、技术实力和发展前景。同时针对企业特点，提供以专业信息为主体，包括行业动态、产业研究为内容的完整的知识系统。主要有企业产品、企业技术、企业报告和行业知识等栏目。可按企业分类查询公司及企业的基本情况。

2. 主要数据库简介

万方数据资源系统提供了全方位的信息服务，包括期刊论文、专业文献、会议论文、学位论文、科技成果、专利数据、公司及企业、产品信息、标准、法律法规、科技名录、高等院校信息、公共信息等各类数据资源。该系统基本包括了目前国内使用频率较高的科技、商贸、法律法规等数据库，是国内最为丰富的数据库集散地之一。主要的数据库产品有：中国学术会议论文数据库；中国企业、公司及产品数据库；中国科技成果数据库；中国科技论文统计与引文分析数据库；中国学位论文数据库；中国科技文献数据库；中国科研机构数据库（中英文版）；中国科技名人数据库（中英文版）、标准类数据库、中国专利数据库等。

（1）中国学术会议论文数据库（CACP）。中国科技信息研究所自 1985 年开始收录由国家级学会、协会、研究会组织召开的全国性学术会议论文，并建成数据库。该数据库涵盖自然科学、工程技术、农林和医学等领域。每年收录 600 余个重要的学术会议，增补论文 15 000 余篇。记录内容包括：论文名称、作者和关键字等 15 个字段，论文数已超过 22 万篇。学术会议论文全文数据库既可以从会议信息（会议名录检索）进行查找，也可以从论文信息（会议论文检索）进行查找。前者的检索字段有：会议名称、全文、会议地点、会议时间、举办单位等；后者的检索字段有：论文全文、论文题名、论文作者、会议名称、时间、主办单位、关键词等。

（2）中国企业、公司及产品数据库（CECDB）。该数据库收录国内外所有制造业领域的生产性企业及大型贸易公司，20 万家企业综合信息尽收于方寸之间。历经 19 版的更新与扩充，CECDB 已成为“国内外工商界了解中国市场的一条捷径”（《人民日报》语）。从企业名称、通讯地址、注册资金、经营项目、法人代表、产品名称和商标、企业简介等 40 余个字段对企业进行了全方位立体描述。它是了解中国市场的一个最好的数据库。因此常被人们用来了解某产品的国内市场和企业的数量、经营规模和产品信息等。数据每半年更新一次。

（3）中国科学技术成果数据库（CSTAD）。中国科学技术成果数据库是国家科委指定的成果查新数据库，信息来源于经各省市、部委科技管理部门鉴定后，报国家科委的使用技术成果及星火计划成果。该数据库收录了从 1964 年到现在的化工、生物、电子、建筑等众多领域的新产品、新工艺、新材料、新设计等成果，目前已有 20 多万条记录。详细列出了成果的名称、研制单位、通讯地址及技术水平和成果鉴定部门，每年增加 3 万余条。科研单位可以用 CSTAD 进行新技术转让、成果查新或检验学术水平；工矿企业可以用 CSTAD 来咨询和改造技术、开发新产品、革新工艺。

（4）中国科技论文统计与引文分析数据库（CSTPC）。收录了 1989—1999 年 10 年间国内外权威机构认定的 1 200 多种科技类核心期刊的全部论文统计与引文分析。记录包括论文名称、作者及单位、刊名、页码等所有与论文相关的字段，论文总数高达 92 万篇。SCI、EI、ISTP 三种颇具影响的检索工具的权威认证使 CSTPC 成为集检索与统计分析于一体的最佳查询工具。

（5）中国学位论文数据库（CDDB）。中国科技信息研究所是国家法定的科技类学位论文收藏机构。中国学位论文数据库是中国科技信息研究所与万方数据公司共同研制的。此库收录了自 1989 年以来各高等院校、研究生院以及研究所向中国科技信息研究所送交的中国自然科学及工程技术领域的博士、博士后及高校硕士研究生的论文，有 36 万余条记录，每年增加 3 万余篇。专业范围涉及自然科学领域的各个专业。CDDB 充分展示了中国研究生教育的庞大阵容，从侧面反映了中国科学研究的整体水平和巨大潜力。CDDB 给出了论文题目、作者、专业、导师姓名、论文摘要、关键词等 13 个相关字段，为研究生论文选题立项提供了丰富的参考资料。

（6）中国科技文献数据库（CSTDB）。该库是在科学技术部科技信息司的主持下，联合国家部委级、中科院系统及科研院所等 40 多个信息机构共建的权威性文献数据库。涉及自然科学、工程技术、农、林、医等各个领域。该数据库记录内容包括：文献题名、文摘号、期刊名、作者、自由词、主题词等十余个字段，文献覆盖面之全、文摘率之高、时间跨度之长堪称国内第一。

（7）中国科研机构数据库（CSI）。如果说科学家的头脑是宝贵的财富，那么科研机构无疑是财富创造者们工作的阵地。中国科研机构数据库收录了中国 1 万多家科研机构的详尽信息，是查找中国科技单位的发展现状及科研成就的重要信息资源，是透视中国科技方面的绝好途径，CSI 更汇成了中华民族挑战世界科技强国的坚强脊梁。

（8）中国科技名人数据库（Who's Who）。收录了中国两院院士等中国著名科学家的个人情况、科学研究以及管理成就、专著、论文等详细资料，构成了一道中国科技名人的亮丽风景，筑造起中华民族科技强国的财富大堤。Who's Who 也成为中外友人了解中国科技名人的有效捷径。

（9）标准类数据库。包括中国国家标准、中国行业标准和美国、英国、日本、德国、法国等标准。该数据库属题录数据库，原件可到中国科技信息研究所或当地的大型图书馆或标准局索取。

（10）中国专利数据库。中国专利信息中心最初生产的是“中国专利文摘”光盘数据库，现在可以通过万方数据库链接到国家知识产权局的中国专利信息检索系统。

3. 万方科技信息子系统检索方法

万方科技信息子系统具有强大的检索功能，为用户提供准确、全面、详实、快捷的信息检索服务。利用本系统可以实现一般检索，也可以实现高级检索。一般检索可以采用字段级检索、全文检索和逻辑组配检索；高级检索支持布尔算符、相邻检索、截词检索、同字段检索、同句检索和位置检索等全文检索技术，具有较高的查全率和查准率。

（1）进入检索界面：登录“万方数据资源系统网站（http://www.wanfangdata.com.cn）”，进入到“万方数据资源系统”主页，如图 5-12 所示。

校园网用户可以直接登录本校图书馆网站，在图书馆网络数据库中文数据资源栏目下，点击“万方数据资源”链接，进入该页面。再单击万方数据资源系统主页上的“科技信息”按钮，便可进入到“科技信息子系统”界面，如图 5-13。

（2）一般检索：

数据库的默认首页是相应的一般检索界面，既可以在一个字段内执行单个或多个提问词组配检索，也可以在不同字段进行两个检索提问式的组配。其检索入口的界面如图 5-14 所示。下面以会议论文的检索为例说明。

如检索“智能建筑”方面的全国性学术会议论文：

首先，在会议论文检索部分的字段选择列表中的下拉箭头选择关键词字段，输入相应的关键词“智能建筑”，并加上同义词“住宅管理自动化”，用逻辑“或”组配。

图 5-12 万方数据资源系统主页

图 5-13 万方科技信息子系统界面

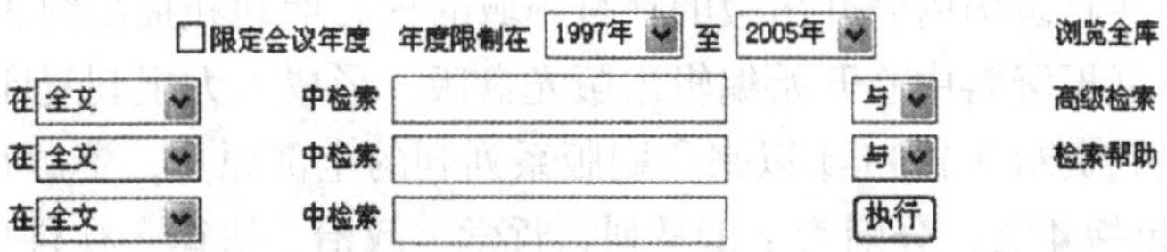

图 5-14 万方学术会议论文库一般检索入口

接着，选择会议名称字段，输入“全国”。

然后，将上下两个检索式进行逻辑“与”组配，点击“执行”即可。

若要阅读原文，继续点击命中的题名。阅读原文先下载 PDF 的阅读软件，在会议论文主页左侧就有下载链接。

一次检索结果的页面设有二次检索选择功能，可在一次检索的基础上继续进行二次检索。在字段的下拉菜单选择检索字段，输入相应的检索词，点击“二次检索”即可。

（3）高级检索：

“高级检索”需要用户建立检索表达式，可以用到的逻辑运算符有：布尔算符、字段运算符、位置算符、右截词算符等。如要检索“各种多媒体手段在远程教育中的应用”的文章，可以输入如下的检索表达式：远程教育 * 多媒体 $ + 网络教育 * 多媒体 $。其他操作步骤同一般检索。

高级检索界面见图 5-15 所示。

图 5-15 高级检索界面

任务2 其他数据库

一、人大报刊复印资料数据库

1. 概述

中国人民大学书报资料中心编选的“复印报刊资料全文”在我国一直享有盛誉，它涵盖面广，信息量大，分类科学，筛选严谨，结构合理完备，是国内权威的社会科学、人文科学专题文献资料库，共收录国内公开出版的社科领域的核心期刊和报纸约 3 500 余种。从 1995 年开始，人民大学书报资料中心开始编辑出版光盘版，形成人大报刊复印资料数据库。该库包括人大《复印报刊资料》1995 年以来印刷版系列刊的全部原文，资源每季度更新（1 张光盘），每张光盘均包括 4 类，分别为：①马列、哲学、政治、法律、社科总论类；②经济类；③文化、教育、体育类；④语言、文字、文学、艺术、历史、地理及其他类；共分为 100 多个专题。

人大报刊复印资料光盘分“全文”和“索引”两套光盘，前者全部是索引，没有全文；后者有全文。全文采用文本格式，可直接阅读并进行下载、复制等操作。

2. 数据库检索方法

进入人大复印资料全文数据库检索页面后，其上部为检索输入框，左边为数据库选择框，右边为查询结果显示框。数据库检索过程如下：

（1）选择检索数据库。数据库列表共分为4类，即经济、政治、教育、文史，每类下有不同年代季度数据库，列表中显示的每一行表示一个数据库。在要选择的数据库前打“√”即选择数据库。可以选择多个数据库同时检索（多库联检）。

（2）一般检索。单击检索框最左边选择框，弹出检索字段选择窗口，可以选择任意词和标题检索范围，在检索框内输入检索词，点击“检索”按钮进行检索。可同时输入多个检索词，检索词之间用布尔逻辑算符（“+”、“-”、“*”和“/”）连接；此外还可利用截词符进行截词检索，截词符有“？”和“！”，前者表示两词（字）之间允许隔几个字，相隔字的个数等于“？”出现的个数，最多允许出现9个“？”；后者表示两词（字）之间允许隔零个至多个字，如两词之间出现n个“！”，那么两词（字）之间可以出现0～9个字。

（3）二次检索。二次检索即在当前这次检索结果文献范围内，再给出检索条件进行检索。经过多次的二次检索，逐渐缩小文献范围，达到检索目的。在检索框内输入检索词，然后点击“二次检索”按钮即可进行检索。

（4）高级检索。选定数据库后，点击检索框的“高级检索”按钮就进入高级检索页面。共有原文出处、原刊地名、分类号、复印期号、作者和任意词等输入框。用户可根据需要在查询条件列表框中输入查询条件。查询条件跟一般检索一样，各行的条件是“*”（与）的关系。每个查询条件后面的问号帮助用户选择查询词。

（5）结果显示。当进行单库检索时，直接显示检索到的文献；当进行多库检索时，则显示每个库中检索的文献数，点击各个库中“阅读”，则显示检索到的文献。点击检索到的文献标题，就可以看到该篇文献的全文。一般情况下，检索结果的标题按照文献加载时间倒序显示，如要改变检索结果标题的显示次序，选择检索结果上“排序”按钮，则弹出一个窗口，从其字段列表中选择一个排序字段，最多可选两个，指定“升序”或“降序”排列，然后点击“排序”按钮即可按排序设置重新排列检索结果。

二、全国报刊索引数据库

1. 概述

全国报刊索引数据库，即原中文社科报刊篇名数据库，是由文化部立项、上海图书馆承建的重大科技项目，由上海图书馆《全国报刊索引》编辑部负责编辑和研制，具有文献信息量大、检索点多、查检速度快等特点。它是印刷版检索刊物《全国报刊索引》的电子版，以印刷版《全国报刊索引》为基础，但在期刊的收录数量与品种上比印刷版有所扩充，有光盘和软盘两种载体形式。

全国报刊索引数据库收录了全国哲学社会科学期刊6 000多种，报纸200余种，基本上覆盖了全国邮发和非邮发的报刊。内容涉及哲学、社会科学、科学与技术方面的各个学科。条目收录采取核心期刊全收、非核心期刊选收的原则，现年更新量约 20 余万条，自 1993 年 1 月至 1999 年 12 月累计数据已接近 140 万条，为目前国内特大型文献数据库之一。2000 年起分哲社版和科技版两个单列库发行，科技版数据收录从 2000 年开始。

数据库严格按照国家相关标准，其著录字段包括：顺序号、分类号、题名、著者、著者单位、报刊名、卷期、年月、所在页码、关键词等 10 项。2000 年开始数据分类标引，采用《中国图书馆分类法》第 4 版；主题标引参照《中国分类主题词表》。

2. 数据库检索方法

（1）选择数据库。点击“数据库”菜单，按检索课题需要选择“中文社科报刊篇名（光盘）”或“中文社科报刊篇名（最新数据）”，检索系统便打开相应的数据库。

（2）选择检索途径。在打开字段后的下拉菜单中，系统提供分类、题名、著者、出处、年份、人名、主题和文摘 8 种检索途径，用户可根据需要自行选择。其中，题名和文摘两个字段支持全文检索；其余字段为整词索引字段，可输入检索词进行完全一致或前方一致检索，前方一致的标识符为“？”。

（3）输入检索词。选定数据库后，在屏幕上弹出“索引词列表对话”框（窗口右上方）和“检索提问对话”框（窗口左下方），可在“检索提问式对话”框中输入检索词，点击“执行”按钮，也可以从“索引词对话”框中选择索引词加入到检索提问式输入区，再单击“执行”按钮。

（4）布尔检索。该系统所用的布尔算符有“-”、“*”、“+”；可用小括号以类似算术表达式的方法改变优先级，字段除汉字外皆为半角西文字符。在检索提问式中，布尔算符的左右需各加一空格。布尔算符及小括号可由键盘输入，也可用鼠标单击布尔检索对话框上的相应按钮来输入。

（5）二次检索。在一次检索结果中，可以追加一些限定条件，以进一步缩小检索范围。追加的条件可以选择在同一字段，也可以选择不同字段。

3. 检索结果的处理

当要保存和打印某些记录时，可进行如下操作：

（1）选择检索结果：用鼠标单击某些记录使其变色，成为指定记录。

（2）选择输出格式：选择“格式”菜单项下的“指定字段”条目，可调整所显示字段。

（3）打印：用鼠标单击“打印”菜单项下的“指定记录”或“全部记录”，可将指定记录或全部命中记录的内容打印出来。

（4）存盘：用鼠标单击“存盘”菜单项下的“指定记录”或“全部记录”，可将指定记录或全部命中记录的内容以文件形式输出保存。

复习思考题

1．什么是 CNKI？

2. 简述 CNKI 的检索方法。
3. 维普期刊文献检索提供了哪些检索途径?
4. 什么是人大报刊复印资料数据库? 它提供了哪些检索方法?
5. 什么是全国报刊索引数据库? 它提供了哪些检索方法?

模块六 数字特种文献及检索

任务1 使用读秀平台检索特种文献

超星公司经过多年的元数据搜集之后，元数据应该的最全的，因此，首先推荐使用读秀学术搜索平台检索特种文献；另外一个原因是检索平台非常简单。

一、读秀学术搜索简介

读秀学术搜索是一站式搜索平台，其网址为 http://edu.duxiu.com，如图 6-1 所示。

图 6-1　读秀学术搜索平台

从图 6-1 可知，所有关于中文的特种文献检索，在这个平台上都可以一站式检索完成。

利用读秀学术搜索查找到的文献，得到全文有 3 种方式：①图书馆购买了数据库，文献后面有链接，通过链接可直接得到全文；②图书馆没有购买数据库而超星资源库有收藏的，通过文献传递方式，由后台服务器自动传递到读者的邮箱；③如超星数据库没有收藏的，由人工参考咨询员传递到读者的邮箱，得到全文的时间在 0 ~ 48 小时内。

二、读秀学位论文检索

学位论文（Dissertation）是指高等院校、科研机构的毕业生和研究生，为获得相应学位，在导师指导下完成的科学研究、科学试验成果的书面报告，或者所提交的学术论文。其一般具有一定的独创性，内容系统详尽，是启迪思路，开创新领域的重要研究资料。学位论文根据所申请的学位不同，又可分为学士论文、硕士论文、博士论文三种。学位论文在格式等方面有严格要求，学位论文是学术论文的一种形式，有较高的参考价值。

1. 检索途径

读秀学位论文检索提供了“全部字段、标题、作者、授予单位、关键词”5 种途径。系统默认“全部字段”，“全部字段”的含义是包括“标题、作者、授予单位、关键词”的全部字段，此时，你可以在检索框中输入“标题、作者、授予单位、关键词”都可以检索出满足条件的结果。在实际检索过程中，多数情况下是从题名的关键词去检索文献。

2. 检索步骤

检索步骤为：①选择“学位论文”频道；②选择途径；③输入检索词；④单击“中文搜索”，即可得到结果。

【例 6-1】 从作者途径检索他的文章（了解某人发表哪些文章时常用）。

选择“学位论文”频道；默认全部字段（也可选择作者途径）；输入作者姓名；单击“中文搜索”得出结果，在不同名的情况下，一个人的学位论文最多一篇到两篇，学位论文检索如图 6-2 所示。

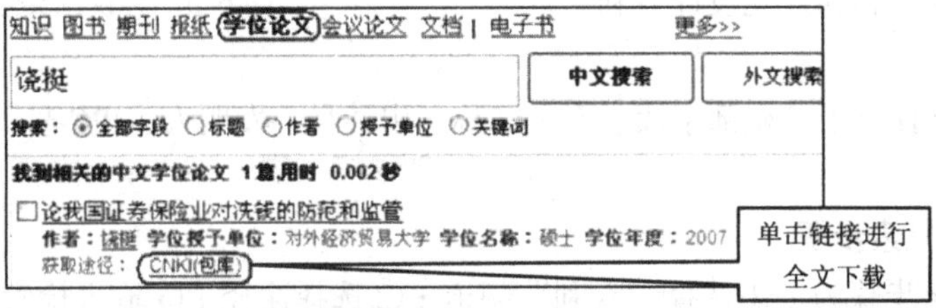

图 6-2　学位论文检索

页面上有 CNKI（包库）链接，单击链接进入在线阅读或者下载全文，如图 6-3 所示。

系统提供了 4 种方式：“在线阅读，整本下载，分章下载，分页下载”供读者选择。

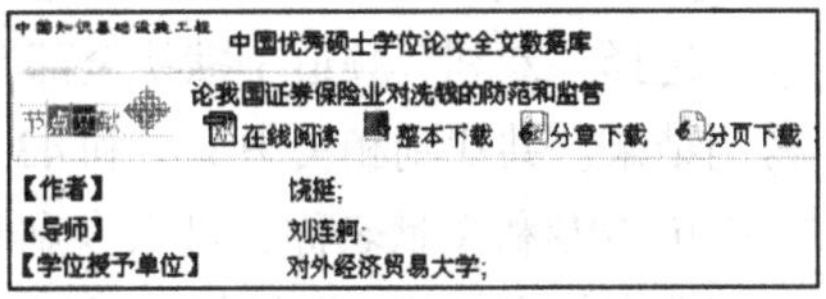

图 6-3　学位论文全文下载

三、读秀会议论文检索

会议文献（Conference Literature）是指在学术会议上和专业学术会议上宣读或交流的论文、材料、讨论记录、会议纪要等文献。会议文献是报道最新科技动向的一次文献。其特点是反映某些学科或领域的最新研究进展和成就，具有较高的研究价值，尤其通过参加相关的具有一定国际影响的学术会议，传播与交流信息均具有相当重要的作用。一般是经过挑选的，质量较高，能及时反映科学技术中的新发现、新成果、新成就以及学科发展趋向，是一种重要的情报源。

1. 检索途径

会议论文检索提供了“全部字段、标题、作者、关键词、会议名称”5 种途径。

2. 检索步骤

检索步骤为：①选择“会议论文”频道；②选择途径；③输入检索词；④单击“中文搜索”，即可得到结果。

【例 6-2】 查找“汶川大地震”方面的会议论文。

选择“会议论文”频道；系统默认全部字段；输入关键词“汶川大地震”；单击“中文搜索”，就检索到题名中包含了“汶川大地震”的会议论文 201 篇，会议论文检索如图 6-4 所示。

获取途径有“清华同方（包库）”链接，单击链接可以获得全文下载。会议论文全文下载如图 6-5 所示。

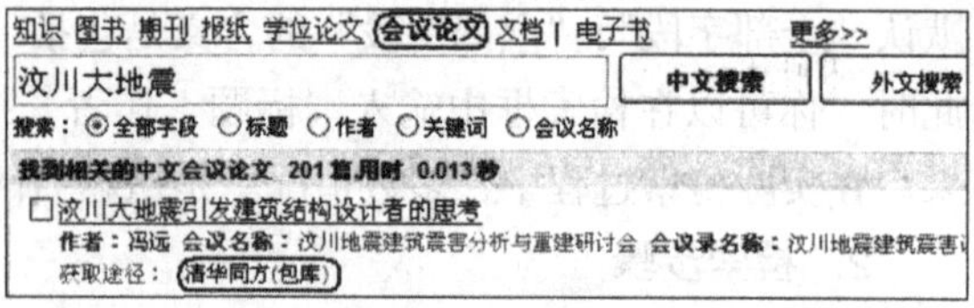

图 6-4 会议论文检索

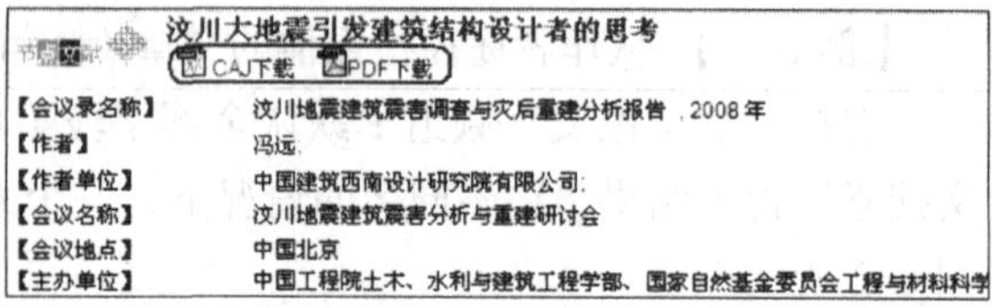

图 6-5 会议论文全文下载

四、读秀专利文献检索

专利文献（Patent Literature），广义的专利文献是指一切与专利制度有关的文献，如专利说明书、专利公报、分类表、索引、专利的法律文书等。狭义的专利文献是指专利说明书。我国专利法中规定专利的种类有发明专利、实用新型专利和外观设计专利。

1. 检索途径

专利文献检索提供了“全部字段、专利名称、申请号、发明人、IPC 号”5 种检索途径。默认是全部字段。

2. 专利文献检索步骤

专利文献检索步骤为：①选择“专利”频道；②选择途径；③输入检索词；④单击“中文搜索”，即可得到结果。

【例 6-3】 查“大功率开关电源”方面的专利文献。

选择“专利”频道；默认全部字段；输入关键词“大功率开关电源”；单击“中文搜索”就得到结果。共找到相关中文专利 43 篇，如图 6-6 所示。

单击专利文献名称，进入专利目录页面，看到此专利的详细信息；这里没有全文链接，但有“图书馆文献传递”链接，可以通过图书馆文献传递方式获取全文，如图 6-7 所示。

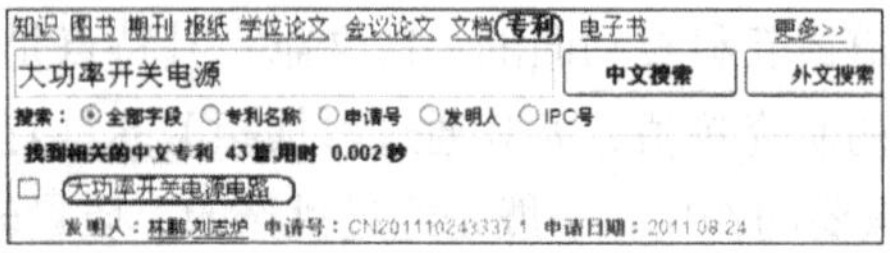

图 6-6 专利文献检索

图 6-7 专利文献检索的详细信息

可通过图书馆文献传递方式获得该专利文献，方法是单击“图书馆文献传递”，进入四川高校文献保障系统咨询表单页面，正确填写接收邮箱之后，确认提交，即可在 48 小时内收到。

五、读秀标准文献检索

标准文献（Standard Literature）是对工农业和工程建设的质量、规格、基本单位及其检验方法等方面由有权威部门批准的技术规定。反映的技术工艺水平及技术政策，是从事生产建设和管理的一种共同规范或依据。它是促进社会产品质量的三次文献。其标准分为：国际标准（ISO）、国家标准（GB）、行业标准、企业标准。标准的特点：某些标准文献还有法律约束力，对了解各国经济，技术政策，生产水平，分析预测发展动向，促进现代管理具有重要的参考价值。

1. 检索途径

标准文献检索提供了“全部字段、标准号、标准中文名称、标准英文名称”4种检索途径。

2. 标准文献检索步骤

标准文献检索步骤为：①选择“标准”频道；②选择途径；③输入检索词：④单击“中文搜索”，即可得到结果。

【例6-4】 查“文后参考文献著录规则”标准。

选择“标准”频道；默认全部字段；输入关键词“文后参考文献著录规则”；单击“中文搜索”就得到结果，找到相关的中文标准4篇，如图6-8所示。

单击标准题名得到该标准文献的详细信息，如图6-9所示。

图6-8 标准文献检索

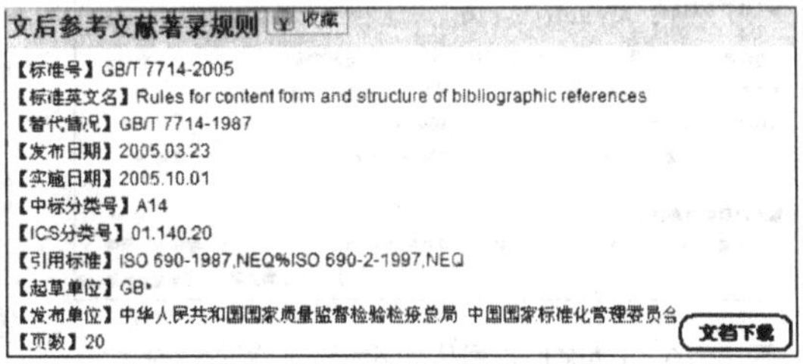

图6-9 标准文献检索的详细信息

系统提供了“文档下载”，单击它就可以下载文档格式的国家标准GB/T 7714—2005《文后参考文献著录规则》。

任务2 使用CNKI检索特种文献

一、CNKI学位论文检索

1. CNKI学位论文全文数据库简介

《中国优秀硕士学位论文全文数据库》（China Master's Theses Full-text Database，CMFD），是经国家新闻出版总署批准、清华控股有限公司主办的国家级硕士学位论文综合性学术刊物，主要刊载自然科学、社会科学各领域基础研究和应用研究方面具有创新性的、高水平的、有重要意义的研究成果，由中国学术期刊（光盘版）电子杂志社编辑出版，国内外公开发行。《中国优秀硕士学位论文全文数据库》试刊于2000年，正式创办于2002年，刊期为月刊。原刊名为

《中国优秀博硕士学位论文全文数据库》，从 2007 年 7 月起，分为《中国博士学位论文全文数据库》（Chinese Doctoral Thesis Full-text Database，CDFD）和《中国优秀硕士学位论文全文数据库》两种期刊出版。

截止至 2012 年 3 月 11 日，中国优秀硕士学位论文全文数据库，收录来自 617 家培养单位的优秀硕士学位论文 133 万多篇；中国博士学位论文全文数据库，收录来自 403 家培养单位的博士学位论文 17 万多篇。重点收录 985、211 高校、中国科学院、社会科学院等重点院校高校的优秀硕士论文、重要特色学科如通信、军事学、中医药等专业的优秀硕士论文。产品分为十大专辑，168 个专题。收录年限：从 1984 年至今的硕士学位论文。

2. CNKI 学位论文检索

CNKI 的硕士、博士学位论文的检索方法相同，下面以中国优秀硕士学位论文全文数据库检索为例说明。页面如图 6-10 所示。

图 6-10　CNKI 中国优秀硕士学位论文全文数据库检索页面

CNKI 学位论文检索步骤：

标准检索是系统默认的页面，现将标准检索过程规范为三个步骤：

第一步，输入时间、支持基金、文献来源、作者等检索控制条件。

第二步，输入篇名、主题、关键词等内容检索条件。

第三步，对检索结果的分组排序，反复筛选、修正检索式得到最终结果。

【例 6-5】 查找有关“输电技术”方面的学位论文。

检索过程：在 CNKI 主页上单击“中国优秀硕士学位论文全文数据库”进入标准检索界面。对于 CNKI 的标准检索页面，看上去比较复杂，要填写的内容比较多，系统说明也比较多。因此，可简化使用：①不管检索控制条件（采取默认输入时间、支持基金、文献来源、作者等项）。②采用系统默认的“主题”途径检索，输入“输电技术”4 个字就可以初步检索了。CNKI 学位论文检索页面如图 6-11 所示。

初步检索，找到 208 条相关记录。如果检索结果太多了，可以进行加一些如“超高压”、“交流”等限定语，进行二次检索（在结果中检索）。

本例通过浏览初次检索，第 4 篇文章“特高压直流输电技术及其应用研究”是想要的文章，单击题名进入详细目录信息，如图 6-12 所示。

系统提供了“分页下载，分章下载、整本下载、在线阅读”4 种选择。如果单击“分章下载”，就进入下一级页面，如图 6-13 所示。

如果想看第一章绪论，单击标题，会出现一个下载对话框，系统默认存放在桌面（可选存放其他地点），所需磁盘空间为 613.83KB，单击“确定”后，回到桌面，就可以阅读了。

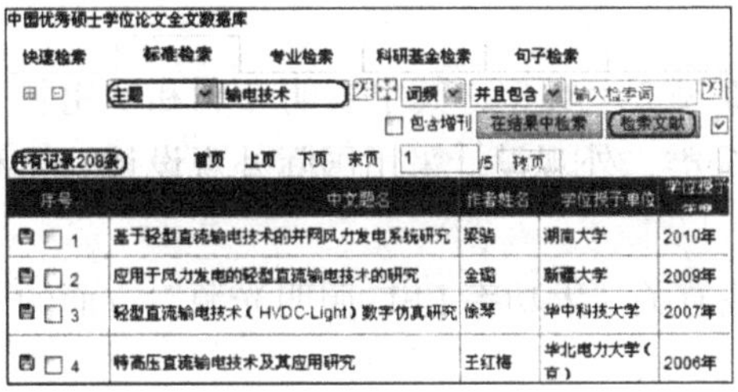

图 6-11　CNKI 学位论文全文检索页面

图 6-12　CNKI 学位论文详细目录信息

二、CNKI会议论文检索

图 6-13　CNKI 学位论文下载页面

【例 6-6】 查找有关“风力发电技术”方面的会议论文。

检索过程：①在 CNKI 主页上，单击“中国重要会议论文全文数据库”进入标准检索界面；②不管检索控制条件；③在默认的“主题”字段框输入“风力发电技术”6 个字，其他为系统默认条件；④单击“检索文献”按钮，找到 21 条相关记录。CNKI 会议论文检索页面如图 6-14 所示。

如想了解“我国风力发电技术的现状及与国外的差距”，单击题名进入详细目录信息页面，如图 6-15 所示。

图 6-14　CNKI 会议论文检索页面

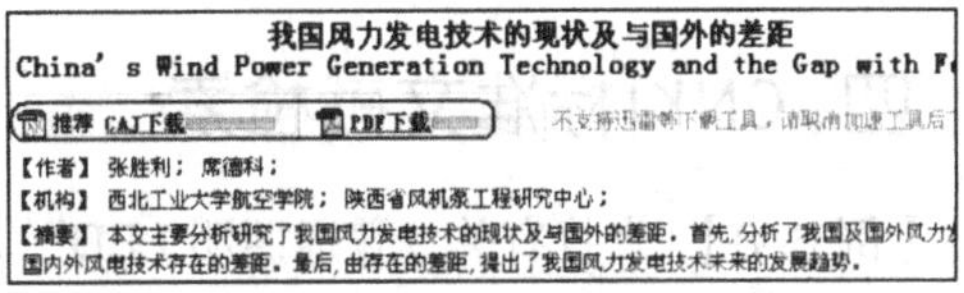

图 6-15　会议论文详细目录信息

系统提供了“CAJ 下载、PDF 下载”2 种选择。根据需要选择下载全文会议论文。

三、CNKI专利文献检索

《中国专利全文数据库（知网版）》包含发明专利、实用新型专利、外观设计专利 3 个子库，准确地反映中国最新的专利发明。专利相关的文献、成果等信息来源于 CNKI 各大数据库。可以通过“申请号、申请日、公开号、公开日、专利名称、摘要、分类号、申请人、发明人、优先权”等检索项进行检索，并一次性下载专利说明书全文。

与通常的专利数据库相比，《中国专利全文数据库》（知网版）每条专利的知网节集成了与该专利相关的最新文献、科技成果、标准等信息，可以完整地展现该专利产生的背景、最新发展动态、相关领域的发展趋势，可以浏览发明人与发明机构更多的论述以及在各种出版物上发表的文献，及从 1985 年至今的中国专利。截至 2011 年 6 月，《中国专利全文数据库》共计收录专利 535 万多条。

按照专利种类分为发明专利、外观设计和实用新型 3 个类型，其中发明专利和实用新型采用国际专利分类法（IPC 分类）和 CNKI 168 学科分类，外观设计采用国际外观设计分类和 CNKI 168 学科分类。

【例 6-7】 如果对节能 LED 照明感兴趣，想查找有关“大功率 LED 照明光源”方面的专利文献。

检索过程：①在 CNKI 主页上单击“中国专利”进入中国专利数据库（知网版）；②系统提供检索项：“申请号、申请日、公开号、公开日、专利名称、摘要、分类号、申请人、发明人、优先权”等，采用系统默认专利名称项检索；③输入“大功率 LED 照明光源”；④单击“检索”按钮，找到 12 条相关记录。专利文献检索页面如图 6-16 所示。

单击专利名称“大功率 LED 照明光源”，进入专利详细目录页面，如图 6-17 所示。

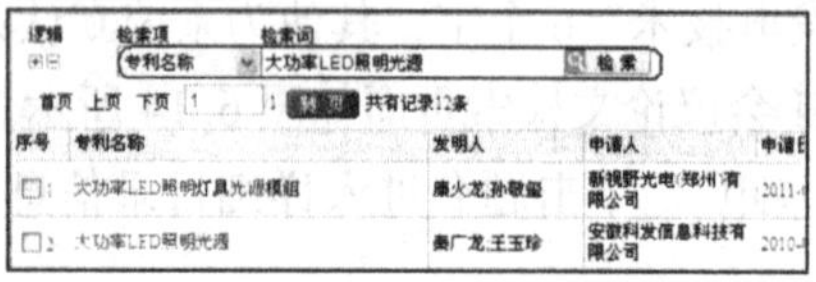

图 6-16 专利文献检索页面

图 6-17 专利文献详细目录信息

系统提供了“推荐下载阅读 CAJ 格式全文”，单击它就可以下载全文。

四、CNKI标准文献检索

【例 6-8】 查找有关“普通照明 LED”方面的标准文献。

检索过程：①在 CNKI 主页工具书栏目，单击“国家标准全文数据库”进入国家标准全文数据库检索页面；②系统提供检索项有（下拉表可知）：“中文标准名称、标准号、起草单位、起草人、采用标准号、发布日期、中国标准分类号、国际标准分类号”等，采用系统默认“中文标准名称”项检索；③在检索框输入“普通照明 LED”，其他为系统默认条件；④单击“检索”按钮，找到 6 条相关标准，如图 6-18 所示。

想查看“普通照明用自镇流 LED 灯性能要求”这条标准，单击标准名称得到该标准的详细信息，如图 6-19 所示。

系统提供了“下载 PDF 版全文”，单击它就可以下载全文。

五、CNKI科技成果检索

CNKI 科技成果《国家科技成果数据库（知网版）》主要收录正式登记的中国科技成果，按行业、成果级别、学科领域分类。每条成果信息包含成果概况、立项、评价，知识产权状况及成果应用，成果完成单位、完成人等基本信息。

图 6-18　标准文献检索页面

图 6-19　标准文献详细目录信息

显著优势：唯一收录专家组对该项成果的推广应用前景与措施、主要技术文件目录及来源、测试报告和鉴定意见等内容的鉴定数据。与通常的科技成果数据库相比，《国家科技成果数据库（知网版）》每项成果的知网节集成了与该成果相关的最新文献、科技成果、标准等信息，可以完整地展现该成果产生的背景、最新发展动态、相关领域的发展趋势，可以浏览成果完成人和成果完成机构更多的论述以及在各种出版物上发表的文献。

成果分类按照《中国图书资料分类法》（第 4 版）和 GB/T 13745—2009《学科分类与代码》进行学科分类。收录年限是从 1978 年至今的科技成果，部分成果追溯至 1920 年。收录数量，截至 2011 年 6 月，共计收录成果 46 万多项。

【例 6–9】 想了解“输电变电技术”方面的科技成果。

检索过程：①登录 CNKI 主页，http://www.cnki.net，单击“国家科技成果”数据库，进入国家科技成果数据库页面，如图 6–20 所示；②系统提供“成果名称，关键词、成果简介、中国分类号、学科分类号、成果完成人、第一完成人、单位所在省市名称，合作完成单位”等检索项，以系统默认成果名称为检索项；③输入检索词“输电变电技术”；④单击“检索”进行初步检索，如果检索结果多，再增加检索限制条件进行筛选。得到 1 条检索结果，如图 6–21 所示。

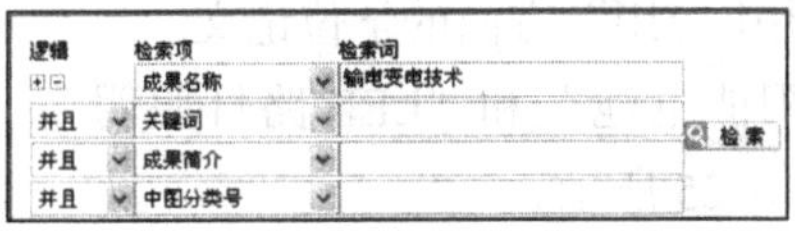

图 6–20　科技成果检索页面

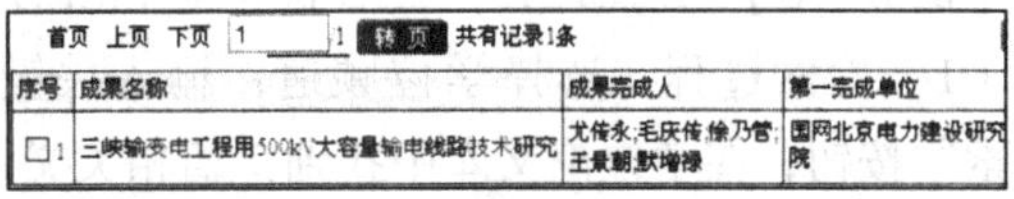

图 6–21　科技成果检索结果

单击标题进入，详细信息页面，如图 6–22 所示。

系统提供了“CAJ 全文下载”，单击它就可以下载。

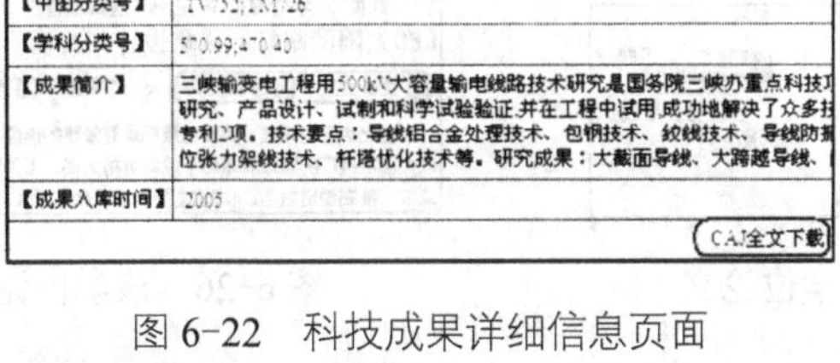

图 6–22　科技成果详细信息页面

任务3 使用万方平台检索特种文献

在万方数据知识服务检索平台上，有“学术论文、期刊、学位论文、中外专利、中外标准、科技成果、政策法规”等科技文献的在线服务平台。

万方数据知识服务平台的网址为 http://c.g.wanfangdata.com.cn/Thesis.aspx，登录万方数据主页，资源更新信息如图 6-23 所示。

万方数据知识服务平台如图 6-24 所示。

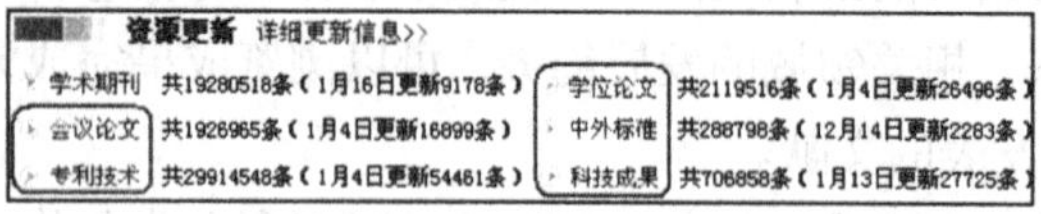

图 6-23　万方数据更新信息

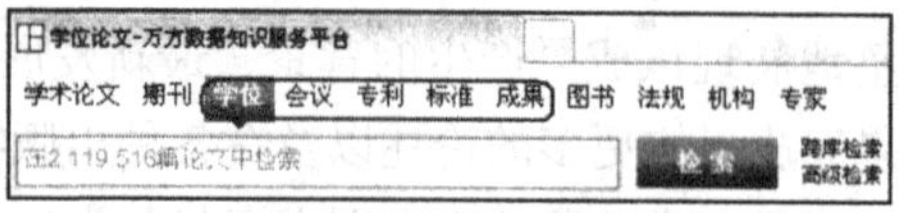

图 6-24　万方数据知识服务平台

一、万方学位论文检索

学位论文是全文资源。它收录自 1980 年以来我国自然科学领域的各高等院校、研究生院以及研究所的硕士、博士以及博士后论文共计约 150 万余篇全文。其中 211 高校论文收录量占总量的 70% 以上，每年增加约 30 万篇。截至 2012 年 2 月 12 日，学位论文共有 211.95 万余条信息。学位论文检索提供了标题、作者、导师、关键词、摘要、学校、专业、发表日期等检索项。

1. 普通检索步骤

【例 6-10】 查找有关“太阳能电池在 LED 路灯照明中应用”方面的学位论文。

（1）检索过程　选择学位频道，输入关键词“太阳能电池”和“LED 路灯照明”，单击“检索”按钮，在学位论文库中找到 7 篇相关文章，如图 6-25 所示。

（2）选择论文　对检索的结果进行排序：系统默认是相关度优先排序，也可以选择新论文优先排序。

系统提供的相关信息有：作者、时间、学位授予单位，学科专业、论文摘要、关键词等信息。还提供了获取信息方式：“查看全文、下载全文、导出、引用通知”等。单击论文题名或“查看全文”进入详细信息页面，如图 6-26 所示。

图 6-25　检索到的学位论文

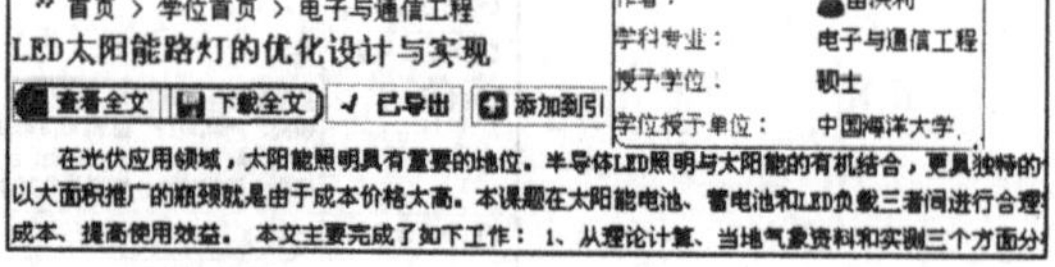

图 6-26　该学位论文的详细信息页面

（3）论文阅读和下载 系统给出“查看全文、下载全文、导出”等选项，根据需要选择，如单击“下载全文”就可以下载全文了。

2. 万方学位论文高级检索

【例 6-11】 把复杂的工具简单化，利用高级检索查找例 6-10 中作者为苗洪利的学位论文。

（1）高级检索（默认页面） 高级检索是一种按规定导向的填空式检索，方法是输入更多限制条件，使得检索结果更加准确的一种方法，如图 6-27 所示。

检索项内容包括：标题中包含、作者中包含、导师中包含、关键词中包含、摘要中包含、全文、学校、专业、发表日期等。读者在进行具体检索时，并不一定每项都填写，只填写几项基本的信息就可以检索了。如果检索结果比较多，再经过二次检索来筛选。

按特例考虑，假如某人很优秀，有两篇硕士、两篇博士论文。因此，输入作者就能检索，如果有同名，再一个或者两个限制条件就足够区分了。使用高级检索没有错，但要会把复杂的工具简单用，这是一种检索技巧。

本例输入“苗洪利”，或“苗洪利、中国海洋大学”，开始检索，两种方案的检索结果都是唯一的，因为库内只有一个苗洪利（不同名）且仅有一篇论文，如图 6-28 所示。

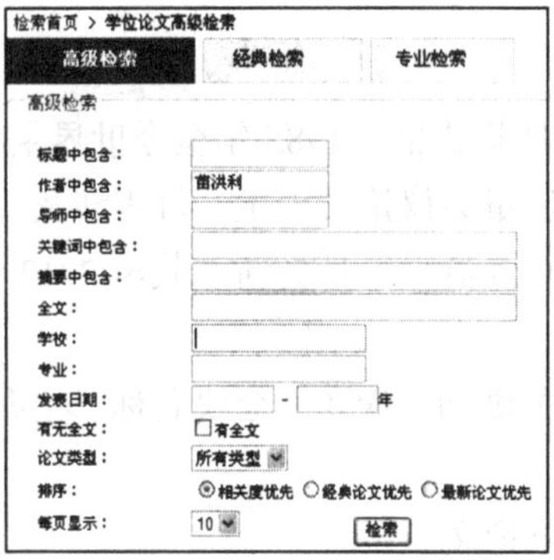

图 6-27 万方学位论文高级检索

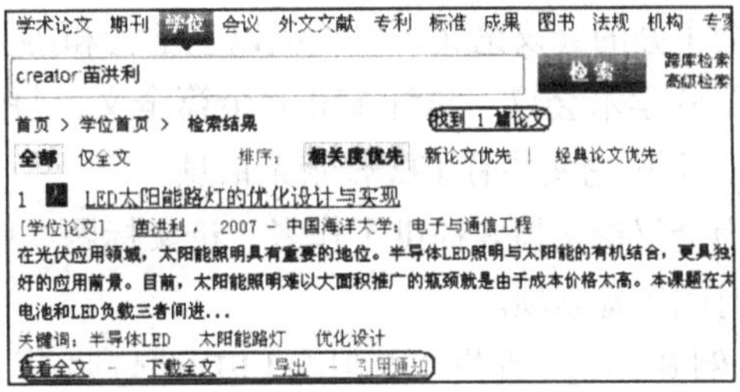

图 6-28 检索结果的详细信息

（2）经典检索

【例 6-12】 查找“苗洪利、中国海洋大学”的学位论文。

经典高级检索页面如下图 6-29 所示。

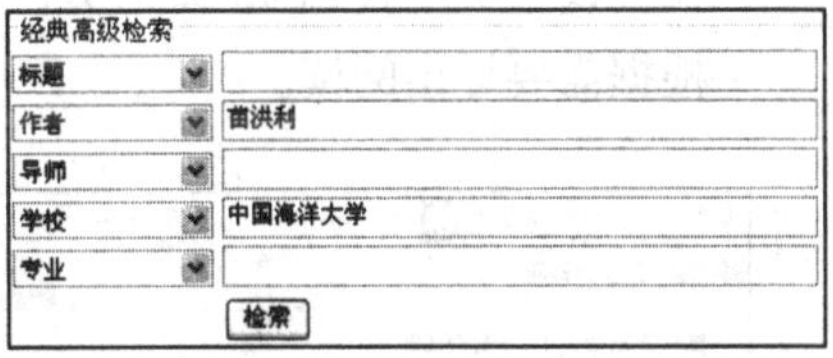

图 6-29 经典高级检索

系统提供了“标题、作者、导师、学校、专业”5 个字段导向式检索。这些条件设置得越多，检索结果就越精确。读者在进行具体检索时，不一定每项都填写，只填写一至几项主要的信息就可以检索了。如果检索结果比较多，再经过二次检索来筛选。本例检索结果与例 6-11 结果一样，也只找到 1 篇论文。

（3）专业检索

【例 6-13】 利用专业检索查找“大功率 LED 设计”方面的学位论文。

高级专业检索是直接在检索框中，填写由“检索字段和逻辑符号”共同组成的检索表达式，对于专业检索表达式，不同的系统方法基本方法是相同的，只是个别细节略有不同。一般都有说明和示例。

检索过程：①选择“学位论文”频道；②单击右边“高级检索”，再点击“专业检索”；③根据本例的题目，专业检索表达式又写成“大功率 LED and 设计”，如图 6-30 所示；④单击“检索”按钮，就得到检索结果，如图 6-31 所示。

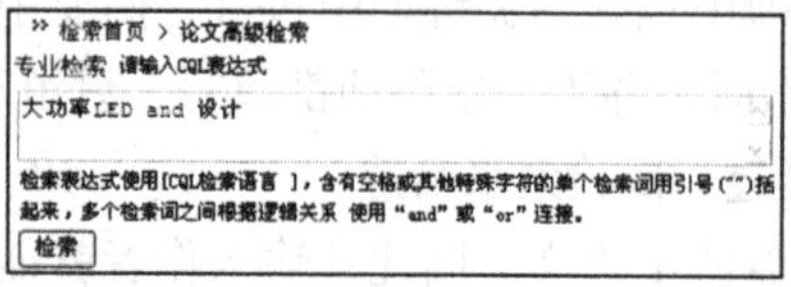

图 6-30 专业检索

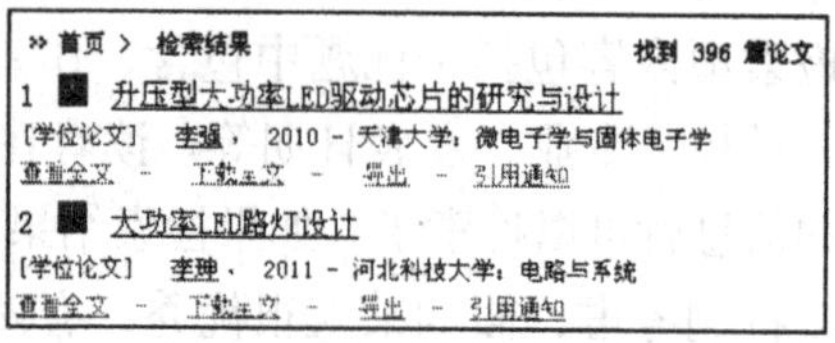

图 6-31 检索结果

本例找到符合条件的学位论文，而且内容也符合题目要求，根据需要选择“查看全文、下载全文、导出”等项。

二、万方会议论文检索

会议论文是全文资源。它收录了由中国科技信息研究所提供的，1985 年至今世界主要学会和协会主办的会议论文，以一级以上学会和协会主办的高质量会议论文为主。每年涉及近 3 000 个重要的学术会议，总计 130 万余篇全文，每年增加约 20 万篇，每月更新。截至 2012 年 2 月 12 日，会议论文共有 192 万余条信息。

为会议论文检索提供了作者、论文标题、中图分类、关键词、摘要、会议名称、主办单位、会议时间等检索项。

【例 6-14】 查找“太阳能 LED 路灯照明”方面的会议论文。

检索过程：①使用简单检索查找，选择“会议”频道；②在检索框输入“太阳能 LED 路灯照明”；③单击“检索”按钮，得到如图 6-32 所示页面。

在会议论文中找到 48 篇论文，单击题目得到该论文的详细，如图 6-33 所示。

根据需要导出阅读。

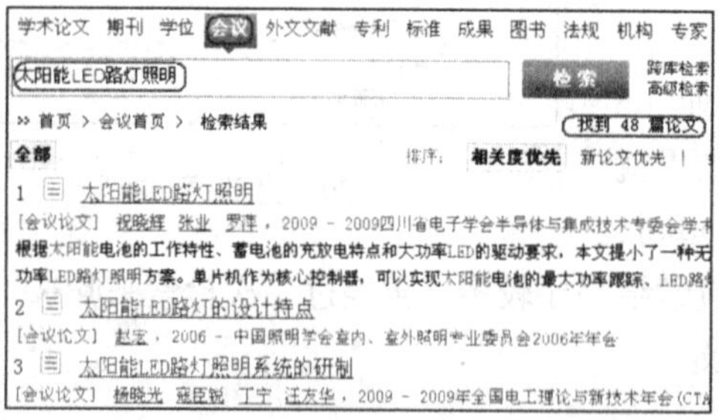

图 6-32 万方会议论文检索

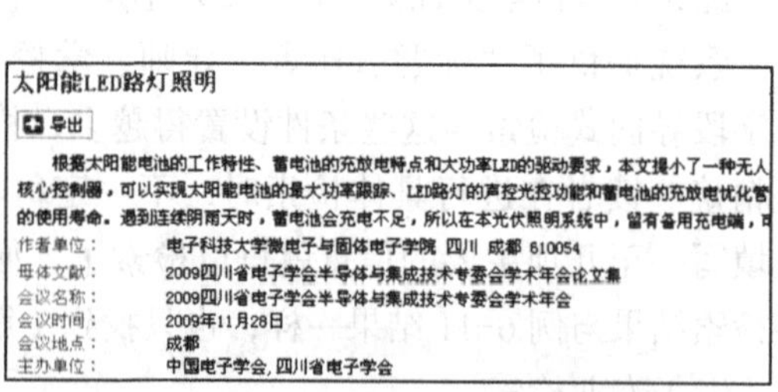

图 6-33 会议论文详细信息

三、万方专利文献检索

专利是全文资源。它收录了国内外的发明、实用新型及外观设计等专利 3 000 余万项，其中中国专利 600 万余项，外国专利 2 400 万余项。内容涉及自然科学各个学科领域，每年增加约 25 万条，中国专利每两周更新一次，国外专利每季度更新一次。截至 2012 年 2 月 12 日，专利技术共有 2 991 万余条信息。专利资源是科技机构、大中型企业、科研院所、大专院校和个人在专利信息咨询、专利申请、科学研究、技术开发，以及科技教育培训中不可多得的信息资源。

简单检索方式简单易用。高级检索方式专业且功能强大，可以通过专利名称、摘要、申请号、申请日期、公开号、公开日期、主分类号、分类号、申请人、发明人、主申请人地址、代理机构、代理人、优先权、国别省市代码、主权项、专利类型等检索项进行检索，提供专利全文下载。

【例 6-15】 利用万方高级经典检索查找“太阳能 LED 路灯”方面的专利文献。

检索过程：①选择专利频道。②单击右边“高级检索”，再单击“经典检索”，进入如图 6-34 所示页面。

图 6-34　万方专利经典高级检索界面

尝试初检和二次筛选法：面对这 5 项检索字段，可能填入的内容不多，也许一个也不能准确填入，这时可以采用初步检索的方法。即只填写几项关键信息就可以初步检索了。在专业术语吃不准时经常用的方法，初步检索之后，再从结果中复制更准确的专业术语，去检索更加精确的专业文章，这也是一种检索技巧。如果一个对专业非常精通的科技人员，他会非常准确地输入检索词，因此专业人员一旦学会了使用方法，他们的检准率会更高。

③在标题栏中输入“太阳能 LED 路灯”。④单击“检索”按钮，初步检索的结果有 102 篇专利文献。通过浏览，第 4 项专利与检索的名称全部相同，正是查找所需要的结果，如图 6-35 所示。

单击“查看详细信息”，就得到专利文献详细信息，如图 6-36 所示。

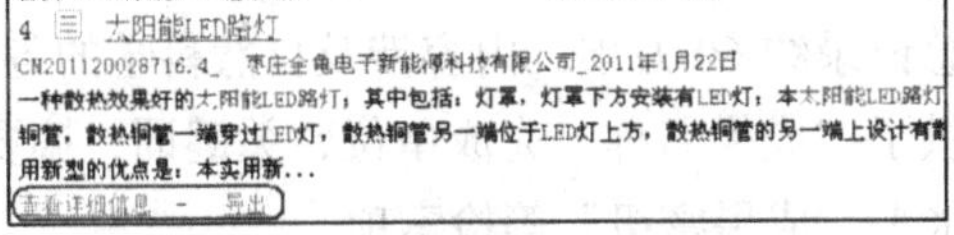

图 6-35　万方专利文献结果

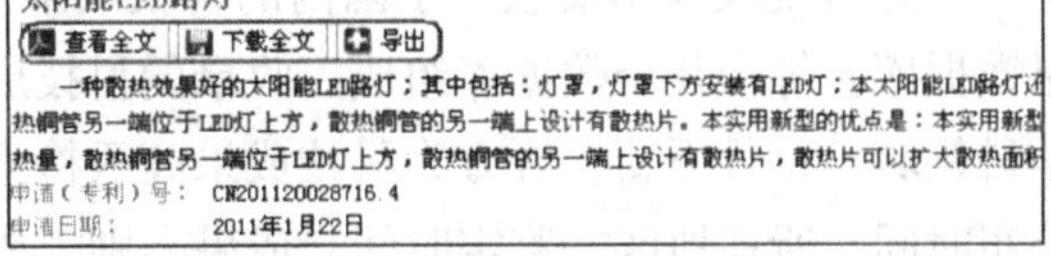

图 6-36　专利文献详细信息

根据需要可选择“查看全文、下载全文、导出”等方式获取全文。

四、万方标准文献检索

万方标准综合了由国家技术监督局、建设部情报所、建材研究院等单位提供的相关行业的各类标准题录。它包括中国标准、国际标准以及各国标准等 29 万多条记录。每月更新，保证了资源的实用性和实效性。目前已成为广大企业及科技工作者从事生产经营、科研工作不可或缺的宝贵信息资源。

简单检索方式简单易用；高级检索方式专业且功能强大，可以通过标准名称、标准编号、发布单位、发布日期、实施日期、标准状态、开本页数、采用关系、中图分类号、中国标准分类号、国际标准分类号、国别等检索字段进行检索。

【例 6–16】 利用万方高级经典检索查找“漏电保护”方面的标准文献。

检索过程：①选择标准频道；单击右边“高级检索”，再单击“经典检索”；进入如图 6-37 所示经典检索页面。②用系统默认的标准名称项。③输入“漏电保护”。④单击“检索”按钮，就找到符合要求的 3 项相关标准，如图 6-38 所示。

图 6-37 万方标准文献经典检索界面

图 6-38 标准检索结果

借用机械设计的一个原则：在满足相同功能的情况下，设计越简单越好，环节越少越好。文献检索也一样，检索环节要“少而精”。只有精通专业同时又懂得搜索技巧的人才是检索高手。本例还是把复杂的工具简单用，在整个高级检索过程中只输入 4 字：“漏电保护”，就找到满意的答案。第一项正是我们所需要的标准，单击名称就得到它的详细信息，如图 6-39 所示。

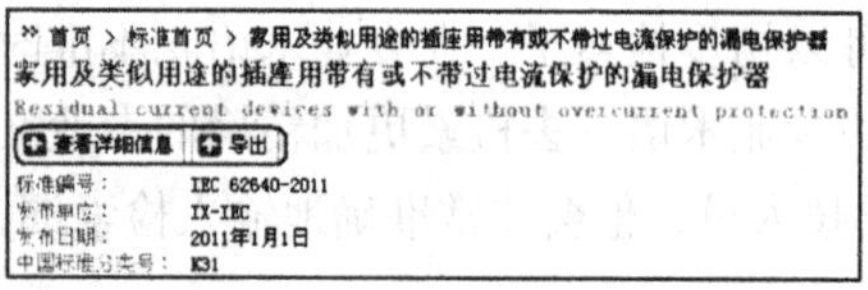

图 6-39 标准文献检索详细信息

根据需要可选择“查看详细信息、导出”等方式获取全文。

五、万方科技成果检索

万方科技成果主要收录了国内的科技成果及国家级科技计划项目。其内容由《中国科技成果数据库》等十几个数据库组成，收录的科技成果总记录约 60 万项，内容涉及自然科学的各个学科领域，每月更新。万方为科技成果高级检索提供了“成果名称、完成单位、关键词、摘要、公布时间、所在地区、鉴定时间、成果类别、成果水平、成果密级”等检索项。

【例 6–17】 利用万方高级检索查找“大功率 LED 照明”方面的科技成果文献。

检索过程：①选择“成果”频道。单击“高级检索”，进入高级检索页面。②用系统默认的成果名称。③输入“大功率 LED 照明”，其他项系统默认，万方科技成果检索如图 6-40 所示。（对此高级检索框，在成果名称框中输入关键词“大功率 LED 照明”即可。）④单击“检索”按钮，得到检索结果，找到 15 项成果，通过浏览，发现第 7 项成果比较接近检索的要求，如图 6-41 所示。

根据需要可选择“查看详细信息、导出”等方式获取全文。

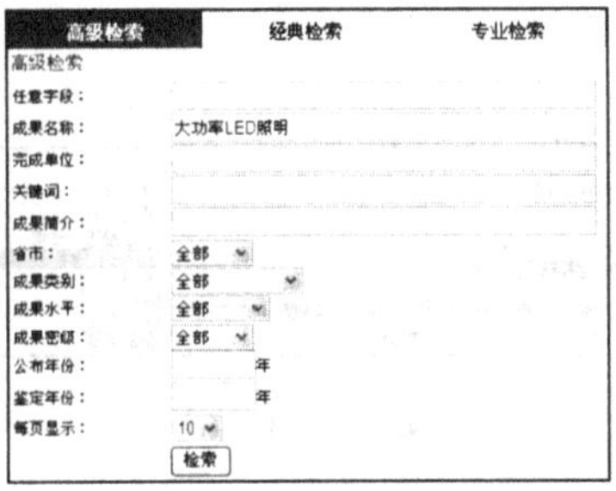

图 6-40　万方科技成果检索

图 6-41　科技成果检索结果

任务4　其他特种文献资源检索

一、国家科技图书文献中心

国家科技图书文献中心（National Science and Technology Library，NSTL）是经国务院领导批准，于 2000 年 6 月 12 日成立的一个基于网络环境的科技信息资源服务机构。该中心由中国科学院文献情报中心、中国科学技术信息研究所、机械工业信息研究院、冶金工业信息标准研究院、中国化工信息中心、中国农业科学院农业信息研究所、中国医学科学院医学信息研究所、中国标准化研究院标准馆和中国计量科学研究院文献馆组成。该中心设有信息资源专家委员会和计算机网络服务专家委员会，对中心的有关业务工作提供咨询指导。

1. NSTL 特种文献资源简介

国家科技图书文献中心主页地址为 http://www.nstl.gov.cn，其主页如图 6-42 所示。

从 NSTL 主页可知，除了“学术期刊：西文期刊，俄文期刊，日文期刊，中文期刊”外，特种文献也很丰富，完整齐全，检索平台也设计得很好，主要文献有：①会议文献：外文会议、中文会议；②学位论文：外文学位论文、中文学位论文；③科技报告：国外科技报告；④标准规程：国外标准、中国标准、计量检定规程；⑤中外专利：美国专利、英国专利、法国专利、德国专利、瑞士专利、日本专利、欧洲专利、中国专利、世界知识产权组织专利。

2. NSTL 特种文献快速检索步骤

NSTL 特种文献快速检索步骤为：①输入检索词；②选择数据库类型（通过下拉菜单选择）；③单击“快速检索”按钮，如图 6-43 所示。

【例 6-18】 用 NSTL 的快速检索，查找有关“超高压输电”方面的学位论文。

检索过程：①输入检索词“超高压输电”；②通过右边下拉菜单选择“学位论文”库；③单

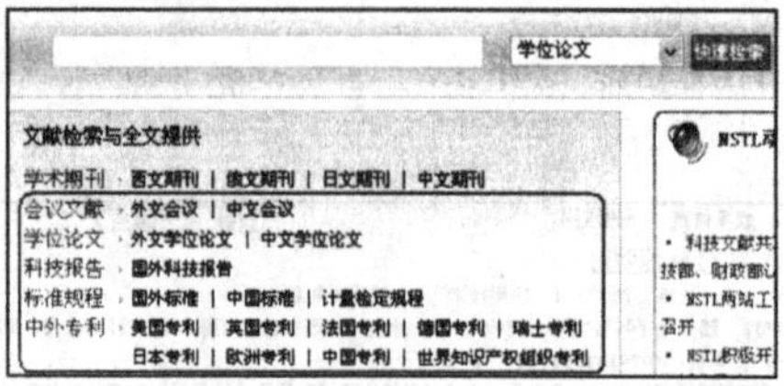

图 6-42　国家科技图书文献中心 NSTL 特种文献主页

图 6-43　NSTL 特种文献快速检索框

击“快速检索”按钮，就得到符合检索条件的学位论文 50 条。快速检索结果如图 6-44 所示。

单击第一篇题目就得到该论文的详细信息，如图 6-45 所示。

图 6-44　快速检索结果

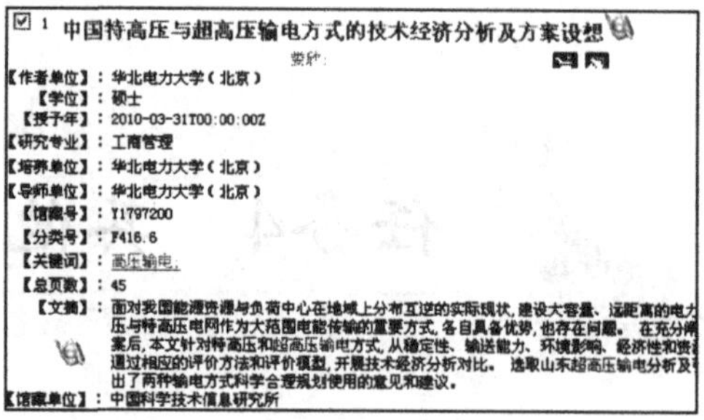

图 6-45　详细信息

3. 普通检索步骤

特种文献普通检索界面是相同的，如图 6-46 所示。

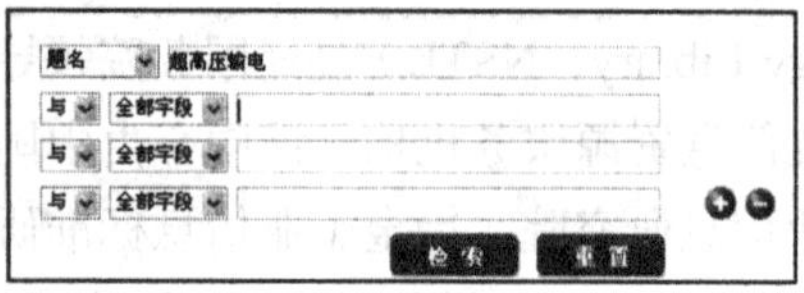

图 6-46　NSTL 普通检索界面

（1）选择检索字段　系统根据不同的数据库，设置的检索字段是不尽相同的，如学位论文库设置的检索字段：“全部字段、题名、作者、关键词、导师、学位、培养单位、研究专业、研究方向、授予年、文摘”等 11 个字段，输入检索词，各检索词之间可进行 AND、OR、NOT 运算，如（computer or PC）and design。

（2）选择文献数据库　选择相应的数据库，也可以跨库选择。

（3）查询条件设置　设置查询的限制条件，如馆藏范围、查询范围、时间范围、查询方式等，也可用推荐默认条件。

【例 6-19】 用 NSTL 的快速检索，查找有关“超高压输电”方面的学位论文。

检索过程：①单击“学位论文”，进入学位论文检索页面，选择检索字段：题名；②输入检索词“超高压输电”；③馆藏范围，默认全部馆藏；④单击“检索”进行检索。

在学位论文数据库中检索相关论文 50 篇，检索结果和上面相同。

二、中国科学院国家科学图书馆

1. 特种文献简介

中国科学院国家科学图书馆于 2006 年 3 月由中国科学院所属的文献情报中心、资源环境科学信息中心、成都文献情报中心和武汉文献情报中心 4 个机构整合而成，实行理事会领导下的馆长负责制。总馆设在北京，下设兰州、成都、武汉 3 个二级法人分馆，并依托若干研究所（校）建立特色分馆。全馆现有员工 470 余人，馆舍建筑面积 8 万 m^2，依托网络提供高速、便捷的科技信息服务。

近年来，国家科学图书馆从用户需求出发，积极创新，自主开发了面向用户服务的跨库集成检索服务系统、网络参考咨询服务系统、期刊集成目录服务系统、馆际互借与原文传递服务系统、学科信息门户网站，以及可让科研人员便携于身的“随易通”服务，使广大用户能随时随地获取全球化的科技信息，享受方便、快捷的服务。国家科学图书馆总分馆是国家科技文献平台的骨干成员，是各地区科技文献系统发展的重要推动力量，也是国际图书馆协会与机构联合会（IFLA）的重要成员。常务副馆长张晓林博士在 2005 年当选为该组织管理委员会委员，并有一批中青年骨干在其专业委员会中任职。

中国科学院国家科学图书馆网址为 http://www.las.ac.en，主页如图 6-47 所示。

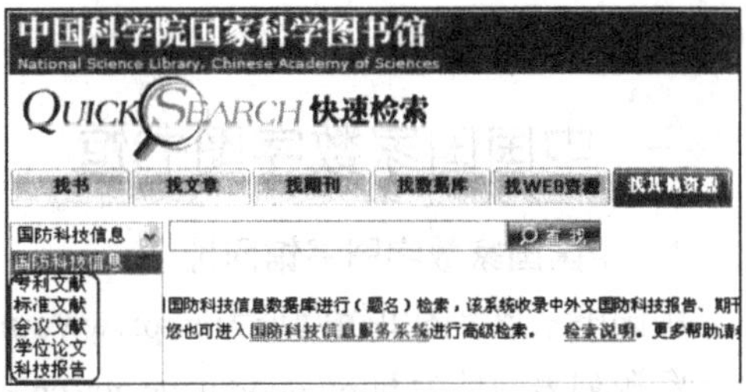

图 6-47　中国科学院国家科学图书馆特种文献资源

从中国科学院国家科学图书馆主页可知，检索框设计合理、简单，有“找书、找文章、找期刊、找 WEB 资源、找其他资源”等频道。特种文献安排在“找其他资源”频道中，文献类型有“国防科技信息、专利文献、标准文献、会议文献、学位论文、科技报告”等。下面以通用快速检索和学位论文检索为例，来说明检索过程。

2. 特种文献检索快速检索说明

（1）检索范围和资源选择　支持用户对书、期刊、网络数据库、学位论文、会议论文、科技报告、标准等多种类型资源的一站式检索，如果没有指明，则搜索字段是文献题名，命中记录按相关度排序。

（2）短语检索　用双引号括起来的部分为短语，如“Digital Library”。

（3）组合检索　以空格分离多个检索词，词之间是“与”的关系，与 Google 类似。例如搜索：system software“information service”，表示在指定字段中同时包含词 system、software 以及短语“information service”。

（4）前方一致检索　“？”：代表任意一个字符。如果搜索“te?t”，则“text”、“test”都是命中记录。“*”：代表任意多个字符。如果搜索“librar*”，则“library”、“libraries”、“librarian”都在命中范围内。注意：短语检索、中文检索不支持前方一致方式。另外，查找文章目前还不能提供上述功能，只能把检索词传递给要检索的数据库来获得结果。

3. 学位论文快速检索说明

（1）选择“找其他资源”频道。单击主页面的“QuickSearch 快速检索”图标栏右边的“找其他资源”，进入“其他资源”频道。

（2）在下拉框中选择“学位论文”，在检索框中输入检索词，单击“查找”按钮即可。

系统默认对中国科学院学位论文数据库中的数据进行检索，中国科学院学位论文数据库收录了 1980 年以来中国科学院的硕士、博士学位论文和博士后出站报告。2007 年初统计该数据库中发布数据有 43 000 多条，且每年以不少于 5 000 条的速度增长。该数据库中所有的论文都提供文摘，大部分学位论文提供了电子版的前 16 页全文，相应的学位论文印本收藏于总馆五层阅览区。

另外，也可以选择通过“欧美学位论文全文数据库（ProQuest）”进行国外学位论文检索，该数据库收录有欧美 1 000 余所大学 1998 年以来的授予学位的 13 万多篇博硕士论文全文，每年仍以 1 万多篇的速度增长。

还可以通过“ProQuest Dissertations&Theses”数据库检索欧美 1 000 余所大学 1861 年以来的 160 多万篇学位论文，其内容覆盖理工和人文、社科等广泛领域。1997 年以来的学位论文可以看到文摘信息和论文的前 24 页。

其他特种文献检索方法与学位论文检索方法类同，读者可以比照此法去检索会议论文、专利文献、标准文献等。

三、中国国家数字图书馆

1. 中国国家数字图书馆网址

中国国家数字图书馆网址为 http://www.nlc.gov.cn。

资源列表网址为 http://dportal.nlc.gov.cn：8332/zylb/zylb_ww.htm，如图 6-48 所示。

图 6-48 中国国家数字图书馆资源列表

2. 中国国家数字图书馆资源简介

从国家数字图书馆资源列表页面可知：

中文数据库有电子图书、全文期刊、电子报纸、学位 / 会议论文、专利 / 标准、数值事实、索引 / 文摘、工具类、音视频、特色资源等。

外文数据库有电子图书、全文期刊、电子报纸、学位 / 会议论文、专利 / 标准、数值事实、索引 / 文摘、工具类等。

特种文献有学位论文、会议论文、专利文献、标准文献等。读者需要查询时可以访问。

任务5 特种文献查询网站

一、中文网站

1. 学位论文网站

中国优秀博 / 硕士论文全文数据库（http://www.cnki.net）

读秀学术搜索（http://edu.duxiu.com）

万方学位论文（http://www.wanfangdata.com.cn）
CALIS 高校学位论文数据库（http://opac.calis.edu.cn）
国家科技图书文献中心学位论文检索系统（http://www.nstl.gov.cn）
国家图书馆学位论文检索系统（http://www.nlc.gov.cn）

2. 会议文献网站

CNKI 会议论文全文数据库（http://www.cnki.net）
读秀学术搜索（http://edu.duxiu.com）
万方会议论文（http://www.wanfangdata.com.cn）
中国科技论文在线（http://www.paper.edu.cn）
中国科学院国家科学图书馆（http://www.las.ac.cn）
国家图书馆（http://www.nlc.gov.cn）
上海图书馆（http://www.library.sb.cn）
清华大学图书馆（http://lib.tsinghua.edu.cnidra）
CALIS 学术会议论文库（http://opac.calis.edu.cn/simpleSearch.do）

3. 标准文献网站

百链云图书馆（http://edu.blyun.com）
CNKI 国标全文库（http://dbpub.cnki.net/Grid2008/Dbpub/Briefaspx? ID=SCSF）
万方标准全文库（http://www.wanfangdata.com.cn）
中国标准服务网（http://www.cssn.net.cn/pages/search/advanceSearch.jsp）
国家科技图书文献中心标准（http://www.nstl.gov.cn）
中国环境标准网（http://www.es.org.cn/cn/index.html）
国家标准化管理委员会（http://www.standardcn.com）
国家军用标准化信息网（http://www.gjb.com.cn：8080/jybzh/index.jsp）
北京市质量技术监督信息网（http://www.12365.org）

4. 专利文献网站

万方专利（http://g.wanfangdata.com.cn）
CNKI 专利（http://dbpub.cnki.net/grid2008/dbpub/briefaspx? ID=scpd）
中华人民共和国国家知识产权局（http://www.sipo.gov.cn/sipo2008）
中国知识产权网（http://www.cnipr.com）
中国专利信息网（http://www.patent.com.cn）
中国发明专利技术信息网（http://www.lst.com.cn）
中国专利文摘数据库（http://www.beic.gov.cn）
浙江省科技文献共享共建平台（http://www.kjwx.zj.cn）

5. 科技成果网站

万方科技成果（http://www.wanfangdata.com.cn）
CNKI 国家科技成果（http://dbpub.cnki.net/Grid2008/DbpubBrief.aspx? ID=SNAD）

二、外文网站

1. 学位论文网站

百链云图书馆（http://edu.blyun.com）

国家科技图书文献中心外文学位论文（http://www.nstl.gov.cn）

中国国家数字图书馆外文资源（http://dportal.nlc.gov.cn: 8332/zylb/zylb_ww.htm）

香港大学学位论文（http://sunzil.lib.hku.hk/hkuto）

NDLTD 学位论文库（http://www.ndltd.org/ndltd/fmd）

2. 会议文献网站

百链云图书馆（http://edu.blyun.com）

国家科技图书文献中心全文资源（http://www.nstl.gov.cn）

中国国家数字图书馆外文会议论文（http://www.nlc.gov.cn）

IEEE/IEE Electronic Library（IEL）(http://ieeexplore.ieee.org/xpl/aboutUs.jsp）

AIP Conference Proceedings（美国物理联合会会议录）(http://proceedings.aip.org）

IEL 全文库（http://ieeexplore.ieee.org/Xplore/guesthome. jsp）

IEEE/IEE Electronic Library（IEL）(http://ieeexplore.ieee.org/Xplore/guesthome.jsp）

3. 标准文献网站

IEEE Standards Library（http://standards.ieee.org/prod-serv/index.html）

万方中外标准数据库（http://www.wanfangdata.com.cn）

国家科技图书文献中心外文标准（http://www.nstl.gov.cn）

中国国家数字图书馆（http://www.nic.gov.cn）

世界标准服务网（http://www.wssn.net）

INIS Database（http://www-ns.iaea.org/standards）

PERINORM（http://www.cssinfo.com/perinorm.html）

IEEE（美国电气与电子工程师协会）标准（http://ieeexplore.ieee.org/xpvstandards. jsp）

美国国家标准（ANSI）(http://www.ansi.org）

美国国家标准与技术研究院（NIST）(http://www.nist.gov）

ISO 标准检索（http://www.iso.org/iso/home.htmi）

IEC 国际电工委员会（http://www.iec.ch/，http://webstore.iec.ch）

国际电信联盟（ITU）(http://www.itu.int/ITU-T/index.html）

全球标准化资料库（NSSN）(http://www.nssn.org）

加拿大标准协会（CSA）(http://www.csa.ca/Default.asp? language=English）

4. 专利文献网站

国家科技图书文献中心外文专利（http://www.nstl.gov.cn）

中国国家数字图书馆外文专利（http://www.nlc.gov.cn）

IEEE/IEE Electronic Library（IEL）(http://ieeexplore.ieee.org/xplore/guesthome.jsp）

德温特世界专利索引数据库（http://www.derwent.com）

DELPHION 知识产权信息网数据库（http://www.delphion.com）
加拿大知识产权局网站数据库（http://opic.gc.ca）
世界知识产权组织网站数据库（http://www.wipo.int）
加拿大专利（http://brevets-patents.ic.gc.ca）
德国专利全文（http://depatisnet.dpma.de）
欧洲专利局（EPO）esp@cenet（http://ep.espacenet.com）
美国专利 USPTO Patent Full-Text and Image Database（http://www.uspto.gov）
日本特许厅（http://www.jpo.go.jp）
世界知识产权组织知识产权数字图书馆（http://www.wipo.int/wipogold/en）
国际专利分类表（http://www.wipo.int/ipcpub/#lang=en&refresh=page）

5. 科技报告网站

NTIS 美国国家技术情报局网站（http://www.ntis.gov）
GrayLIT NetWork（http://graylit.osti.gov）
惠普实验室技术报告检索（http://www.hpl.hp.com/techreports/index.htmi）
美国国防部科技信息库（http://stinet.dtic.mil）
美国斯坦福大学计算机科学技术报告（http://infolab.stanford.edu/TR）

复习思考题

1. 特种文献包括哪些文献?
2. 目前检索特种文献的平台有哪些?
3. 试用 CNKI 检索博士学位论文。
4. 试用 CNKI 检索硕士学位论文。
5. 试用 CNKI 检索会议论文。
6. 试用 CNKI 检索专利文献。
7. 试用 CNKI 检索标准文献。
8. 试用 CNKI 检索科技成果。
9. 试用读秀学术搜索找到并获取特种文献。
10. 试用其他途径找到并获取特种文献。

模块七　电子图书

任务1　电子图书简介

一、概述

电子图书（eBook）主要包括两部分：电子图书阅读器和电子文本（电子图书内容）。电子图书阅读器是一种具有大容量显示和人性化阅读界面的专用电子产品，其人机界面同传统图书一样，可以整页显示，有封面、插图、版式，读者可以像阅读传统纸质图书那样进行翻页、加批注、夹书签、划线以及查找和检索等操作。电子文本（电子图书内容）是通过网络出版发行，并能在线下载或无线接收到电子图书阅读器上供随时阅读和使用的，以数字化代码方式存储，以特定格式制作成的普通图书、教科书等内容信息的多媒体文件。

二、特点

电子图书与传统印刷型图书相比具有其特殊性：是一种数字化产品，具有高度灵活性；具有节省存储空间、使用便捷、时效性强、质量优良等优点，但其也有一些尚需改善的问题，如阅读内容单一、阅读的舒适性欠佳、格式不标准和版权问题等。

三、类型

1. 按载体划分

封装型电子图书，主要指存贮在 CD-ROM 上的图书，只能在计算机上阅读。

网络型电子图书，主要有一些免费的网络电子图书和一些电子图书系统，如方正、APABI、超星、书生等，可通过互联网访问阅读。

便携式电子图书，介于封装型及网络型电子图书之间，特指一种存贮了电子图书内容的电子阅读器。一个电子阅读器中可存放成千上万页的图书内容，并且图书内容可不断购买增加，可以通过网络从专用的电子图书服务器上或从一些网上书店将所购买的电子图书下载到电子阅读器中。目前市场上的主要产品有NuvoMedia公司的Rocket eBook、Librius公司的Millennium Reader及SoftBook出版公司的SoftBook、EveryBook公司的EB DedicatedReader、津科公司的翰林电子书等。

2. 按内容划分

电子图书的内容可以说是涉及了各个学科，有数学、物理、医学、经济、管理、文学、历史、计算机等。但是，目前总体来说，涉及最多的是文学艺术类、计算机类、工具类等图书。

3. 按文件格式划分

电子图书以不同的文件格式存在，目前常见的有：EXE、PDF、CHM、HTML、WDL、IFR、PDG等。其中PDF文件格式是美国Adobe公司开发的电子读物文件格式。PDF的优点在于浏览方便、安全性高，缺点是不支持CSS、Flash、Java、JavaScript等基于HTML的各种技术，所以它只适合于浏览静态的电子图书。PDF格式的电子图书可以使用AdobeAcrobat来制作和编辑。

四、检索和阅读

一般情况下，检索和阅读电子图书主要有两种形式，一种是在线或在电脑上阅读，即通过电脑直接阅读网站提供的免费或付费的电子图书，也可以下载到本地阅读，如超星数字图书、书生之家的电子图书等；另一种是离线或脱机阅读，即通过使用专用的手持阅读器阅读，手持阅读器具有体积小、分量轻、容易携带等特点，不受时间、地点、环境的限制，如NuvoMedia、Sof tBank的电子图书等。

任务2 国内的中文电子图书系统

一、四个中文电子图书系统简介

目前国内影响较大的大型中文电子图书系统——超星数字图书馆、书生之家“中华图书网”、中国数字图书馆有限公司的网上图书馆和方正“Apabi”数字图书馆等，均是非常具有竞争实力的。

1. 超星数字图书馆

超星数字图书馆由北京超星电子技术有限公司建立，是国内创办最早的数字图书生产单位，是国家“863计划”中国数字图书馆示范工程，并参与了国家图书馆战略的制定和实施。它的电子图书内容丰富，范围广泛，是国内最大的在线图书商业网站。教材、工具书、艺术、文史资料等图书的收藏是超星数字图书馆的特色。此外，“超星”还建有资深院士和两院院士图书馆，收藏了众多优秀科学技术和文化成果。“超星”提供的服务方式除了电子图书镜像服务（一次性购买，本地安装，永久拥有）外，也提供网络服务，包括网上包库、读书卡等形式，一般读者可通过购买超星读书卡注册成为其会员从而方便地在线或离线阅读。此外，“超星”还可以为图书馆按专题分类提供电子图书。“超星”成熟的商业运作和网上交易平台使得它能为大量的读者提供服务。

网址：http://www.ssreader.com/

2. 书生之家“中华读书网”

书生之家“中华读书网”由北京书生数字技术有限公司建立，是一个全球性的中文网上数字图书馆，其下设有中华图书网、中华期刊网、中华报纸网等子网。中华图书网主要收录 1999 年以后出版的新书，其收入量为每年国内出版新书品种的一半以上。书生之家的电子文档采用先进的全息数字制作系统制作。它的服务方式有两种：一是电子图书镜像服务；二是采用网上包库的服务方式。对于图书馆用户，该系统还提供按专题分类订购服务。

网址：http://www.21dmedia.com

3. 中国数字图书馆

中国数字图书馆是国家级数字资源系统工程。它依托中国国家图书馆丰富的馆藏，其网上读书专栏拥有大量的、覆盖各个学科的电子图书，而且绝大多数为回溯书目。它以局域网会员制管理，网上读书在线浏览的方式提供服务。目前，已经有全国多家公共图书馆、大中专院校图书馆及机关团体局域网都应用了该系统。读者在这些地方都可以快速、便捷、经济地享受其资源和服务。另外在它的网上读书栏目中有近 10 000 册精选的中文图书、近 2 000 册西文西典著作以及古籍图书馆的全部藏书（包括经典阅读、百年敦煌、中国文史和千家诗），都可以免费阅读。

网址：http://www.d-library.com.cn

4. 方正 Apabi 数字图书馆

方正 Apabi 数字图书馆由北大方正电子有限公司建立。该公司是全球跨媒体信息传播领域综合解决方案的领先提供商，主要向全球新闻出版、广播电视等领域提供先进的技术、产品、解决方案和服务，公司的这种技术领先优势为建设数字图书馆提供了有力的技术支持。方正 Apabi 数字图书馆主要负责制作和提供新书，现有图书约为 8 万多种。方正数字图书馆出版的图书有其自身特点，主要出版的学科领域为经济、自动化技术、计算机技术和外语类图书，此外，各类热门图书也占很大比重。该数字图书馆提供的服务方式主要是销售软件平台和电子图书镜像。图书馆用户还可以按专题分类订购。需要注意的是方正数字图书馆对用户有复本数限制，且其图书价格较高，约为其他几家公司图书价格的 2 倍左右。因此，方正数字图书馆用在大学里比较多。

网址：http://www.apabi.com

二、四个中文电子图书系统之间的比较

1. 学科内容

超星数字图书馆所收录范围主要有法律、政治、信息传播、艺术、数理化、医学等众多类目，是一个综合性的图书数据库，其中以经典著作、1997 年以前的图书资料为主，尤其在史料图书方面十分有特色，例如：“文史资料”，“超星”搜集了 3 万多册，超过了世界闻名的加州大学伯克利分校的中国问题研究中心的收藏，成为目前最全的收藏。此外，其环保类图书还囊括了全

国所有该类图书。书生之家主要收录每年出版的新书为主，尤其是在人文科学、社会科学图书方面有较突出的收藏，其中四级导航目录列出了教参和生活百科方面的书籍。方正电子图书网站涉及生活、历史、地理、政法、文学、文化、科普、经济、工业、计算机等方面的书籍，但偏重于文科方面。中国数字图书馆累积建设了总量近10TB的数字资源，内容涉及文学、艺术、法律、科技、教育、旅游等各类信息，并依托国家图书馆馆藏进行了古籍的数字化加工工作。文科方面的收藏以中国数字图书馆文科方面最为突出，其次依次为“超星”、“书生”、“方正”。

2. 技术制作

目前制作电子图书的技术方法主要有：简单扫描、增强扫描、OCR识别、录入排版、格式转换等，这些方法各有利弊。四大电子图书系统在此基础上，各自采用具有特色的制作技术。

书生之家采用全息数字化技术，全息有三个含义：首先是全部的信息，经过处理的产品必须能够反映印刷版出版物的所有信息，不仅包括文字内容，而且还包括版式版面信息；其次是能够对处理后的产品进行摘录、编辑和打印。通过文本排版实现全息化的产品可以直接通过文本摘录对所选内容进行编辑和打印，而通过图像方式实现全息化的产品，文字部分可以通过图像摘录OCR识别后进行摘录、编辑和打印；最后是能够对处理以后的产品进行各种各样的检索，这些检索包括标题、作者、出版单位、关键词、提要、全文检索。

超星数字图书馆主张文本模式应该符合国际标准的PDF格式或XML格式。其做法是扫描模式使用超星成熟完善的PDG技术，文本模式采用PDF格式和HTML格式，与国际标准接轨。

方正Apabi采用“格式转换”和“OCR识别”两种形式制作。目前许多出版社都已经采用方正Apabi网络出版解决方案出版和发行电子书，且方正Apabi网络出版解决方案已成为北美和东南亚地区中文电子书的首选方案。

中国数字图书馆采用多种形式的技术方式：中文文献数字化及OCR生产线；西文及小语种数字化加工生产线，法律文书、文件、病历、证券、档案、票据等特种行业数字化加工生产线；善本数字化加工生产线；缩微胶片数字化加工生产线；对图书报刊、档案、彩色图片、缩微胶片扫描；对影像经OCR识别排版后生成文本数据；对大型图片、珍贵文献高清晰度扫描；对音像制品（VHSBetacam、CD、VCD、LD、DVD、CD-ROM等）数字化加工，实现多种采集格式的数字化转换。

3. 服务功能

电子图书系统的最终目标是用户服务，目前中文电子图书服务情况见表7-1。

表7-1 中文电子图书服务功能比较

	超星数字图书馆	书生之家之“中华图书网”	方正Apabi数字图书馆	中国数图公司网上图书馆
服务方式	网络服务（用户免费注册+购买读书卡） 镜像服务	网络服务（用户免费注册） 镜像服务	网络服务 局域网服务	网络服务（数图读书卡） 镜像服务
用户使用	在线注册 离线注册（机器码注册） 读书卡注册 网络/阅读注册，无限制	网上免费服务	在线注册	读书卡登记注册后使用，每卡限三个终端

续表

	超星数字图书馆	书生之家之“中华图书网”	方正Apabi数字图书馆	中国数图公司网上图书馆
版权情况	与中国版权保护中心签订协议，通过著作权集体管理机构获得授权和支付报酬	所提供的数字图书100%获得出版社的授权。目前已有入网出版社300多家、期刊社600多家、报社100多家	所有电子书均由出版社正式授予信息网络传播权，从源头解决版权隐患	事先取得每部作品著作权的使用许可

4. 检索、阅读功能

检索界面是电子图书系统直接面向用户的窗口，它集中体现了整个系统的浏览、检索与显示等功能。用户使用电子图书有两个途径，一是访问其主网站，在其网站上浏览和检索书目，并选择感兴趣的书目进行在线阅读（当然阅读的前提是客户端已事先安装阅读该电子图书的专用阅读器）；二是打开已安装好的专用阅读器，在阅读器中浏览或检索书目并随时进行阅读。网页检索比较见表 7-2，专用电子图书阅读器功能见表 7-3。

表7-2 网页检索比较

	超星数字图书馆	书生之家之“中华图书网”	方正Apabi数字图书馆	中国数图公司网上图书馆
分类浏览	有	有	有	有
检索方式	多种检索功能、不同检索服务器：数字图书馆搜索引擎；书名/著者检索；关键词检索；分类检索；二次检索	基本字段检索（六种检索入口）	书名、著者、出版社、ISBN号等检索入口及组合检索方式	高级检索方式，10个检索字段；匹配检索；字段组配；限制检索
显示	页面导航/二次查询	翻页/跳至？页	翻页/跳至？页	翻页/跳至？页
其他栏目	特色图书馆、专题阅读、新书上架、书评书讯、读书社区、在线咨询等	用户管理	新书推荐、排行榜、新书试读、热线导读、最新新闻、免费下载、最新图书等	出版社图书（古籍、外文图书）

表7-3 专用电子图书阅读器功能

	超星数字图书馆	书生之家之“中华图书网”	方正Apabi数字图书馆	中国数图公司网上图书馆
浏览器版本	SSReader3.9	4.0build 1029网络版	Reader1.75版本	中国数图浏览器Beta 1.01版本
分类检索	有	有	有	有
检索方式	1. 分类检索 2. 模糊检索 3. 复合检索	1. 专项检索：通过选择作者、书名、ISBN、出版社中的一项进行检索。 2. 组合检索：通过选择作者、书名、ISBN、出版社中的几项逻辑组合进行检索。	1. “中图法浏览”检索 初级检索 高级检索 2. 二次检索	1. 分类检索 2. 高级检索

续表

	超星数字图书馆	书生之家之“中华图书网”	方正Apabi数字图书馆	中国数图公司网上图书馆
简单检索	书名、出版社、出版日期	图书名称、出版机构、作者、丛书名称、ISBN、提要	书号、书名责任者、出版社、关键词、全面检索	书名、作者、分类号、出版社
全文检索	有	有	有	有
匹配规则	无	无	无	任意一致、前方一致、后方一致、等于
显示	显示模式 显示风格 显示比例 窗口排列	显示模式 显示比例调整	显示比例调整 更换背景色	
打印	每页打印	每页打印	有出版单位设置打印权限	每页打印
下载	付费全文下载、不限次数，可转存	不能下载	全文下载，有限制，不可转存	全文下载，有限制，不可转存
阅读功能	全文检索、文字识别、书签、笔记	全文检索、拷贝文字、书签、笔记	全文检索、批注、文字拷贝、书签、划线加亮等	书签

四个系统均拥有较多检索入口及检索组配功能，尤以书生之家和“数图”为佳；一般均具有全文检索功能，尤其是方正数字图书馆和书生之家。另外，除方正数字图书馆外的其他三个系统均有极好的网站与专用阅读器之间的联通与互动的功能，可随时及任意地从网站到阅读器、再从阅读器到网站进行切换，实现优势互补。

任务3 电子图书的使用

目前电子图书市场的发展如火如荼，大型中文图书服务系统如超星数字图书馆、书生之家“中华图书网”、北大方正数字图书馆、中国数图网上图书馆等，各个电子图书出版系统均有其各自的数字版权保护方案、图书阅读专用工具（浏览器或阅读器），以及不尽相同的服务模式和服务对象。下面以超星电子图书和方正 Apabi 电子图书为例介绍中文电子图书的使用。

一、超星电子图书的使用

1. 用户登录及阅读器下载

如果读者为校园用户，且所在学校图书馆是超星数字图书馆镜像站点之一，通过点击图书馆主页的“数据库—超星数字图书馆”进入镜像站点，无须输入用户名及密码。

初次使用超星电子图书时需下载并安装超星图书阅览器（SSReader）。点击镜像站点“浏览器”，在弹出的文件下载窗口中选择“在当前位置运行该程序”，然后点击确定。出现超星阅览器安装向导后，请根据向导安装阅览器。超星数字图书符合传统图书的阅读习惯，有上页、下页和目录等书页的概念，显示页面可以随意放大、缩小和移动，并采用了自动滚屏显示等技术，保证阅读速度。嵌入了汉王 OCR 识别系统，可以将图像格式转换成文本文件。利用双层检索技术，实现了图像方式数字图书的全文检索。

2. 电子图书的检索

超星数字图书馆以先进的中文全文检索系统为平台，提供分类、书名、作者、书号、出版日期等检索方式，可直接获得原文。

分类检索：在分类检索目录下，包括有马列主义毛泽东思想、哲学、数理科学和化学、生物科学等 22 个大类。点击分类目录，就会出现这个目录下的子目录（有时也会直接出现此目录下的图书）。在分类目录下，也可在查询栏中输入所需图书的题名或题名中的某些关键词，此时，凡是题名中含有这个词的图书都会显示出来。

简单检索：在网页的左上方先通过下拉菜单选择书名或作者等选项，再在文本框中输入检索词，点击“查询”即可得到检索结果，直接点击结果中书目的“阅读”可以在线阅读此书。简单检索界面如图 7-1。

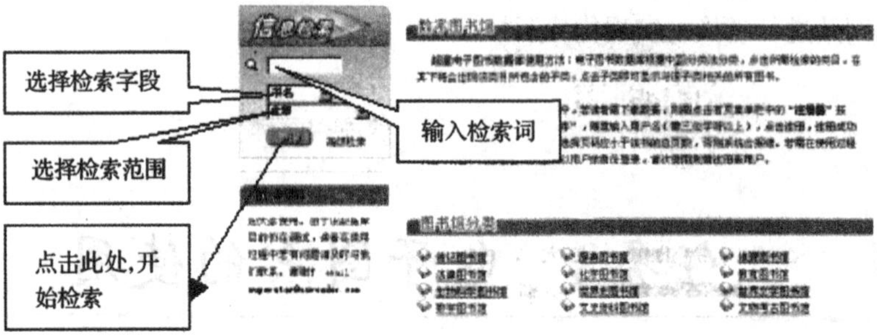

图 7-1 简单检索界面

高级检索：点击主页左上方的“高级检索”，可进行分类、书名、作者、书号、出版日期的组合检索。

检索结果分为多屏进行显示，可任意前后翻页，也可随意跳至任意一页以查看检索结果。

3. 电子图书的显示与浏览

超星电子图书的显示非常方便，它将每本书分成目录与正文，并在其阅读器右上方设有章节导航。阅读器提供了多种功能：

（1）自动滚屏：实现屏幕自动滚动，这是超星图书最具特色的显示功能。

（2）手动翻页：在浏览器中每次只显示一页，可通过窗口工具栏中的上、下翻页按钮连续阅读。也可用 PageDown/PageUp 键和向下的箭头键来翻页浏览。

（3）到指定页：根据需要指定“页号”到相应的页。

（4）放大镜：共有两个放大镜，固定区域放大镜和可变区域放大镜。

4. 电子图书的复制与下载

超星电子图书的内容通过文字识别可以粘贴到 Word 等 Windows 环境下的编辑器中进行编辑，也可打印。阅读图书时点击“工具”图标或鼠标右键，在下拉菜单中选择“下载”，确定存放路径，点击确定即可下载。右击选项框中“我的图书馆”图标，可根据个人需求新建分类，如“文学”、“教育”等等，以便下载存放到相应类目。

读者若登录到超星主网站使用其电子图书馆，则要购买“超星读书卡”。“超星读书卡”可以在一台机器一年内下载超星数字图书馆的图书，下载数量不限；主要内容是卡号和卡号密码，用户可以在市面上（如软件销售店）购买，也可以通过邮购方式购买。“超星读书卡”可以在 SSReader3.5 以上版本中直接注册。点击“注册”菜单中“用户注册”下的“新用户注册”选项，在显示的新用户注册页面中按照要求填入相应的用户个人信息，作为用户个人资料的备份提交系统，注册成功后，用户必须记住自己的用户名和密码，这是在“读书卡注册”和“用户登录”时需要验证的用户信息，忘记它们会导致下载资料不能阅读。新用户注册成功后，即可开始读书卡的注册充值，点击“注册”菜单下的“读书卡注册”选项，点击“注册”菜单下的“读书卡注册”选项，在“读书卡注册”页面中填入用户名、密码、“超星读书卡”卡号、“超星读书卡”密码 4 项信息。读书卡注册完成后，用户就可以下载图书了。下载的资料允许打印，也可以刻成光盘或拷贝到其他机器上使用。

注意事项：

（1）用户必须先进行新用户注册，再进行读书卡注册，否则读书卡注册不会成功。

（2）读书卡是和注册机器惟一对应的，只有在进行读书卡注册的机器上才可以下载图书。

（3）一个用户名最多可以在 10 台不同的机器上注册登录，但对同一个机器的注册次数不限。

二、方正Apabi电子图书的使用

方正 Apabi 数字图书系统由北大方正电子有限公司制作，收录了全国 400 多家出版社出版的最新中文电子图书，涵盖了社会学、哲学、宗教、历史、经济管理、文学、数学、化学、地理、生物、医学、工程、机械等多种学科。

1. 用户注册与阅读器下载

使用 Apabi 电子图书，首先应从其网站下载安装相应的电子图书阅读器——方正 Apabi Reader。方正 Apabi 在阅读器的功能设置方面不仅考虑到了电子图书资源在使用时的特性，也成功借鉴了传统阅读方式的经验，除设置了页面缩放旋转，图书章节导航、书上内容查找、有限制的文字拷贝（目前暂规定为 200 字）、打印（由出版单位规定权限）、全文下载（不可转存）等电子图书的功能外，还设置了上下翻页、目录页 / 正文页、指定页 / 手指针定位页、自动滚屏，加书签、批注、划线、加亮、圈注、显示比例调整、更换背景颜色等比照传统阅读方式的功能，使广大读者在使用电子图书时，仍然可沿用传统阅读习惯，使电子图书的阅读尽可能地接近于传统图书的阅读，利于读者快速接受电子阅读。

在正式使用电子图书之前，应先进行用户注册，以通过系统验证并获合法的使用权。Apabi的用户注册有 IP 认证和用户 / 密码登录两种方式。点击 Apabi 本地服务网站上的“用户注册”，系统验证用户 IP 或用户 / 密码为合法，即可完成注册。用户注册只有在第一次使用方正 Apabi 电子图书的时候才需进行。

2. 电子图书的浏览和检索

方正 Apabi 本地服务网站可提供电子图书的学科浏览以及检索。点击页面的“显示分类”，在下面的下拉列表框中选择按“常用分类”或“中国图书分类法”浏览图书。

点击“中国图书分类法”大类名称前带“+”的方框可逐级展开该类直至最小类目。可通过书名、著者、出版年、ISBN 等进行简单检索查找图书；还可通过各种找条件的组合进行高级检索查找图书。查到所需图书后，点击书名可看到该书的内容简介。

简单检索：可以以书号、书名、责任者、出版社、关键词、全面检索和全文检索为检索条件，输入检索词，点击“查询”按钮，即可迅速查到要找的书目。

高级检索：点击“高级检索”，可以在列出的项目中任选检索条件，如有多个检索条件，则它们之间可以用“并且”或“或者”进行连接。在“中图法分类”处点击“选择”，可在出现的对话框中选择分类。所有的选项设置完成以后，点击“搜索”开始高级检索。

在“简单检索”和“高级检索”的搜索结果显示页面中，会显示二次检索条。选择“结果中查”，在当前结果中增加检索框中的条件后再进行检索，选择“新查询”，则使用检索框中的条件开始一个新的检索。

3. 检索结果的显示、下载

提供了两种查询结果的显示模式，可通过选择页面上方的“图文显示”或“列表显示”定制显示模式。点击在线浏览可在线阅览图书，不占复本数。一个读者只能在线浏览一本书，打开第二本时，第一本将自动关闭。每种书在线浏览时间为 2 个小时，超时后将自动关闭。阅读图书全文需将电子图书下载到本地计算机（如果书右下角注有“本书可借”表示该书可以下载），点击“下载”按钮，该书的电子全文就自动下载到读者本地计算机的“藏书阁”中。点击“藏书阁”即可看到所下载的电子图书，双击电子图书的图标即可阅读全文。

4. 图书的预约、续借与归还

如果是已经被借完的资源，会显示“资源已借完预约”。点击后弹出预约窗口。读者可根据需要开始进行预约，并留下真实的 E-mail 地址，预约结果将通过 E-mail 通知。预约有效天数可以修改，但不能超过 60 天。预约成功后，在有效的天数内，系统将在有复本后发送 E-mail 通知。在收到 E-mail 通知之后的 2 天内，可到“用户服务区”的“预约图书”中借阅下载。在 Apabi Reader 的藏书阁中右键点击选定图书，在出现的菜单中选择“归还此书”或“续借此书”完成相应操作。

复习思考题

1．简述电子图书。

2．电子图书的特点。

3．简述电子图书系统。

4．试用方正 Apabi 电子图书。

模块八　云图书馆

任务1　云计算概述

随着多核处理器、虚拟化、分布式存储、宽带互联网和自动化管理等技术的发展，产生了一种新型的计算模式——云计算，它能够按需部署计算资源，用户只需要为所使用的资源付费。从本质上来讲，云计算是指用户终端通过远程连接，获取存储、计算、数据库等计算资源。云计算在资源分布上包括“云”和“云终端”。“云”是互联网或大型服务器集群的一种比喻，由分布的互联网基础设施（网络设备、服务器、存储设备、安全设备等）等构成，几乎所有的数据和应用软件，都可存储在“云”里。“云终端”，如PC、手机、车载电子设备等，只需要拥有一个功能完备的浏览器，并安装一个简单的操作系统，通过网络接入“云”，就可以轻松地使用“云”中的计算资源。

一、云计算概念

1. 云计算的概念

计算机的应用模式大体经历了以大型机为主体的集中式架构（数据中心1.0）、以PC为主体的客户/服务器分布式计算架构（数据中心2.0）、以虚拟化技术为核心面向服务的体系结构（SOA）及基于Web2.0应用特征的新型架构（数据中心3.0）。计算机的应用模式、技术架构及实现特征的演变是云计算发展的时代背景。

云计算是由英文Cloud Computing翻译而来的。这样一个通俗的技术术语，却难以找到业界统一的定义。随着云计算术语的流行和广泛使用，有必要对云计算的由来和其核心概念简略进行介绍，以方便理性分析和讨论。

云计算中的“计算”是一个简单而明确的概念。“计算”是指计算应用，在产业和市场中，可以指一切IT应用。随着网络技术的融合，一切信息、通信和视频应用也都整合在统一的平台之上。由此推而广之，云计算中的“计算”可以泛指一切信息通信技术（ICT）的融合应用。所以，云计算术语的关键特征并不在于“计算”，而在于“云”。

应该说，云概念这个术语的诞生和使用纯属偶然。在互联网技术发展的早期阶段，技术人员都习惯性地将互联网画成一朵“云”来表示，因为这样一来，人们可以简化网络内部的技术细节和复杂机制来方便讨论新技术。随着互联网技术的飞速发展，互联网应用的全面普及和广泛深入，互联网技术使ICT应用架构发生了深刻和根本性的改变，于是采用云计算来代表和体现新型的网络计算特征和技术趋势就变得非常自然。因此，云计算这一术语很容易就在业界流行起来。

互联网技术成为ICT应用的基础，层出不穷的互联网应用需求也要求ICT理念进行重新思考和设计。这种改变不仅带来ICT应用平台的更新换代，而且也带来ICT应用实现和商用模式的创新。这种变化的影响是如此巨大而鲜明，以至于人们可以从多个角度和视角来描述这些新的特征和现象。

2. 云计算的定义

维基百科（Wikipedia.com）认为，云计算是一种基于互联网的计算新方式，通过互联网上异构、自治的服务为个人和企业用户提供按需即取的计算。云计算的资源是动态、易扩展而且虚拟化的，通过互联网提供，终端用户不需要了解“云”中基础设施的细节，不必具有相应的专业知识，也无须直接进行控制，只关注自己真正需要什么样的资源，以及如何通过网络来得到相应的服务。

美国加州大学伯克利分校最近发表了一篇关于云计算的报告，该报告认为，云计算既指在互联网上以服务形式提供的应用，也指在数据中心中提供这些服务的硬件和软件，而这些数据中心中的硬件和软件则被称为云。

商业周刊（Business Week.com）中的文章指出，Google的云就是由网络连接起来的几十万甚至上百万台廉价计算机，这些大规模的计算机集群每天都处理着来自于互联网上的海量检索数据和搜索业务请求。Google全球副总裁李开复博士的定义为：“云计算，就是要以公开的标准和服务为基础，以互联网为中心，提供安全、快速、便捷的数据存储和网络计算服务，让互联网这片‘云’成为每一个网民的数据中心和计算中心。”

商业周刊在另一篇文章中总结道：从Amazon的角度看，云计算就是在一个大规模的系统环境中，不同的系统之间互相提供服务，软件就是以服务的方式运行，当所有这些系统相互协作并在互联网上提供服务时，这些系统的总体就构成了云。

IBM认为，云计算是一种计算风格，其基础使用公有或私有网络实现服务、软件及处理能力的交付。云计算也是一种实现基础设施共享的方式，云计算的使用者看到的只有服务本身，而不用关心相关基础设施的具体实现。

“为了理论和讨论的严谨性，本文给云计算更为明确而严格的定义：云计算是在整合的架构之下，基于EP网络的虚拟化资源平台，提供规模化ICT应用的实现方式。”

云计算的实质是网络下的应用，是由IP和IT技术共同构建的。从发展的角度来看，“云”的技术和目标是一个逐步演化的过程。例如，Web技术出现时，就具备了云计算的应用特征，有了统一界面的雏形。随着服务器应用平台上的虚拟化技术的成熟和Web统一界面的推出，虚拟化和Web走向结合，使得云计算可以在一个整合的架构上统一实现。

二、云计算的模型

比较熟悉的早期云计算实践来自于国际上以亚马逊、谷歌（Google）和 Saleforces.com 为代表的公司，并且都提供了具有显著特征，但又代表着不同模式的成功云业务。

1. 基云系（IaaS）

基云系是指将 IT 的基础设施作为业务平台，直接按资源占用的时长和多少，通过公共互联网进行业务实现的“云”。基云系的用户可以是个人，也可以是企业、集体和行政单位。基云在英文里是 IaaS，也称基础设施即服务。亚马逊（Amazon）是业界通过其弹性计算云（EC2）最早实施基云的运营商。基云的 IT 业务将计算、存储、网络、安全等原始 IT 资源以出租形式租给用户。用户可以通过操作系统和应用软件（如数据库和 Web 服务软件）使用租来的 IT 资源。

2. 平云系（PaaS）

平云系是指将应用开发环境作为业务平台，将应用开发的接口和工具提供给用户用于创造新的应用，并利用互联网和提供商来进行业务实现的“云”。平云可以利用其他基云平台，也可以用平云运营商自己的基云平台。平云在英文里是 PaaS，也称为平台，即服务。谷歌（Google）通过其 AppEngine 软件环境向应用开发者提供平云业务，应用开发者必须采用 AppEngine 应用接口来开发应用。

3. 软云系（SaaS）

软云系是指基于基云或平云开发的软件。与传统的套装软件不同，软云是通过互联网的应用来进行业务的实现。软云业务可以利用其他的基云和平云平台，也可以利用软云运营商自己的基云和平云环境。软云在英文中是 SaaS，也称为软件，即服务。

Saleforces.com 是最著名的软云运营商之一，提供企业资源规划（ERP）应用服务。软云为用户省去了套装软件安装、维护、升级和管理所造成的麻烦，因为应用程序完全由软云运营商集中管理。

云计算按照层次可将业务模式划分为 3 层，最顶层是软云，中间层是平云，底层是基云。在基云之下是构建云计算的基础技术。

三、云计算技术

云计算发展除了需求驱动以外，也需要技术的支撑。云计算的主要支撑技术体现在以下 5 个方面。

1. 虚拟化技术

（1）硬件虚拟化　可使一台计算机或服务器虚拟为多台计算机或服务器，也可将分散的计算机资源动态整合为一个强大的虚拟计算机并实现动态负载均衡。

（2）存储虚拟化　可使分散的存储资源集中到一个大容量的存储池，统一管理并实现数据多份备份，提高可行性。

（3）网络虚拟化　既可将一个物理网络节点虚拟成多个节点增加连接数量，又可通过网络交换机或网络虚拟化减少网络设备数量。

（4）应用或服务的虚拟化　可按实际需求调配资源、快速部署应用。

（5）云端设备虚拟化　可实现云端设备集中管理，支持丰富的云端设备随时随地可用并相互同步。

总之，虚拟化技术是一个重大的技术进步。虚拟化可使物理资源与服务需求之间的对应关系变得非常灵活，实现 1- > N, N- > 1, N- > M, …的任意映射关系，达到计算资源可变粒度、可伸缩、高利用率和高可用性等要求。

2. 海量分布式存储技术

世界范围内产生、获取和复制的数字信息量在近 5 年时间里增加为 10 倍。存储器性价比最近 5 年里提高了 25 倍。这种需求和技术进步促进了海量分布式存储技术的发展，它采用大量分布的存储单元，以高可靠软件技术（包括冗余存储、虚拟化等）实现低成本、高性能、高可靠性、高伸缩性的海量数据存储。

传统的关系数据库对于管理结构化数据是很有效的，但当需要处理海量的结构化和非结构化数据时，需要发展新的数据管理技术。一些公司也发展了专门的技术，使用户可以将现有的、分散的存储资源整合为适应云计算的统一调度的海量分布式存储资源。

3. 高效的分布式处理

采用大量通过网络连结的低成本计算机或计算机集群，实现高效的分布式事件和事务处理。运用动态的负载均衡、群组管理调配和容错技术，充分发挥这些计算机或计算机集群的计算能力并达到高可用性。云计算的分布式处理继承和发展了网格计算（Grid Computing）和效用计算（Utility Computing）技术。为了便于开发支持这类分布式处理的应用服务，已发展出了一些并行编程模式，如基于开源 Hadoop 的 HDFS 和 MapReduce 就是一种流行的模式。这种技术的一个明显效益是就是使低成本的 PC 服务器集群可取代昂贵的小型机。

4. 自动管理监控技术

云计算系统可能包含数以万计或十万计的服务器，它们分布在异地的多个数据中心中，运行着许多不同的应用。按统计规律，经常会发生某个硬件出错或失效的情况，因此系统应当具有自动管理监控能力，能快速发现故障并自动恢复，以提供不间断的服务，并能按照业务需求，方便地调整部署，使系统具有很好的可维性。

数据表明，云计算的自动管理监控技术可以大大提高管理效率。例如，一般数据中心的人均维护服务器小于 100 台，而有的云计算公司的人均维护服务器可达 3 000 台，效率高出 30 倍。随着自动管理监控技术的发展，云计算的运维将越来越简单，成本也将越来越低。

5. 云计算信息安全技术

云计算除了有一般信息系统的信息安全问题以外，还有特殊问题。一方面，规模巨大产生的新问题，包括计算资源、用户数量、网络结构、应用或服务种类等，云计算都比一般信息系统有几个数量级的增加，对这样的复杂系统如何保障信息安全是一个难题。另一方面，计算模式变化产生的新问题，由于计算资源和数据已经不受用户的直接控制（对公共云），这就涉及如何保障用户隐私权的问题。与此相关的还有法规和观念等问题，还有待于在今后的实践中逐步解决。

四、云计算的基本特征

1. 动态的高度可扩展性

云技术使用户可以随时随地根据应用的需求动态地增减 IT 资源。由于应用运行在虚拟平台上，没有事先预订的固定资源被锁定，所以云业务量的规模可以动态伸缩，以满足特定时期、特定应用及用户规模变化的需要。

2. 虚拟化的超大规模

云业务的需求和使用与具体的物理资源无关，IT 应用和业务运行在虚拟平台之上。云计算支持用户在任何有互联网的地方、使用任何上网终端获取应用服务。用户所请求的资源来自于规模巨大的云平台。

3. 高可用性

云平台使用数据多副本复制容错、计算节点同构可互换技术来保障服务的高可用性。任何单点物理故障发生，应用都会在用户完全不知情的情况下，转移到其他物理资源上继续运行，使用云计算比使用其他计算手段的可用性更高。

4. 按需使用，按用付费

云业务是一个庞大的资源池，用户按需购买，如同像自来水、电、煤气那样计费。无论是短期还是长期，云计算的商业模型都按使用量付费。

5. 资源复用，成本廉价

由于云计算采用资源的统计复用技术，所以 IT 物理资源的利用率大为提高，从而使云的业务成本大大降低。

6. 云服务角色

（1）软硬件平台提供商　云计算的实现依赖于能够实现虚拟化、自动负载平衡、随需应变的软硬件平台。

（2）系统集成商　帮助用户搭建云计算的软硬件平台，尤其是企业私有云。

（3）服务提供商　这一部分涵盖了为企业和个人用户提供计算和存储资源的 IaaS 公司，是云计算的核心领域之一。

（4）应用开发商　即应用服务商（SaaS）。

任务2　云计算技术在图书馆中的应用

云计算是云服务的基础支撑，而云服务才真正让云计算落地。在教育领域，要更多地明确“云服务”而非“云计算”；在云计算的概念中，更多的是计算资源、平台，是科研路线；而云服务则是从用户需求着眼，为用户提供技术支持，提供服务，这是两种不同的路线。在教育领域，对于云服务的实践，图书馆走在了前面。

一、云计算技术与应用研讨会

1. 云计算技术与应用研讨会概况

2011 年 10 月 24～26 日，由 CALIS 主办的“2011 全国高校图书馆云计算技术与应用研讨会”，在西安交通大学召开。

在这次大会上，来自 190 个 CALIS 成员馆、8 个其他系统图书馆的 300 多名与会者，以及国内外知名厂商，对近年来发展迅猛的云计算技术在高校图书馆的应用实践进行热烈的讨论，并在 CALIS 云服务平台推广到 30 个省共享域中心的背景下，共同研究如何更好地规划和建设本地云图书馆，同时无缝整合 CALIS 两级云服务，以及高校图书馆云服务的整合和发展模式。研讨会上，专家、合作伙伴和高校图书馆界的代表围绕“高校图书馆云计算技术与应用实践”这一主题，共同交流、探讨云计算相关技术和应用实践经验，探讨高校图书馆云服务的整合和发展模式。

近年来，云计算技术发展迅猛，相关产品和解决方案日渐丰富，国内已陆续建立起多个国家级云计算基地或服务中心，高校图书馆界在云计算技术应用和实践方面也取得了一定的经验。CALIS 在 2009 年就正式将云计算技术作为 CALIS 三期项目的核心技术之一。CALIS 三期项目本着“以信息化带动教育现代化，构建具有国际先进水平的高等教育公共服务平台”为总目标，在 2010 年 9 月正式向全国高校图书馆推出了基于云计算技术的两级云数字图书馆共享服务平台—国家级云服务中心和省级云服务中心，致力于为 1 800 所高校图书馆提供普遍云服务。到目前为止，CALIS 云服务平台已推广到 30 个省级共享域中心，越来越多的高校图书馆开始整合和使用 CALIS 两级云服务。

为了使高校图书馆全面了解和掌握 CALIS 云数字图书馆及国内外知名厂商提供的领先的云计算解决方案，了解国内高校图书馆在云计算技术应用方面的实践经验，以便图书馆能更好地规划和建设本地云图书馆，同时能无缝整合 CALIS 两级云服务，更好地推动云计算技术在全国高校图书馆的应用。CALIS 技术中心的有关专家，分别介绍了 CALIS 已推出的服务以及整合技术的解决方案。联想集团、Oracle 公司、Dell 公司等厂商，也带来了各自云服务解决方案。

2. 专家对云计算在图书馆应用的观点

在互联网时代，创新带来技术的变革，技术的变革又改变了服务的模式。云计算技术的出现，使图书馆的服务模式正在发生改变。云计算的本质是计算共享，云计算的应用重点是提升图书馆的服务能力。

（1）王小力（西安交通大学校党委常务副书记） 王小力在开幕式的致辞中表示：当“云”飘进图书馆时，它革命性的举措，给图书馆带来颠覆性的变化。他认为，在云时代，图书馆再也无须配置庞大的机房和其他基础设施，完全可以将资源分布在“云”上，实现整合、组织、关联、导航，甚至可视化服务。以互联互通的图书馆网作为支撑环境，整个行业就是一片“云海”。CALIS 是云计算在我国图书馆的典型应用，CALIS 三期建设的进程和成果，受到普遍关注。王小力认为，正在进行的 CALIS 三期建设将使图书馆的发展步上新台阶。

（2）朱强馆长（CALIS 管理中心副主任、北京大学图书馆馆长）

①云计算的优点与价值。云计算有诸多优点，云计算给图书馆信息资源共建共享带来了一

种新的思路。云计算的价值在于能让图书馆快速建立和完善自己的数字图书馆平台，降低数字图书馆系统的管理难度和维护成本。通过软件租用，图书馆可以摆脱设备、软件以及技术的制约，从而专注于图书馆业务和服务，开展服务创新。并且，“云计算”的价值不仅在于其先进的技术本身，更体现在技术应用理念方面。云计算可以将庞大的异构资源更好地整合起来，通过统一的平台提供给用户，这样就打破了异构系统的限制，消除了资源共建、共享的技术障碍，进一步扩大资源共建、共享范围，快速提升我国高等教育图书馆的整体服务水平。通过云计算实现的整合，还可以形成学科性、区域性和全国性不同层次、不同范围的协作和共享，共建、共享的范围和形式变得灵活而多样。

② CALIS 云服务实践。自从 2009 年 CALIS 推出了第一个云服务（馆际互借与文献传递系统 SaaS 服务）以来，到 2011 年 7 月，31 个省、直辖市、自治区和特别行政区已建成了省级云中心并开通服务。CALIS 提供的云图书馆解决方案实现了国家中心、省中心、图书馆之间的三级互联互通，各个省中心或区域图书馆联盟既能够利用 CALIS 平台很容易地构建区域性数字图书馆，又能与 CALIS 国家中心和成员馆实现相互集成，形成全国范围内互联互通的高校数字图书馆服务体系。CALIS 已初步实现了高校图书馆之间的数据共享、文献共享、知识共享、软件共享、设备共享、人力资源共享和服务共享。CALIS 以为读者服务为目标，建设的资源包括中外文图书、中外文期刊、中外文学位（会议）论文、高校古籍等，目前资源总量约 7 000 万条。CALIS 已经可以为 1 251 所高校提供服务。到三期结束时，成员馆将增加到 1 800 所以上。

③ CALIS 三期的任务。CALIS 管理中心从 CALIS 三期的任务、云服务平台、三 E 云服务（e 搜、e 得、e 问）、个性化云门户、CALIS 云服务接口和图书馆本地门户整合、云盘服务、云数据同意交换、高校使用 CALIS 服务的方式等方面，多角度对 CALIS 进行全面而系统的介绍。CALIS 接下来将推出个性化中心门户，面向图书馆、读者等，开发各类移动应用，其统一认证将与 Shibboleth 无缝集成。面向读者的 CALIS 文献提供服务门户，以及 e 问的共享版门户，开通 CALIS 联合问答和 CALIS 业务咨询台。下一步的工作重点包括省级中心评优与模式研究，示范馆计划，标准规范、深化服务预研等一些项目建设。

（3）俞炳丰馆长（CALIS 西北地区中心副主任、西安交通大学图书馆馆长） 云经历了概念的讨论和基础架构的实验，目前正处于部分云应用阶段。西安交通大学图书馆的自动化管理在云服务应用方面进行了一些尝试，该馆采用虚拟化技术和 SAN 存储技术，将近 20 个业务整合到虚拟平台中，学术资源探索与发现平台的引进，为师生提供了广泛的云服务。图书馆云服务正处于起步阶段，市场广阔，需要创新精神去开拓新应用，以便为读者提供更优质的服务，同时将图书馆信息化转变为社会化服务方式，即云服务方式，去迎接新一轮的社会信息化。西安交通大学图书馆作为 CALIS 西北地区中心，要配合 CALIS 全国中心做好西北地区的云服务。

（4）苟文选（陕西高校图工委副主任、西北工业大学图书馆苟文选书记） 云计算是互联网革命以来 IT 产业最深刻的变革，它对技术、存储、软件、计算、管理、网络、信息等各类资源的服务进行创新，提供灵活、低成本、个性化的新型服务模式，满足各类用户的现实需求。

（5）杨新涯副馆长（CALIS 重庆市中心负责人、重庆大学图书馆杨新涯副馆长） 云是图书馆的一种思行合一的案例，在更关心读者的年代，“云图书馆”要体现的是服务共享。它应具备的关键词是服务、性能、资源、共享、技术。图书馆要实现“云中漫步”，可以具备三个条件：①云图书馆服务，使用、租用 CALIS 中心平台提供的软件或数据服务，从共享域平台租用至少一个应用软件，在本馆部署至少一个 CALIS 软件，本地系统改进，其集成关键：是否支持联合认证、是否上传馆藏数据、是否开放部分 API 等，不同技术实力和层次的学校可以有不同整合模式的选择，重庆大学采取本地 + 租用模式，联合认证；②云之联系：单击登录 + WebService，只有采用统一身份认证，才能打破不同系统，让用户无缝获取服务，是 CALIS 云服务真正成为本地服务的一部分；③图书馆的云适应，图书馆对 CALIS 云服务进行本地化，以适应本馆的需求。

（6）张智雄（中国科学院国家科学图书馆馆长助理） 云计算模式的出现，给网络环境下图书馆的发展带来机遇。但云计算在图书馆的应用应该说还是一个新的课题。我们无法预料它所有可能的应用领域以及可能遇到的问题。云计算面临六“化”尴尬境地：虚化、池化、泛化、神化、概念化和飘渺化，因此人们应该理智地对待云计算，从自身的能力条件、应用水平、管理成本等多方面考虑，清醒而不盲从。让厂商去解决一系列的主机、存储、操作系统层面的事情，将人力部署到很多厂商不能解决的应用性问题，将重点放在云计算的最后一公里之上，即对于购买来的“云”，如何形成图书馆的服务能力，需要图书馆自行解决。

二、CALIS的云服务

1. CALIS 简介

中国高等教育文献保障系统（China Academic Library&Information System，CALIS），是经国务院批准的我国高等教育“211 工程”中“九五”、“十五”、“十一五”总体规划中三个公共服务体系之一。

CALIS 的宗旨是：在教育部的领导下，把国家的投资、现代图书馆理念、先进的技术手段、高校丰富的文献资源和人力资源整合起来，建设以中国高等教育数字图书馆为核心的教育文献联合保障体系，实现信息资源共建、共知、共享，以发挥最大的社会效益和经济效益，为中国的高等教育服务。

CALIS 管理中心设在北京大学，该专题项目由北京大学负责。

CALIS 通过“十五”建设，初步建成了“中国高等教育数字图书馆（China Academic Digital Library&Information System，CADLIS）”，形成了较为完整的分布式的全国高校数字图书馆服务体系。它以系统化、数字化的学术信息资源为基础，以先进的数字图书馆技术为手段，建立了包括文献获取环境、参考咨询环境、教学辅助环境、科研环境、培训环境和个性化服务环境在内的六大数字服务环境，为高等院校教学、科研和重点学科建设提供高效率、全方位的文献信息保障与服务，成为中国经济和社会发展的重要基础设施。迄今参加 CALIS 项目建设和获取 CALIS 服务的成员馆已超过 800 家。

CALIS 在“十一五”期间将继续组织全国高校共同建设以高等教育数字图书馆和海量数字资源长期保存为核心的新一代数字图书馆，运用 web2.0/3.0 等技术，开发新一代各类数字图书馆应用系统，完善和提升 CALIS 三级文献保障体系，为全国高校图书馆以及其他行业图书馆提供“高度个性化、用户高度参与和互动”的全新的数字图书馆系统，扩大 CALIS 服务范围。

CALIS 是经国务院批准的我国高等教育“211 工程”、“九五”、“十五”总体规划中三个公共服务体系之一。经过一期和二期的建设，CALIS 已经完成了搭建共建、共享框架的探索阶段，以及开发了一个可以顺利运行的平台和共建共享机制。在教育部要求扩大 CALIS 服务覆盖面的指导下，CALIS 从 2009 年开始进入三期，以“普遍服务”为宗旨，在前两期建设的基础上进一步扩大成员馆的数量和范围，扩充 CALIS 高校图书馆共建、共享体系，让更多的高校图书馆享受 CALIS 服务。

2. CALIS 迎来云时代

从“十一五”开始，CALIS 采用云计算在全国构建分布式的数字图书馆云服务平台，这是一个信号，意味着高校数字图书馆迎来云时代。CALIS 管理中心在其“十一五”项目（即三期项目，总投资 2.1 亿）建设中，采用云计算技术来构建新一代中国高等教育数字图书馆，旨在为全国近 2 000 所高校的成员馆提供标准化、低成本、自适应、可扩展的高校数字图书馆云服务平台，为高校师生提供全方位的文献服务、咨询服务、电子商务和个性化服务。

从 2008 年起，CALIS 陆续推出了支持 SaaS（Software as a Service）的新一代馆际互借与文献传递系统共享版（即 SaaS 版）、支持分布式“云”服务的 CALIS 数字图书馆云平台（CALIS EasyCloud Platform）以及其他一系列云应用系统。CALIS 第一个云服务分中心试点于 2009 年 3 月首先在 CALIS 天津分中心上线，为天津高校馆提供 CALIS 馆际互借与文献传递系统 SaaS 服务。在 2010 年，CALIS 其他云服务系统也陆续上线提供服务，2010 年 9 月 20 日，CALIS 国家云服务中心的主站点正式开通服务（www.calis.edu.cn）。除了天津分中心之外，还有多家 CALIS 省级云服务中心（包括重庆、山东、云南、新疆、吉林等）也相继建立。

CALIS 三期建设项目的创新在于既要建立两级支持共建和共享的云服务中心，又要为高校图书馆提供基于“混合云”的本地数字图书馆解决方案，同时，这些中心和成员馆又能彼此协作和集成，形成全国范围内互联互通的高校数字图书馆服务体系。

3. CALIS 云服务平台

CALIS 数字图书馆云服务平台，采用了云计算、Web2.0、SOA、社会网络、语义网等技术进行开发。整个 CALIS 数字图书馆平台由 4 个主要部分组成：

（1）中心云服务平台　用于构建 CALIS 国家云服务中心。CALIS 中心云服务平台由多个应用系统组成：会员管理与应用系统注册中心系统、用户统一认证中心系统、馆际互借与文献传递中心系统、参考咨询中心系统、个性化门户系统、馆际互借调度与结算中心系统、全国高校图书馆资源统一搜索系统、面向图书馆的个性化统一搜索系统、外文期刊服务平台、高校古文献服务系统、多馆联合资源订购系统、高校联合目录 OPAC 系统、高校多馆联机编目系统、CALIS 直通车服务平台等。

（2）共享域云服务平台　用于构建 CALIS 省级云服务中心。CALIS 共享域云服务平台由统一认证系统 SaaS 版、馆际互借与文献传递系统 SaaS 版、参考咨询系统、特色库系统 SaaS 版、学位论文系统 SaaS 版、教学参考信息管理与服务系统 SaaS 版、网络资源导航系统 SaaS 版等组成，能为各个高校馆提供应用系统租用服务。

（3）本地服务平台部署在图书馆　用于构建图书馆混合云。CALIS 本地服务平台包括统一认证系统本地版、馆际互借与文献传递系统本地版、参考咨询系统本地版等多个系统。并能与图书馆其他本地系统和 CALIS 各级中心系统实现集成。

（4）CALIS 云联盟服务平台　用于将不同的图书馆本地服务、CALIS 云服务以及第三方服务集成起来。CALIS 云联盟服务平台能对来自 CALIS 中心云服务平台、CALIS 省级云服务平台、图书馆本地平台提供统一的 API 托管服务，以统一的标准和规范供图书馆实现集成，以降低图书馆的服务集成的困难和成本，并为图书馆带来新的服务模式。

4. CALIS 云服务内容

（1）资源共享和租用服务　针对数据 / 知识的 SaaS 服务。

（2）服务共享和集成　以统一身份认证 / 联合认证为基础，构建全国性的读者认证中心，实现跨馆、跨域的单点登录，并为跨域的 SNS 社区的互联奠定基础；以 OpenAPI 和统一标准为依托，支持嵌入式整合、馆间协作、文献资源跨馆调度，支持对云服务的整合。

（3）应用共享服务　包括基于 SaaS 模式的应用软件租用服务、基于 OpenSocial gadget 的应用组件共享、其他程序模块 / 代码的共享等。

（4）跨域的资源整合和系统互操作　CALIS 提供的数字图书馆云服务解决方案能实现国家中心、省中心、图书馆之间的三级互联互通，能方便实现图书馆混合云。各个省中心或区域图书馆联盟利用 CALIS 平台很容易构建区域性数字图书馆，并能与 CALIS 国家中心和成员馆实现相互集成，实现区域范围内的资源共建、共享。

5. 高校图书馆使用 CALIS 云服务方式

（1）中心级云服务租用模式　使用 / 租用 CALIS 中心云平台提供的服务，包括全局租用服务、数据 / 知识共享和个性化服务（Global、Local）、业务与业务支撑服务、接口服务等。

（2）共享域级云服务租用模式　从共享域平台租用至少一个应用软件。

（3）本地模式　在图书馆部署 CALIS 本地平台，对原有本地系统进行改造（包括开放部分 API，支持相关标准规范等），并实现多层次集成（包括统一认证 / 联合认证集成、数据异步交换、数据实时传输、内嵌式集成等）。

利用 CALIS 本地平台，通过对图书馆原有系统进行改造（以支持 CALIS 相关接口规范），与 CALIS 共享域云服务平台、CALIS 国家中心云服务平台实现集成，图书馆能很方便地构建自己的混合云，实现高校读者在 CALIS 国家云中心、省级云中心、图书馆本地系统之间三级跨域的统一认证和单点登录，实现中心服务在本地的内嵌式集成，实现图书馆之间的协作服务，实现高校资源在 CALIS 三级服务体系中的资源交换和共享。

6. CALIS 各级平台之间的统一认证、馆际互借调度与结算

在上述三级平台的互联中，CALIS 通过建立国家级馆际互借调度与结算中心，并由各馆部署 CALIS 馆际互借与文献传递系统 ILL 本地版或租用 CALIS 共享域云服务中心提供的 ILL 租用版，能实现全国高校范围内文献资源的自动调度和结算，即调度中心能根据需求馆对文献的实际要求，自动寻找合适的文献服务提供馆，将文献自动发送给最终读者，同时自动完成结算，形成智能化的 CALIS 全国文献传递服务网络。

CALIS 数字图书馆云服务平台作为构建大型分布式的高校数字图书馆公共服务网络体系的基础性平台，为区域或学科型的图书馆联盟的公共云和图书馆混合云的构建以及跨域整合提供了有效的解决方案，能将分布在互联网中各个区域中心和图书馆的资源和服务整合成为一个整体，支持成员馆之间透明的服务协作和资源获取，支持馆际协作的社会网络的构建，支持多馆

资源的共建和共享。

对于高校数字图书馆服务体系而言，云计算的最大价值在于能让 CALIS 各类共享域和成员单位快速建立和完善自己的数字图书馆平台，降低数字图书馆系统的管理难度和维护成本，专注于图书馆业务和服务，开展服务创新，方便整合各类云服务，形成学科性、区域性和全国性的协作和共享，大大提高中国高等教育数字图书馆整体服务水平，为用户提供更好的资源个性化定制和推送服务，提高资源利用率，共同为高校师生提供更优质的资源和服务。一年多来的实践表明，唯有利用云计算，才能在较短时间内，实现服务于全国 2 000 所高校馆及其读者的 CALIS 三期建设目标。

任务3 百链云图书馆

云数字图书馆（Cloud Digital Library）是云计算技术在图书馆应用而产生有成果，也称为第三代图书馆。它的出现确实给读者带来了前所未有的好处：一站式检索、范围宽广、获取全文快、路径多。

超星数字图书馆史超董事长将图书馆进行了清晰的断代。

第一代：传统图书馆，以纸刊、纸书为主。

第二代：数字图书馆，以电子期刊、电子图书为特征。

第三代：云图书馆，为读者提供所有图书的找到和得到服务。

他认为云图书馆带来的转变：①从本馆资源到全部资源的转变；②从数据库列表到一站式检索；③从本地服务器到云端服务器的转变；④从购买资源到协同服务的转变。

云的特点：①云可以没有地域性；②各种云可以汇集在一起：③云是模糊的，读者不必关心谁为我服务；④公告板的抢答方式保证服务质量；⑤免费为主。云图书馆的本质是从一个馆为读者服务变为多个馆为读者服务。

一、百链云图书馆概述

百链是超星公司推出的新一代图书馆资源解决方案及共建、共享方案，它内置丰富的全文资源，同时也是一套智能的整合系统。针对各数据库资源和用户自建资源，预先对检索内容进行整合索引，并建立全面、海量的元数据仓储；通过对元数据仓储与用户本地资源分布建立定位链接，能够完成学术资源的一站式检索，能够实现本馆与其他馆互联互通、共建共享。百链最早实现基于元数据搜索的应用模式，在行业中成长最快，全国已建立联合分中心 70 多个，已经实现云图书馆技术的接入服务方式，加入应用的图书馆到 2011 年底超过 1 123 家，每天超过 100 万人在这里寻找学术资源。百链是图书馆的应用平台，从普通读者角度看，读者希望通过图书馆能方便、快捷地获取尽可能多的文献资源，在文献检索以及判断文献价值的过程中，提供更贴切用户体验的系统平台是关键。

1. 百链的发展历程

（1）Medalink　由于各高校经费有限，许多图书馆购买外文数据库较少，因此很多图书馆更加关心外文资源的获得问题。超星将读秀的思想扩展到外文，首家提出利用元数据方式对本馆外文资源实现一站式搜索。

（2）区域图书馆　传统意义上的图书馆联盟，工作重点放在纸质文献上，图书馆互相协作困难，超星利用 Medalink 搭建各种区域性图书馆，实现区域内多个成员馆的读者可以在更广的范围内搜索资源，并通过更多的服务者提供资源；各成员馆通过区域图书馆共享数字资源。

（3）百链云图书馆　2011 年，超星公司在区域图书馆 Medalink 的基础上，增加了自己数字化的外文图书 30 万种和中文独有期刊 1 200 万篇，发展为百链云图书馆，直接为个体单馆服务，利用多个区域图书馆的服务能力实现本馆没有购买的稀缺资源的补缺服务。

2. 百链是图书馆服务的变革

（1）从馆藏部分内容到全部出版文献　百链预先索引国内外出版的各种学术元数据，实现了读者同时检索来自不同国家和数据库的文章，读者的检索范围从本馆馆藏扩展到了全部出版文献。

（2）从分散的多个数据库到统一调度　百链帮助图书馆实现资源的整合与利用，将图书馆购买的各种数据库和开放资源进行准确链接，特别是图书馆各种特色数据库的整合，使得每个数据库不再是信息孤岛。

（3）从本馆服务到区域联合服务　百链实现区域内多个图书馆资源联合检索，文献获取途径向导，互联互通，共同协作共享服务。

（4）从提供资源到提供服务　百链通过对图书馆资源、应用系统、人员的整合，帮助图书馆从为读者提供资源转变为提供服务，满足读者的个性化需求。

（5）从本地资源建设到云计算存取　百链基于云计算技术，联合国内外图书馆及读者，为每个加入百链的用户提供相互协助及交流存储的空间。

3. 百链是资源数据库

通过互联网搜索引擎技术，百链团队经过 6 年的努力，已经对各种中外文学术资源元数据进行了索引和每日更新，建立的元数据仓储内容涵盖中外文图书、期刊、论文、报纸、专利、标准、科技成果、法律法规等；通过百链元数据仓储，使得用户无须再对本馆数据库逐一进行收集，内置的数据是帮助用户快速进行各种应用的关键，部分数据量列举如下：

百链内置学术数据索引 2.7 亿条；中文图书 370 万种索引；中文期刊 6 803 万篇索引；外文期刊 10 892 万篇索引；开放学术资源 3 700 万篇；每天以 20 万条索引的速度更新；元数据总量达 4.3 亿篇学术文献，包含每篇文章的馆藏信息，每篇文章在数据库的链接地址等。

另有中文图书全文 260 万种；中文稀缺期刊 800 万篇；中文报纸 7 821 万篇；外文图书全文 30 万册；外文期刊数据库 248 个，外文期刊元数据收集最多最全的，相应是目前国内外文期刊检索最专业的。超星中外数据库 304 个数据库（见表 8-1）：

表8-1 超星中外数据库304个数据库

超星数据库		
序号	数据库名称	数量
1	中文期刊	8
2	外文期刊	248
3	中文学位论文	3
4	英文学位论文	1
5	中文会议论文	3
6	英文会议论文	7
7	中文报纸	2
8	中文标准	3
9	外文标准	1
10	专利	1
11	信息资讯	16
12	科技成果	1
13	法律法规	2
14	外文图书目次	8
合 计		304

4. 百链的文献频道分类及检索途径

（1）百链的文献分类。百链是超星公司在读秀成功的基础上，将读秀的原理扩展到外文文献，利用了电视频道转换相似原理，巧安排实现了对全部、图书、期刊、报纸、学位论文、会议论文、专利、标准、视频、信息咨询等十多种文献频道进行一站式检索，使以前传统的、深奥的检索，在这个平台上变得非常简单，读者一看就明了，凡会使用Google、百度的人都会使用这个一站式学术搜索平台。这些超星的IT精英们是站在高校图书馆读者和科研机构图书馆读者角度上，直接淘汰了烦琐、落后的跨库检索，专门开发出具有国际领先的元数据一站式搜索引擎，以方便读者利用图书馆文献资源进行学术研究和科研。目前全国有1 000多所高校和科研机构图书馆的众多读者在使用百链。

（2）百链频道与检索途径的关系表。读秀文献频道与检索途径对应关系表，见表4-1。

表4-1看似复杂，在使用中是通过单击选择频道（类型）之后，再单击选择检索途径。或者各种频道都使用系统默认的全部字段，全部字段的含义包含后面的各字段，因此，根据文献类型不同，它包含的内容不一定相同，此时，百链检索就变成输入检索词，单击1～2次就完成检索。

5. 超星百链一站式检索平台原理

（1）百链一站式检索平台原理　一站式资源搜索平台功能强大：整合本馆纸质与电子资源；整合区域联盟资源；整合云图书馆资源；提供所有资源一站式全文服务。

超星非常重视一站式检索，因为各高校的馆长们都是专家，非常希望图书馆的学术搜索平台也能像 Google、百度一样简单、实用；再者，过去的跨库检索方案已经走入末路，一个标志是，国外厂商已经纷纷采用元数据检索。所以，超星的读秀和百链两个学术搜索引擎，在资源的频道分类和检索途径方面都安排得非常合理、先进，基本达到像 Google、百度一样简单、实用，读者只需要如同运用互联网搜索引擎一样，简单地输入关键词即可进行检索，一看明了，无师自通。百链是继 Google、百度之后，出现的最优秀的搜索引擎。Google、百度是对网页的搜索，搜索到的文章都是未经正式出版发行的，学术观点是没有经过专家把关的，所以它学术观点、价值都不大；而且最新的学术论文是搜索不到的，即使在 Google、百度上搜索到一个标题，也是无法下载的。这些学术文章只能到图书馆去检索和下载。所以百链是目前学术搜索引擎中最出色的一站式检索平台。因为在百链检索时，只需要对预先建立的元数据库索引进行检索，所以检索速度非常快，完成一次全库检索体验时间非常短，并且检索结果没有重复的；检索结果可根据多种因素进行综合排序，如出版日期、学术价值、相关度等，帮助读者用最少的时间找到所需的资源；对检索的结果还可以按各种条件，如出版年代、期刊等进行聚类，快速缩小检索范围。百链元数据逻辑结构图和检索平台原理如图 8-1 所示。

图 8-1　百链元数据逻辑结构图和检索平台原理图

（2）逻辑结构图原理　①检索途径决定检索词，有对应关系，因此应该最先确定的，排列第一；②检索词由检索途径决定的，排列第二；③文献分类：全部、图书、期刊、报纸、学位论文、会议论文、专利、标准等，排列第三；④语种选择：中文搜索、外文搜索（一键两种功能）；⑤到“元数据库，资源池”搜索。

（3）读秀和百链的分工　读秀和百链将资源组织在一个搜索平台上，可以在界面上组织在一起联合使用，只是中文搜索和外文搜索管理上的区别。①读秀是中文图书的一站式解决方案。读秀是基于 10 亿页全文的基础库，中文图书的搜索，260 万种中文图书的全文传递。无论是纸质图书、电子书，也无论是本地购买有全文的和本地没有购买全文的，均在读秀上可得到一站式解决。②百链是中文图书以外学术文献的一站式解决方案。百链是基于 4.2 亿条元数据的基础库，相当于外文图书“读秀”，相当于期刊“读秀”。无论是纸质的、电子的，也无论是本地购买有全文的和本地没有购买全文的，均在百链上可得到一站式解决。③两者是一对“双胞胎”。它们的底层技术是一样的，如果两者均购买，则从哪个入口进入均是一样的，两者直接整合在一起，全部的学术文献需求在这里可得到一站式解决。

6. 百链云图书馆资源结构

百链云图书馆元数据资源池里有非常丰富的文献资源，百链云图书馆的资源结构有三个层面：

（1）本馆资源　本馆馆藏资源，本馆电子资源（有电子资源时检索到就直接链接到本馆数据库）。

（2）百链传递　超星的外文图书、中文稀缺期刊。

（3）多馆云服务的资源　用百链技术构建的 70 多个区域图书馆、行业图书馆、CALIS、NSTL、CASHL 等，包含 1 123 个图书馆，304 个中外数据库。中文文献满足率达到 96%，外文文献满足率达到 90%。文献传递成员馆覆盖全国，其中包括北大、清华、上海交大等“985”、“211”院校图书馆丰富的电子文献全文资源。百链云共享服务成效：每天文献传递量为 5.6 万篇。百链云服务的目标：帮助读者找到、得到所有的文献资源。为读者提供最多、最好的文献服务。

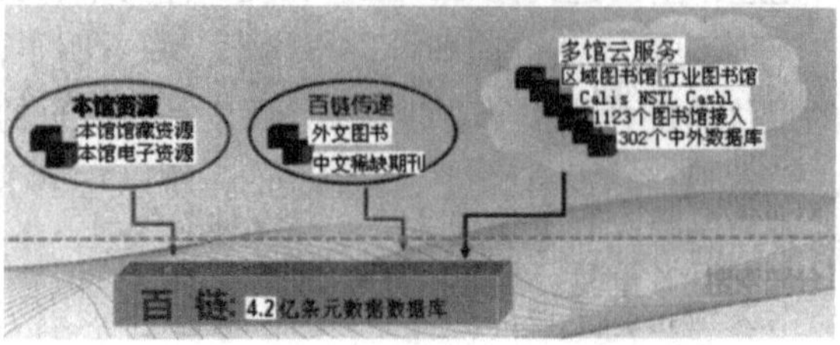

图 8-2 百链云图书馆资源结构

百链云图书馆资源结构如图 8-2 所示。

7. 百链云图书馆提高了图书馆的服务能力

超星公司的思想是与时俱进的，超星的读秀学术搜索是基于中文图书的，读秀成功后，超星认为要做好学术服务，仅仅中文图书是不够的，为此，超星大胆开始元数据的工作，希望为读者实现所有文献的一站式检索问题。此时，正好宁波需要建设区域图书馆，他们非常看好超星的元数据规模和思想，于是超星开展了宁波项目，取得了很大成功，并于 2009 年在宁波召开了发布会，这在全国影响很大，很多地方和行业都邀请超星利用元数据技术帮助实现区域图书馆建设，2009 年底，超星将这种产品发展为百链云图书馆，只要单馆购买百链服务的，就相当于加入全国联盟的多馆云服务，直接享受来自全国 1 000 多个图书馆的云传递服务。这对于任何一个图书馆来说，数字资源一下扩大数百倍。使用百链后图书馆的文献服务能力大大地提高了，其对比表见表 8-2。

表8-2 使用百链云图书馆前后文献服务能力对比表

原　来	现　在
搜索本馆馆藏	搜索所有出版文献
多个库检索	一站式检索
搜索结果形式多样	结果统一，格式统一，完整不重复，可作学科趋势分析
本馆服务	本馆服务+多馆云服务（全国的图书馆共同为其服务）
本馆文献资源有限	文献资源扩大很多倍
文献保障率低	中文文献满足率达到96%，外文文献满足率达到90%

8. 百链云图书馆特点

（1）元数据搜索引擎　有 4.2 亿条元数据，几乎涵盖国内外所有的中外文数据库。其文献类型包：中外文图书、中外文期刊、中外文学位论文、会议论文、专利、标准等，并且数据量每年还将不断增加。

（2）检索速度快、检索结果无重复，格式统一　通过预先的元数据排序处理，在提供统一检索的同时，提供全文获取的准确定位，利用百链云图书馆整合技术，可以完整地揭示图书馆的各种馆藏资源和购买的商用数据库资源。

（3）搜索平台简单　一般读者都能无师自通，解决了由于图书馆数据库种类繁多，各种数据库资源的格式不同、访问方式不同、检索界面不同，导致读者在使用中的困惑，可节省图书馆员重复培训，只需指点。

（4）百链高效、便捷的文献传递 百链提供的文献传递平台，让读者从此不必重复输入账号信息，从烦琐的填表中解脱出来，简单地填写 E-mail 地址就可以完成，非常方便。为读者提供了互联网搜索引擎方式的检索体验。百链云图书馆的目标：帮助读者找到、得到所有的资源。从一个馆为读者服务，变为多馆云服务。

9. 百链的三个重要功能

（1）掌握云内数据库的动态变化情况 图书馆购买了大量数据库，但是并不准确知道这些数据库的数量及条目内容。

例如，不一定准确地知道同方有多少篇文章、万方有多少篇文章、维普有多少篇文章，只知道同方和万方数据库有很多重复，但是并不知道重复的准确数字，不知道哪篇文章是重复的、哪篇文章是同方或万方独有的，只知道某些数据库会由于版权等原因，删除或者调整一些数据库内容，但是不能确切知道他们什么时间调整或者删除了哪些文章。

对于这样一些问题，百链可以非常清楚地告诉馆长们，哪些数据库的内容和数字变化了；百链不但知道同方、万方、维普数据库的变化情况，还可以掌握云图书馆中数百个数据库的动态变化情况。

（2）一站式检索 先进的元数据检索和先进的组合结构，构成先进的一站式检索平台。超星的两个学术搜索引擎产品读秀和百链，在资源的频道分类和检索途径方面都安排得非常合理，基本达到像 Google、百度一样简单实用，是目前学术搜索引擎中最出色的一站式检索平台。

（3）云图书馆服务能力 因为图书馆馆长花费大量时间研究什么数据库是读者最需要的，所以大部分常规需求都可以在已经采购的资源中得到满足。但是图书馆的经费是有限的，图书馆不可能购买所有的数据库。因此一定还存在一些不太常用的需求，难以得到满足。例如，工科院校的读者会不会需要一篇美术设计作品？会不会需要一个乐谱？这种情况该怎么办？百链的第二个重要功能就是云图书馆服务能力，提供了满足这些稀缺需求的渠道。百链的全名叫百链云图书馆。很多专业的行业图书馆、区域图书馆都是用百链平台建设的，可以通过协调运作，利用云图书馆的优势，将读者的这些个体需求送到这些平台上得以满足。

10. 百链五项服务

（1）外文电子图书 提供超星数字化的 30 万种外文图书全文的服务，这一数据会逐年增加，发展速度为每年更新 3 万种。支持读者在线试读图书；支持读者邮箱传递得到全文。服务方式类似读秀的即时文献传递与搜索服务。

（2）中文稀缺期刊 超星数字化的大量稀缺期刊全文的传递服务；百链收录文章达 6 700 万篇；独家收录稀缺期刊 1 200 万篇；从清朝以来所有出版过的期刊内容；提供类似“读秀”的搜索服务和文献传递服务；百链搜索到的其他数据库未收录的稀缺期刊，则通过邮箱直接传递全文。

（3）通过多馆云服务获取本馆没有的资源 利用百链技术建设的区域图书馆已经有 70 多个，涉及图书馆 1 123 家，涉及 304 个数据库，其中外文期刊数据库 246 个，随着加入馆增加，这些文献资源还会增加。百链默认期刊频道，使外文期刊检索更方便。通过百链云服务，可使中文文献满足率达到 96%，外文文献满足率达到 90%。本馆没有的文献可以利用各种区域图书馆的云服务在百链上获得解决。

（4）利用百链进行本馆资源整合　百链整合是元数据整合，国内最早实施元数据整合架构，经过4年的积累，元数据到目前为止其系统是最完整的。实现了图书、期刊、报纸、视频、学位论文、会议论文、专利、标准、科技报告、随书光盘、OA资源、特色库等中外文文献一站式整合，对中文书的整合无疑是最好的。目前为止，百链是唯一一个有云服务架构，并实际形成强大云服务能力的纸本与电子资源的整合。

（5）文献传递　①超星有全文的，由计算机自动进行文献传递服务。②超星没有全文的，由多馆云服务完成，原理是有该文献的图书馆馆员通过百链传递平台处理读者请求，百链跟踪700多所高校，270多个数据库元数据变化，加入“百链”的用户可至少查询到1 123家图书馆的馆藏及电子资源，可查询传递304个中外文数据库资源。随着加入的区域图书馆的数据库增多，百链云图书馆中文文献、外文文献的满足率还会有所提高。百链云图书馆节点分布全国各地，需要其他图书馆资源时，申请云服务进行传递全文。传递过程：读者填写邮箱→确认→收到邮件→单击邮件的全文链接→阅读全文。③特别推荐免费咨询网站：由超星技术搭建的、由广东省立中山图书馆主办的“全国图书馆参考咨询联盟”，网址：http://www.firstdrs.com/admin/union/index.do，有很多图书馆的专家在线抢答全世界读者的咨询，并且对全部读者都是开放的、免费的。

二、外文学术文献检索

百链云图书馆是超星公司继“读秀”之后推出的元数据学术搜索引擎。它对各类学术数据库资源进行了整合收录，能够同时搜索到纸质馆藏、电子图书、电子期刊、会议论文、学位论文、报纸、专利、标准、视频、音频、图片、随书光盘、OA资源、特色库等，实现区域性的多个图书馆联合服务，为图书馆间搭建共建、共享技术服务平台。

百链集成304个中外文数据库的元数据，其中外文期刊库多达248个，包括SpringerLink、ProQuest、EBSCO、Wiley、JSTOR、OSA、SAE、SIAM等，还包括英国机械工程师协会（IMechE）、International Institute of Anticancer Research、IEEE、Emerald、Wiley InterScience、Science、IEEE Computer Society等外文库，还有中国学术期刊、万方、维普等中文库元数据。百链对全部资源提供一站式检索服务，缩短检索用时，提高获取资料的效率。当读者检索到的文献本馆没有购买，不能提供下载时，可以通过E-mail获取，文献全文将在24小时内发送至读者邮箱内。百链已经是我国当前最全的、专业级的外文学术搜索引擎。百链的一站式检索平台，检索步骤如图8-3所示。

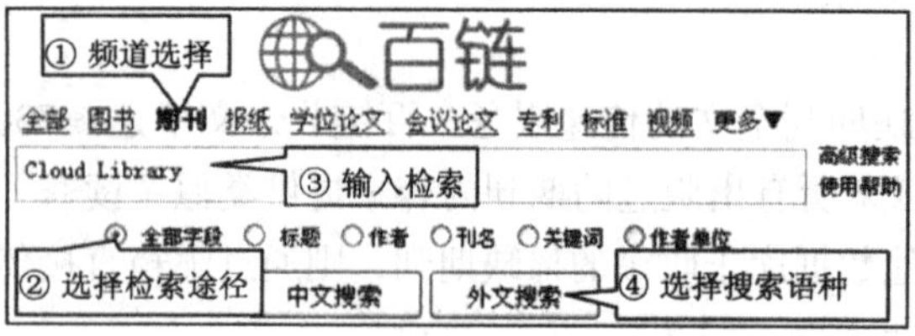

图8-3　百链的一站式检索平台

检索步骤：①频道选择；②选择检索途径；③输入检索；④选择语种（兼搜索）。

进入百链，默认是期刊频道及全部字段，这样搜索时和Google、百度一样，只需输入检索词，单击“搜索”就可以出结果。其他频道，系统默认的都是全部字段，只需选择一个频道，输入检索词，单击“搜索”就可以出结果。

1. 全部频道

百链搜索平台中，“全部”的含义是在全部文献范围检索，检索对象是与关键词相关的全部文献，相当于读秀的知识频道。当读者不知道要搜索的文献内容在哪一频道时，或者想提高查全率时，可以选择全部频道来检索。

全部频道检索步骤：①选择“全部”文献类型频道；②输入检索词（关键词），如 Digital Library；③单击“外文搜索”按钮，就出现检索结果页面，如图 8-4 所示。其中：

（1）找到与 Digital Library 相关的文献 37 477 种（篇）。

（2）文献类型（页面左边）：①外文图书 287 种；②外文期刊 30 220 篇；③外文学位论文 1 145 篇；④外文会议论文 6 825 种。点击链接可进入各种文献类目中。

（3）中间部分是图书信息：读者可以单击书名或图书封面进行浏览、阅读和下载。

2. 图书检索

图书检索步骤：①选择“图书”频道；②选择途径，默认是“全部字段”：③输入检索关键词（与检索途径相对应的关键词），如“Digital Library”；④单击“外文搜索”按钮，就出现图书检索页面，如图 8-5 所示。本次检索找到与（所有字段 Digital Library）相关的外文图书 287 种，当前是第一页。根据需要，读者可以选择浏览、阅读和下载。

图 8-4　全部文献类型检索页面

图 8-5　图书检索页面

（1）页面左边信息。左边页面是这些外文图书的时间分布：最新的是 2010 年 1 种，2009 年 7 种，2008 年 21 种，2000 ~ 2007 年 197 种，1990 ~ 1999 年是 45 种，1980 ~ 1989 是 8 种等。均提供有链接，单击可以进入阅读和浏览。

（2）页面右边信息。右边页面是其他相关文献统计：期刊相关文献 28 156 篇（提供链接，可进入），外文学位论文相关 145 篇（提供链接，可进入）；还有网页相关等信息，也都提供有链接，单击可以进入阅读和浏览。

（3）页面中间信息。页面中间信息是检索到的 287 种图书信息。

单击书名就可以进入书目详细信息：书目信息页面如图 8-6 所示。

页面中部有一个“试读”按钮，单击可以试读；另外，在“获取资源”处也提供了试读，提供了版权页、前言页、目录页和正文 5 页，如图 8-7 所示。

右上方在提示“获取资源”途径：云图书馆传递全文和邮箱获取全文。

单击“邮箱获取全文”进入咨询表单页面，如图 8-8 所示。

邮箱接收全文步骤：①单击“邮箱接收全文”，进入申请表单页面；②确定起始页码和终止页码；③填写读者自己的 E-mail，输入验证码；④单击“确认提交”，系统会提醒核对邮箱，

图 8-6 书目信息页面

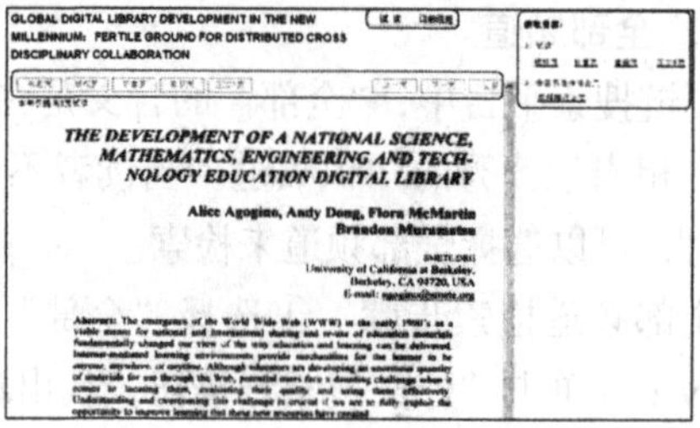

图 8-7 试读页面

"确认提交"后去接收邮件，通过链接可阅读全文。

提示读者。参考咨询服务通过读者填写咨询申请表，咨询馆员将及时、准确地把读者所咨询的文献资料或问题答案发送到读者的 E-mail 信箱。为了保护知识产权，防止过度下载，特别进行了服务说明：①每本图书单次咨询不超过 50 页，同一图书每周的咨询量不超过全书的 20%；②所有咨询内容的有效期为 20 天；③回复邮件可能会被当做未知邮件或垃圾邮件，若读者没有收到回信，可查看一下不明文件夹或垃圾邮件箱等。

3. 期刊文献检索

期刊检索步骤（系统默认期刊频道）：①"期刊"频道是系统默认频道，可以不用选择；②选择搜索途径，系统默认"全部字段"，可以不用选择；③输入检索关键词，如"Digital Library"；④单击"外文搜索"按钮，就得到如图 8-9 所示的检索结果页面。

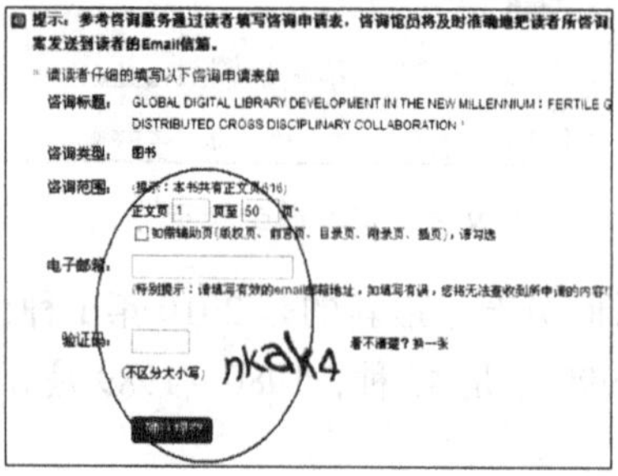

图 8-8 咨询表单页面

图 8-9 期刊检索页面

找到与所有字段（所有字段 =Digital Library）相关的外文期刊 30 220 篇，检索结果页面分为左、中、右三部分：

（1）页面左边——检索结果自动聚类 百链的检索结果自动聚类功能，不仅实现关键词查找，而且同时告知读者所检期刊分布年代、学科分类，期刊分类、核心刊收录、数据库名称等多种条件的文献分布情况，节省读者花费在文献检索上的时间，检索时不需要输入各种限定条件，检索结果全面显示各种状态信息，使资源一目了然。

分类左边部分是搜索到的 30 220 篇外文期刊论文分布情况，分别按"类型、年代、学科、来源、重要期刊、期刊种类"等分类的信息，这些信息都提供了链接，单击左边的每一个链接都可以进入相关的页面浏览。从左边的信息的链接可知，百链的外文期刊资源是非常丰富的，下面是这些内容的详细信息：

类型

本馆电子（10094）

年代聚类导航

2012（2）

2011（1038）

2010（1630）

2009（1931）

2008（2271）

2000—2007（17714）

1990—1999（4521）

1980—1989（252）

1970—1979（38）

1960—1969（20）

1950—1959（3）

1950年前（6）

其他（794）

学科聚类导航

历史学（2028）

工学（1049）

文学（622）

综合（186）

经济学（160）

法学（34）

军事学（29）

医学（27）

数据库聚类导航

EBSCO（asp/bsp）（10094）

EBSCO（asc/bsc）（8690）

ProQuest（7232）

EBSCO教育学学术资源检索大全（ERC）（7193）

SOCOLAR（2985）

EBSCO-Health Source：Nursing/Academic Edition（2746）

Open J-Gate（2684）

EBSCO-Teacher Reference Center（2105）

IngentaConnect（1864）

Emerald（1789）

SpringerLink（1682）
PDFdown（1640）
dla（1109）
EBSCO（959）
EBSCO（834）
ScienceDirect（826）
IEEE（792）
EBSCO-ERIC（774）
MetaPress（743）
PubMed（665）
informaworld（648）
DOAJ（540）
EBSCO-Professional
Development Collection（518）
EBSCO-MAS Ultra：School Edition（451）
Wiley InterScience（441）
Ebsco-LISTA（436）
acm PORTAL（358）
EBSCO-CINAHL（313）
Taylor and Francis（305）
EBSCO-VCC 贸易工业数据库（298）

核心期刊　聚类导航

SCI 科学引文索引—扩展（美）（676）
社会科学引文索引（美）（4520）
艺术与人文引文索引（美）（181）
EI 工程索引（美）（384）
CA 化学文摘—核心（美）（216）
IM 医学索引（美）（364）
西文纸本核心期刊库（台）（7477）

期刊刊种聚类导航

Library Journal（1793）
Lecture Notes in Computer Science（1108）
Computers in Libraries（840）
College and Research Libraries News（528）
American Libraries（506）
School Library Journal（500）
Russian Digital Libraries Journal（435）

Information Today（408）

Scout Report（305）

International journal on digital libraries（290）

Journal of Academic Librarianship（280）

The Electronic Library（268）

Library Hi Tech（248）

Library trends（245）

Library Hi Tech News（229）

OCLC Systems and Services（221）

Microform and Imaging Review（205）

Library Review（188）

Journal of library administration（175）

The Library of Congress Information

Bulletin（166）

Communications of the ACM（166）

ELECTRONIC LIBRARY（151）

Online（134）

Proceedings of the American Society for Information Science and Technology（122）

Information Technology&Libraries（118）

（2）页面中间信息

①页面中间是搜索到的 30 200 篇期刊文章的主体部分，可以通过浏览方式查找需要的文章。因为文章太多，为了提高查准率，需要进一步缩小检索范围，方法是进行二次检索，就是在第一次检索的结果中再次检索。

②二次检索。在检索框中输入“Cloud Digital Library”进行二次检索，通过二次检索，找到与所有字段（所有字段 =Cloud Digital Library）相关的外文期刊 60 篇，排列在第一位的是“Digital libraries in the cloud”（译为“在云中的数字图书馆”）的文章，如图 8-10 所示。

③单击标题可以直接进入到该文章的“详细记录”，如图 8-11 所示：

图 8-10 二次搜索后的页面

图 8-11 详细记录

④获取资源方式。系统提供了“本馆全文链接链接”和“云图书馆传递全文”两种获取资源的方式，供读者选择。

如果右边没有“本馆全文链接”显示，说明本馆没有全文，这种情况下，读者可以通过“云图书馆传递全文”。

如果有本馆全文链接不被优先选用，而是选择第二项文献传递，系统会弹出一个提示：“您申请传递的文章可以直接单击全文链接来访问原文，不能直接单击链接访问时再进行文献传递，是否确定进行文献传递？”让读者确认。

⑤本馆全文链接。单击链接“EBSCO（asp/bsp）”，进入详细记录页面，如图 8-12 所示。

⑥工具栏。在页面右边工具栏提供了“Print（打印），Save（保存），Cite（引用），Export（输出）”供选择。

⑦单击左边“PDF Full Text”，打开并阅读全文。文章的全文页面如图 8-13 所示。

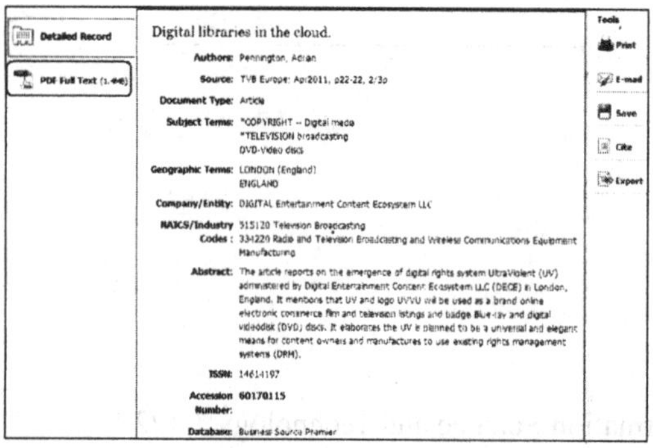

图 8-12 详细记录页面

图 8-13 文章的全文页面

⑧摘录。在阅读过程中，可以随时摘录，摘录就像 Word 中的复制、粘贴一样，非常简单。例如，对“标题和前两段”选中、复制后，到 Word 中粘贴，就得到下文：

Digital libraries in the cloud.

Ultraviolet is the first serious attempt to get consumers to switch from physical media to owning content as files stored remotely, reports Adrian Pennington DRM Analysis.

Later this year the digital rights system Ultraviolet will begin to roll out, first in the US and by the end of the year in Canada and the UK. The Ultraviolet name and logo UWU will brand online ecommerce film and TV listings and badge Blu-ray and DVD discs. From 2012 a range of consumer electronics UV-compliant hardware will debut.

⑨注明文章来源。摘录时要注明文章来源，这是看书学习的良好习惯，以便日后引用时方便。文章来源：Digital libraries in the cloud. 作者：Pennington，Adrian 刊名：TVB Europe 出版日期：2011 年。

⑩云图书馆传递全文（邮箱接收全文）的方法：单击“邮箱接收全文”，进入申请表单页面（期刊短文不用确定起始页码和终止页码）。填写读者的 E-mail，输入验证码，单击“确认提交”即可。

（3）页面右边信息　它是与检索词相关的文献信息，是除期刊之外的其他文献信息，如“词典、图书相关 287 种，外文学位论文相关 145 篇，网页相关信息”等链接，单击都可以进入相关页面。

4. 学位论文检索

学位论文频道检索步骤：①选择“学位论文”频道；②选择途径，提供“全部字段、标题、作者、授予单位”4种途径，默认为“全部字段”；③输入检索词，如输入检索词“Digitallibrary”；④单击“外文搜索”。学位论文检索页面如图8-14所示。

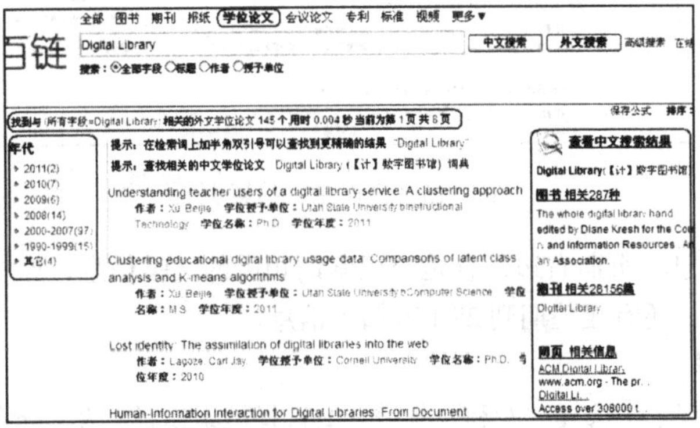

图 8-14　学位论文检索页面

找到与标题（标题 =Digital Library）相关的外文学位论文145篇，当前是第1页，共8页。页面上左边、中间和右边的相关信息如下：

（1）页面左边信息：页面左边信息是年代聚类　这是这些文章的年代分布，如2011年度的学位论文的2篇，2010年度的学位论文的7篇，2009年度的学位论文的6篇，2008年度的学位论文的14篇，2000～2007年度的学位论文的97篇，单击链接可以进入浏览。

（2）页面中间信息　页面中间是找到与检索词相关的外文学位论文145篇的目录信息，有标题、作者、学位授予单位、学位名称、学位年度等文章的来源信息。单击标题可以进入详细信息。

（3）页面右边信息　它是与检索词相关的文献信息：相关图书287种，相关期刊文章28 156篇，还有相关网页信息等。

5. 会议论文检索

会议论文检索步骤：①选择“会议论文”频道；②选择搜索途径，在“全部字段、标题、作者、关键词、会议名称”5项途径中，系统默认“全部字段”；③输入与检索途径相符的关键词，如“Digital Library”；④单击“外文搜索”，得到如图8-15所示的检索页面。

找到与（标题 =Digital Library）相关的会议论文2 924篇，当前是第1页，共195页。页面相关信息如下：

（1）页面左边信息　页面左边信息是这些会议论文的年代分布，如2011年度的学位论文的27篇，2010年度的学位论文的82篇等，单击此链接可以查看具体内容。

（2）页面中间信息　页面中间是找到与检索词相关的外文会议论文6 825篇的目录信息，有作者、会议名称、会议地点、会议时间等信息。单击标题可以进入详细信息。需要时可以单击标题链接查看更具体的内容。

图 8-15 会议论文检索页面

（3）页面右边信息 页面右边信息是与检索词相关的文献信息，如相关图书 287 种，相关外文学位论文 145 篇，还有相关期刊 28 156 篇等信息。

6. 专利文献检索

专利文献检索步骤：①选择“专利”频道；②选择搜索途径，在“全部字段、专利名称、申请号、发明人、IPC 号、国家代码”6 项途径中选择一种检索途径，系统默认为“全部字段”途径；③输入关键词，如“Digital Library”；④单击“外文搜索”。专利文献检索页面得到如图 8-16 所示检索页面。

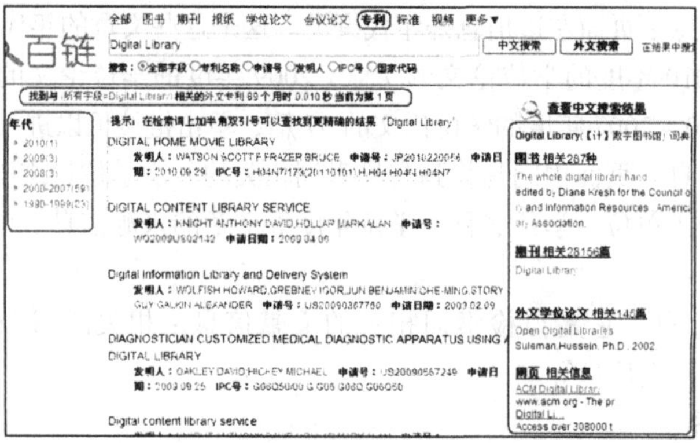

图 8-16 专利文献检索页面

找到与标题（标题 =Digital Library）相关的专利 89 个，当前是第 1 页。页面相关信息如下：

（1）页面左边信息 页面左边信息是这些专利的年代分布，如相关的专利 2010 年度 1 个，2009 年有 3 个专利，单击可以查看具体内容。

（2）页面右边信息 页面右边信息是与检索词相关的文献信息，如相关图书 287 种，相关期刊 28 156 篇，相关外文学位论文 145 篇，还有相关网页信息等。

（3）页面中间信息 找到与标题（标题 =Digital Library）相关的 89 个专利的信息，包括发明人、申请号、申请日期、IPC 号等信息。可以通过浏览查找需要的专利文献，单击第一个专利的标题链接，可查看更加具体的专利内容，如图 8-17 所示。

（4）获取资源 ①全文链接：European Patent Office；②云图书馆传递全文：邮箱接收全文；本馆有全文，单击全文链接“European Patent Office”，可得到欧洲专利局页面，如图 8-18 所示。

图 8-17 专利的详细描述

选择并单击专利名称，得到该专利包括摘要在内的详细信息，如图 8-19 所示。

单击左上边的“Description”即可进入专利说明书，这个欧洲专利局的“DIGITAL HOMEMOVIE LIBRARY”（数字家庭电影库）的专利说明书有“Page number 50”之多。

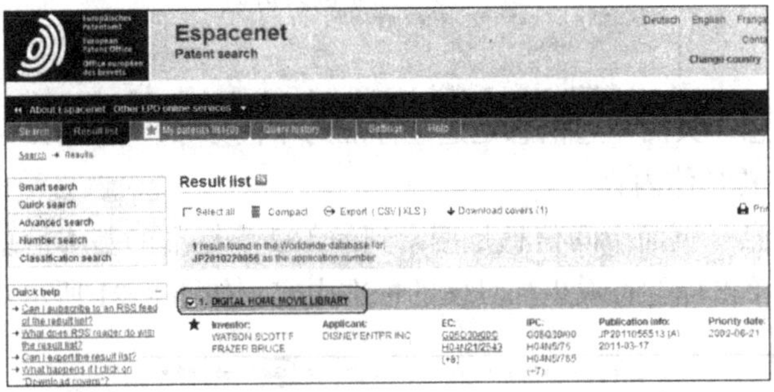

图 8-18 欧洲专利局

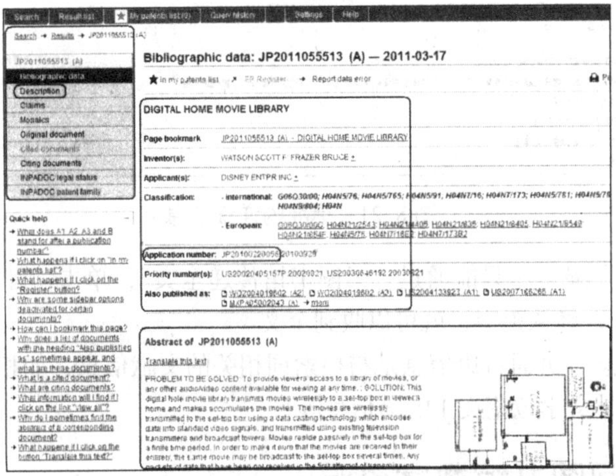

图 8-19 专利的详细信息页面

7. 标准文献检索

标准频道检索步骤：①选择“标准”频道；②选择搜索途径，提供了“全部字段、标准号、标准名称”3 项途径，选择其中之一，系统默认为“全部字段”；③输入检索关键词，如“Digital Library”；④选择“外文搜索”，得到标准检索页面，如图 8-20 所示。

找到与标准名称（标准名称 =Digital Library）相关的标准 102 篇，当前是第 1 页，共 7 页。

图 8-20 标准检索页面

页面相关信息如下：

（1）页面左边信息 页面左边信息是这些标准的年代分布，如 2000～2007 年度相关标准有 38 个等，单击可以查看具体内容。

（2）页面中间信息 页面中间信息是搜索到的 102 篇标准的基本信息，包括标准号、发布日期等，需要时可以单击标题查看更加具体的标准内容，如图 8-21 所示。

图 8-21 标准的详细信息

右边“获取资源”显示：只能通过“云图书馆传递全文”，单击“邮箱接收全文”，填写有效的 E-mail 邮箱地址，确认提交，就可以收到全文。

（3）页面右边信息 页面右边信息是与检索词相关的文献信息，如相关期刊 28 156 篇，相关图书 287 种，相关外文学位论文 145 篇信息等。

三、远程访问图书馆数字资源

目前很多单位特别是图书馆都建立了自己的数字资源，如方正 Apabi 图书、超星电子图书、中国期刊全文数据库等厂商，通常通过 IP 地址对访问者进行限制，控制只能在某些网段内访问这些数字资源。数字资源远程访问系统的目的就是为了突破这个限制，让合法使用者，在互联网的任一角落都可以访问这些数字资源。

1. iReader 数字资源远程访问管理系统

（1）简介。北京瑞德宏图信息技术有限公司开发的 iReader 数字资源远程访问管理系统，是一套专门为数字图书馆用户量身定制的、用于读者远程访问图书馆数字资源的软件系统。能解决困扰已久的读者在校外复杂的网络情况下访问校内图书馆电子资源的问题，让全校师生能在家里或宿舍方便、快捷地访问学校图书馆的数字资源。

iReader 数字资源远程访问管理系统具有使用容易、全面实用、安全稳定、维护简便的特点，并特别针对国内图书馆用户的特定需求进行研发，已成为国内高校及科研机构图书馆读者远程（校外）访问系统的理想产品。iReader 数字资源远程访问管理系统如图 8-22 所示。

图 8-22　iReader 数字资源远程访问管理系统

（2）智能化的客户端功能。智能化的客户端能极大地简化读者远程访问数字资源的操作，使不熟悉网络设置的读者，也能像平时在校园网或局域网内一样正常地访问图书馆的数字资源。在进行远程访问的同时，用户的其他上网操作也不受影响。

（3）自助故障诊断。自助的诊断注册表、浏览器、防火墙等配置情况，以及网络的链接状况，方便用户自助维护。

（4）一键式使用。读者要根据要求可以自动运行、自动认证登录、自动打开浏览器、自动进入图书馆主页，实现“傻瓜式”应用。

2. 申请个人账户

本校教职工及学生，要在校园外访问本馆的数字资源时，可先在图书馆主页，单击“远程访问资源”进入，并按要求进行个人账户申请，下载、安装客户端。

（1）申请个人账户。单击 iReader 数字资源远程访问管理系统，进入 iReader 数字资源远程访问管理系统界面。再单击“在线申请”，出现在线申请表单后，必须真实填写表单所有项目，以便图书馆审查是否为本馆读者。本馆暂时只接受本馆的教职工及学生申请，无关人员请勿填写；账号审核后方可使用。

（2）下载、安装客户端。账号审核开通后，再进入 iReader 数字资源远程访问管理系统，进行“客户端下载”，并在本机上安装，安装成功后桌面生成快捷方式（“iReader 数字资源远程访问”）。

3. 使用注意事项

登录 iReader 数字资源远程访问管理系统，读者可根据自身需要选择“保存密码”、“开机后自动加载本程序”、“自动连接”等登录方式。成功链接后，点选“设置”→“修改密码”，输入原密码及新密码后单击“确定”按钮即可；读者根据自身要求也可更改选项。

复习思考题

1．试述云计算的概念。
2．试述云计算在图书馆的应用。
3．试述 CALIS 云服务的内容。
4．试述百链云图书馆原理。
5．试述百链云图书馆资源。
6．试述百链与读秀的服务分工。
7．试用百链找到并获取图书全文。
8．试用百链找到并获取学术期刊论文全文。
9．试用百链找到并获取特种文献全文。
10．试用百链找到并获取各种外文学术文献。
11．试述其他途径找到并获取各种外文学术文献的途径。

模块九 怎样写作毕业论文

任务1 毕业论文的特点和类型

一、毕业论文的特点

毕业论文是一种学术论文，是大学生用来表达自己科学研究成果和阐述学术观点的论说性文章，是对自然科学、社会科学和工程技术利用中某一课题研究成果的书面反映和描述。论文写作既是科研活动的结果，也是科研活动的一种有效手段，它本身就是科研工作的组成部分。特别是文科论文的写作，从选题、构思到文字表达的最后形成，整个过程本身就是一个科研的过程，脱离写作活动，科学研究就难以展开。因此，毕业论文必须具备以下特点。

1. 科学性

毕业论文必须客观反映研究对象的各种表象及其内在规律。这是由学术论文的文体性质决定的，与科学研究的特点相联系。学术论文的任务与科学研究任务是一致的，都要正确地反映自然和社会现象及其客观规律，帮助人们认识和改造世界，不具备科学性，论文就不能承担这一任务。因此，论文作者必须有实事求是的工作态度，能以科学的思想方法进行论述，得出科学的结论。主要表现为论文中采用的数据、资料必须准确可靠，各种概念的描述及专业术语的应用也应做到准确无误，行文上结构严谨清晰，逻辑思维严密，语言简明确切，不含糊其辞，不枝蔓横生，尤其对每一个符号、图文和表格都要力求做到准确无误。

2. 学术性

学术性是毕业论文的根本特征，也是它与普通议论文的根本区别点。“学术，是指较为专门、有系统的学问。”（《辞海》）学术性就是把专门性的知识积累起来，使它系统化，再加以探讨、研究。一般的议论文，虽然也是有感而发，但他们不求系统性和专门性，不具有学术性，也缺乏科学验证。因为毕业论文是学术成果的载体，以学术问题为论题，把学术成果作为描述对象，以学术见解为内容核心，着重对事物进行抽象的概括的叙述或论证，基本内容不是客观事物的外部直观形态和过程，而是事物发展的内在本质和发展变化的规律，是系统化了的认识论，所以学术性是学术论文最起码的条件，如果一篇论文没有学术性，也就失去了作为学术论文的资格。

3. 创造性

文章的写作本身就是一个创作的过程，必须推陈出新，有所创造，作为科研成果载体的毕业论文写作更是如此。毕业论文的写作是为了发表作者的新理论、新设想、探索新方法、新定理，没有新的创见就不称其为学术论文。而且论文价值的大小，不是看它如何罗列现象，重复别人已经取得的成果，而是看它能否创造前人所没有过的新技术、新工艺、新理论，是否具有普遍性和公开性。创造性是科学研究也是学术论文的生命，更是评价毕业论文价值的首要标准，所以研究领域要新，观点要新，论证方法要新，资料要新，创造性越大，论文的价值越高。论文的创造性是相对于人类总的知识而言的，简单地说就是在世界范围内来衡量的。如果某项科研成果虽然填补了我国的一项空白，但国外早就研究成功，并有公开发表，那就不值得写了，因为没有创造性了。另外，创造性意味着不能人云亦云，单纯地重复前人的发现，但并不是说不能吸取、继承前人的研究成果，实质上任何创新都是在承继的基础上的。

4. 专业性

普通的论文要求材料具有一般性，凡是能说明观点的材料都可以用，准确表达自己的思想的通俗易懂的语言都可以用，毕业论文中却不是这样的。作为学术论文，它的素材和语言都必须具有专业的特点，即毕业论文必须有专业性。首先，毕业论文选用的材料须有专业性，基本上都必须在所选的研究课题范围之内。其次，毕业论文的语言表达也须具有专业性的特点，即要用科学的专业术语阐述和论证自己的观点，就是要说行话。比如写物理方面的论文，就常常要用“力”、“引力”、“惯性”、“热”、“动能”、“原子能”、“密度”等术语，写新闻传播学方面的毕业论文会要用“受众”、“媒介”、“版面”等词语。俗话说“隔行如隔山”，这些名词术语外行人不一定懂，但内行人比较容易理解，且能很确切地表达作者的思想。决不能像写一般议论文一样，为了适应大众的需要，废弃这些专业术语。

5. 理论性

科学研究离不开理论思维，毕业论文是作者科研成果的载体，理论性是毕业论文内在的特性。毕业论文不是一般现象、事实的反映，也不是浅显的经验的描述，而是对事物本质和规律的深刻认识，必须有理论价值。论文所能达到的理论高度，是衡量其水平和价值的重要标志之一。我们要分析问题，研究事物的本质规律，并把自己的所得提升到一个理论的高度。

6. 实用性

实用性，讲白了就是要有用。毕业论文必须适应特定读者的需要，每一篇毕业论文都要能解决某一学科领域或某一研究专题的一些理论与实际问题，为进一步的研究提供基础或借鉴，为实际工作提供更好的新思路、新技术、新方法。

二、毕业论文的类型

毕业论文是高校毕业生所写的学术论文，不同专业的学生写的论文内容性质都会不同，因此我们从毕业论文的内容性质的角度，把毕业论文分为两大类：文科论文和理（工）科论文。

文科包括哲学、逻辑学、伦理学、经济学、社会学、政治学、历史学、文艺学、语言学、科学学、人文地理学、教育学、民族学、宗教学、军事学、法学等学科，以人类社会为研究对象，研究人类社会发展规律。文科论文的研究范围也就十分宽广，研究对象涉及文科的众多学科和领域；读者的范围也很广泛，社会科学工作者理所当然占大部分，另外还有有文化的社会成员等；对社会的作用也是多样性的，它们直接或间接地影响国家的政治、经济生活和人们的世界观、价值观。与理（工）科论文比较，文科论文带有更强的主体意识倾向，具有更强的思想性，并常常表现出一定的阶级性和政治倾向性。

文科论文根据不同的研究角度和研究方式，又可分为考证型、论证型、阐释型、调研型等。首先，在具体文科论文写作过程中，论证型是运用最多的。论证型论文是指对社会科学领域的基本理论问题或某些社会现象和问题进行探讨、分析、论证，揭示其本质和规律，表达作者的观点、主张和见解的论说性论文。有理有据、以理服人，是论证型论文的最重要特征。其次是考证型论文，指运用考证的方法，对某一专业的某一问题进行研究，判断事物的真伪，考定事物的异同。比如对某个重大历史事件、某历史人物的结论和评价，对某一著作及作者、年代的考辨，对某个事件的细节、典故、一字一句的深入考证。与论证型论文相比较，前者以“论”为主，考证型论文以“证”为主，注重考而有证，证必有据。再次是阐释型论文，指针对某学科、专业的概念、理论、原理、定律或事物的属性、特征、形态、功用以及史实、事实、事件的面貌及发生发展等作解释、说明的论文形式。换句话说，阐释型论文不但要对论文中的概念、术语做解释和接顶，更要对本文内容作科学的、全面的、客观的阐释和解说，概括客观事物或事理的本质特征、内在联系和因果关系，并揭示其规律性。解说性是阐释型论文的突出特点。最后是调研型论文，它在经济、法律、历史、教育、文秘、新闻、信息分析等专业运用相当广泛。调研型论文是作者在对现实生活现象、问题进行调查研究后，分析介绍事实、揭示事物本质、提出对策和建议的一种论文形式，通俗地讲就是调查研究结果的书面表达形式。调研型论文的特点是叙议结合，事理相融。

理（工）科论文也称自然科学论文，在科技领域又可称作科技型论文。理（工）科论文与文科论文的突出社会性、思想性不同，更重科学性和实用性。根据它们研究方法的差异，又可分为理论型、实验型、观测型等。理论型论文就是作者在论文中，通过严密的理论推导和理论分析，对研究成果进行理论概括，提出自己的观点和见解，内容上的概括性和说理性是它们最大特点；实验型论文就是有计划、有目的地进行科学实验，对获得的事实或现象进行观察、分析、综合、判断，得出科学的结论，再将实验过程和创造性成果归纳总结而成的论文；观测型论文也被称为描述型论文，就是将自然界各种现象、事物观察和测量的结果进行准确、具体的描述，它们有突出的直观性，一般不作大量的逻辑论证和推理。

介绍这么多论文类型，主要是为了让我们在写毕业论文时能更好地根据自己所学专业的特点、所选课题的类型选择合适的毕业论文写作类型。另外，前面讲的论文所用的研究方法互不相同、各有侧重，但在实际写作中，往往采取几种研究方法和表达形式。即使是文、理（工）科论文类型有各自明显的学科特点、写作规律，也并非完全隔绝。因此在毕业论文的写作中要灵活运用各种研究方法，熟练利用各种表达方式。

任务2 毕业论文的格式与要求

一、毕业论文基本格式

国家标准 GB7713—87 规定了科学技术报告、学位论文和学术论文的编写格式，毕业论文也须符合这个标准。具体如下图 9-1 和图 9-2。

前置部分——
- 封面、封二(学术论文不必要)
- 题名页
- 序或前言(必要时)
- 摘要
- 关键词
- 目次页(必要时)
- 插图和附表清单(必要时)
- 符号、标志、缩略词、首字母缩写、单位、术语、名词等注释表(必要时)

图 9-1

其实，对于毕业论文来说，实际上只包含了 8 个必要的组成部分（如图 9-3）。

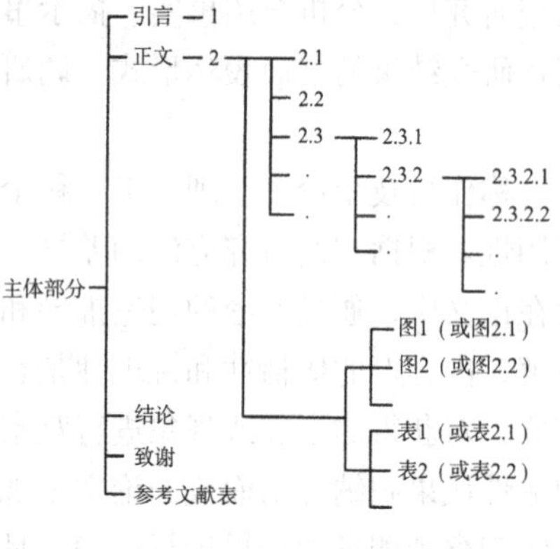

图 9-2

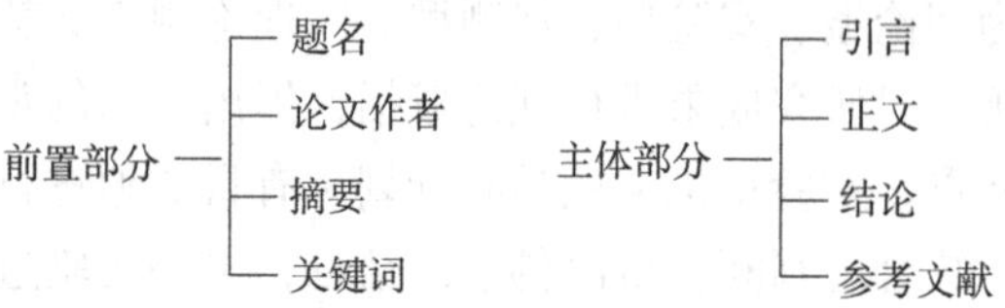

图 9-3

二、毕业论文各部分的写作要求

1. 题名

题名又称题目或标题。题名是以最恰当、最简明的词语反映论文中最重要的特定内容的逻辑组合。

论文题目主要起到三个作用：①揭示论文的主题；②表明作者在文章中的主要观点、立场和态度；③还可以起到吸引读者阅读的作用。

可见，论文题目是一篇论文给出的涉及论文范围与水平的第一个重要信息，是一篇文章的眉目。

对论文题目的要求是：准确得体；简短精炼；外延和内涵恰如其分；醒目。具体分述如下：

（1）贴切

要求论文题目能准确表达论文内容，恰当反映所研究的范围和深度。与论文的文体也要吻合。

论文题目既不要过于笼统，题不扣文，也不要含糊不清，使人看了之后如坠云雾之中。题目必须紧扣论文内容，做到题要扣文，文要扣题。这是写论文的基本准则。

（2）简短精炼

要言简意赅，高度概括，力求达到"多一字嫌多，少一字嫌少"的境界。虽然没有对论文题目字数作统一的"硬性"规定，但一般不要超过出20个字。

如果你认为简短题名不足以显示论文内容或反映出事物的性质，则可利用副标题来补充说明，使标题既充实又不流于笼统和一般化。

（3）准确，外延和内涵要恰如其分

所谓外延，是指一个概念反映的每一个对象，而内涵，则是指每一个概念对象所特有属性的反映。"外延"和"内涵"属于形式逻辑中的概念。命题时，若不考虑逻辑上有关外延和内涵的恰当运用，则有可能出现谬误，至少是不当。

（4）醒目

最后还要求论文的题目用词新颖生动，引人入胜，让人一看就有醒目的感觉。

毕业论文题目具体的书写要求：在第二或第三行正中书写，字体可醒目粗大些，字的编排要对称美观。标题的下一行居中或偏右位置写作者的专业、班级和姓名等一些信息，字体相对小一点。

2. 写作提纲

毕业论文区别与其他学术论文，需要有写作提纲部分，并且要在写作提纲取得指导老师的指导，同意后方可动笔写初稿。

写作提纲体现作者的总体思路，全文的逻辑结构和层次框架。写作提纲的编写有利于理清写作思路，使论文的总体结构完整，前后呼应，并且也有利于在写作过程中随时调整，避免返工。

提纲的编排：

提纲要用专页写出，标题下或左右加破折号"——"或隔一行，在行的首格写"写作提纲"。一般用三级纲表达。一级纲是全文的结构层次，书写出全文的各个部分；二级纲是阐明该二级纲的层次。如有四级、五级纲，则用（1）（2）（3）（4）、①②③④表示。写时，每一级纲都只低两格。如文字比较长，需要写两行，第二行要顶格写。一般一级纲、二级纲文句都不加标点。每级纲之间不各隔行，正文不接续，应另起行。

提纲的具体的文字表述可采用标题式、句子式等写法，提纲写好后，要不断的推敲和修改，要推敲文字表达是否恰当，要推敲提纲的结构编排是否合理，层次划分是否合乎逻辑、是否充分说明问题。

3. 引言

引言又称前言，内容复杂篇幅长的论文，称“绪论”、“序论”，属于整篇论文的引论部分。要求讲清与本研究有关的背景，选题的理由，研究所要解决的问题，理论依据和实践基础，预期的结果及其在相关领域里的地位、作用和意义。引言应开门见山、一语中的，不要与内容提要雷同，不要成为内容的注释。引言的篇幅应视论文篇幅的大小及论文内容的需要来确定，长的可达 700 ~ 800 字或 1 000 字左右，短的可不到 100 字。

4. 正文

正文是一篇论文的本论，是论文的主体，论文的学术水平与价值主要通过它来体现，它占论文的大部分篇幅，约为全文的 2/3。

正文部分表述的主要内容是作者详细地阐述个人的研究成果，特别是详细地阐述作者提出的新的、独创性的东西，对于文科性质的毕业论文，在这一部分，作者必须根据课题的性质，或正面立论，或批驳不同的看法，或解决别人的疑难问题，来周详地论证论文中的全部思想和新的见解。对于理（工）科性质的论文，写作内容可以包括：调查对象、实验和观测方法、仪器设备、材料原料、实验和观测结果、计算方法和编程原理、数据资料、经过加工整理的图表、形成的论点和导出的结论。由于研究工作涉及的科学、选题、研究方法、工作进程、结果表达方式等有很大的差异，对正文内容不能做统一安排，但正文的结构却有一定的形式。

毕业论文的结构可以概括为 4 类：纵贯式、并列式、递进式、综合式。但常言说，文章“大体则有，定体则无”，实际应用中也绝不止这几种，结构形式可以千变万化，具体选择哪种形式，一定要视情况而定。

全文字数要求 6 000 字左右，下不能少于 5 000 字，上不要超过 7 000 字。字数的限制对学生的文字驾驭能力有一定的考察。

总之，毕业论文正文要求论点鲜明，论据充分，论证严密，重点突出，层次清楚，逻辑性强，有理论的高度与学术深度。

5. 结论

论文的结论部分是最终的、总体的结论，不是正文中各段的小结之简单重复。结论应该准确、完整、明确、精炼。如果不可能导出应有的结论，也可以没有结论而进行必要的讨论。

结论部分的写作内容一般应包括以下几个方面：

①本文研究结果说明了什么问题，得出了什么规律，解决了什么理论或实际的问题；

②对前人有关的看法作了哪些修正、补充、发展、证实或否定；

③本文研究的不足之处或遗留未予解决的问题，以及对解决这些问题的关键点和方向。

结论部分的写作要求是：措词严谨、逻辑严密、文字具体、像法律条文。对尚不能完全肯定的内容注意留有余地。

6. 参考文献

学术论文后列出参考文献的目的和作用是：

①尊重别人的学术成果，避免夺人之美的嫌疑，同时也表明作者研究课题的态度的严肃性；

②反映真实的科学依据，文责自负，文中引文万一有差错时可便于及时查对；

③指明引用资料的出处，便于检索利用，有利于研究相同或相近题目的同学从参考文献资料中了解情况或受到启发；

④反映了作者为撰写论文而进行阅读的材料的范围和水平；

⑤使指导老师能清楚地了解作者对问题研究的深度和广度；

⑥便于在毕业论文答辩时进行审阅和评定成绩。

中华人民共和国国家标准 GB7714—87“文后参考文献著录规则”对参考文献的标注方法和参考文献的著录项目与著录格式作出了规定。

（1）参考文献的标注方法

根据国家标准 GB7714—87 的规定，参考文献的标注方法有两种：顺序编码制和“著者—出版年”制。

（2）参考文献的著录项目和著录格式

学术论文正文所引用文献的主要来源有：图书或期刊杂志；会议文献或会议记录、资料汇编；报告；专利等。根据国家标准 GB7714—87 规定，其著录项目与著录格式是：

①专著：

著录项目：主要责任者；书名；文献类型标识（供选择）；其他责任者（供选择）；版本；出版项（出版地：出版者，出版年）；文献数量（供选择）；附注项（供选择）；文献标准编码（供选择）。

著录格式：主要责任者. 书名［文献类型标识］. 其他责任者. 版本. 出版地：出版者，出版年. 文献数量. 从编项. 附注项. 文献标准编号

②连续出版物：

著录项目：题名；主要责任者；版本；卷、期、年、月或其他标识［年. 月. 卷（期）—年. 月，卷（期）.］（供选择）；出版项（出版地：出版者，出版年）；丛编项（供选择）；附注项（供选择）；文献标准编号（供选择）。

著录格式：题名. 主要责任者. 版本. 年. 月，卷（期）—年. 月，卷（期）. 出版地：出版者，出版年. 丛编项. 附注项. 文献标准编号

③专利文献：

著录项目：专利申请者；专利题名；其他责任者（供选择）；附注项（供选择）；文献标识符；专利国别；专利文献种类；专利号；出版日期。

著录格式：专利申请者. 专利题名. 其他责任者. 附注项. 专利国别，专利文献种类，专利号. 出版日期

④专著中析出的文献：

著录项目：析出责任者；析出题名；析出其他责任者（供选择）；原文献责任者；原文献题名；版本；出版项（出版地：出版者，出版年）；在原文献中的位置。

著录格式：析出责任者. 析出题名. 析出其他责任者. 见：原文献责任. 原文献题名. 版本. 出版地：出版者，出版年. 在原文献中的位置

⑤连续出版物中析出的文献：

著录项目：析出责任者；析出题名；析出其他责任者（供选择）；原文献题名；版本；在原文献中的位置。

著录格式：析出责任者. 析出题名. 析出其他责任者. 原文献题名，版本. 在原文献中的位置

⑥学位论文：

著录时要用“[ ]”在题目后面注明“学位论文”。

7. 引文、注释

论文写作中需引用一些文章的原文，一般较短的引文不需独立，称为段中引文。但要引用较长的引文时最好另起嵌在文中，称为提引文。引用的文字一定要忠于原作，准确无误，包括标点也不可有出入，不可断章取义，更不能随意删改。段中引文要加上引号；提引文应分段，并低四格起写。

另外，原则上凡是引文都必须注明出处，加注的方法有四种：夹注，即段中注，注写在正文中，一律用括号表明，但如果夹注太多会影响阅读正文；脚注，即页下注，多见于出版之书刊，注在本页的下端，这种注释法比较便于阅读；章、节附注，即在一章或一节之后作注释；尾注，即所有注释都放在文章的结尾距文尾3行处或全书末尾，文内统一编码，文末集中注释。最后这种注释法比较规范，毕业论文多用此种注释法。

行文的注码编号顺序一律用①②③④标出，写在所注对象的后面上角，占一格。附注出处的一般安排顺序是：著者名（编者、译者）、书名或篇名、出版社（或报刊名）、出版年份（报纸年月日、杂志期号）、页码（报纸第几版）。

8. 内容提要

文章写完后，另外写一些文字，用于提示出前面论文的主要观点和内容的概要，主要是为了方便读者在阅读正文前，从中了解论文的论点。要求文字简明，一般不超过400个字为佳，抄写在封二。

9. 封页及毕业设计的装订

封页即《毕业设计（作业）成绩鉴定表》，统一印刷，做毕业设计者完成定稿后由学校发给自行填写。

填写完封页，就按下面的顺序把毕业设计装订起：写作提纲（注页码）；正文（从1起注页码）；参考文献（资料），页码接正文；最后用封页夹住，用订书机在左边订三口钉。

任务3 毕业论文的写作方法

毕业论文的写作并无固定的模式，但任何事物毕竟都会有一定的规律可循。一般情况下，论文的写作都要经过选题、收集整理材料、拟定提纲、撰写初稿、修改、定稿打印等步骤。

一、选题

选题十分重要，农民说“秧好一半禾”，有人说“题目选好了，文章写好一半”，这些话有几分道理。选题是研究工作的起点，也是撰写论文首先必须解决的问题。如何选题？通常要考虑两个方面，即需要与可能。所谓需要就是要有的放矢，社会需要你研究什么问题，你就选什么题。也就是说论文的选题应该考虑到课题的实用性、新颖性、独创性。可能又可从两方面谈，即主观可能和客观可能。前者指你的研究能力；后者指你是否学掌握了这方面的有关资料。每个同学所学的专业不同，都有自己相对擅长的研究领域。如你主观上对某一问题知之甚少，甚至根本不感兴趣，你就不要去选这方面的题目。另外，论文的写作需要有大量的材料，如果你对某问题感兴趣，但你没有掌握这方面的资料，也不要选这方面的题目。为什么有人说“敦煌在中国，敦煌学却在外国”？为什么中国学者不能建立自己的敦煌学？根本原因就在于敦煌绝大部分资料，都被帝国主义偷走了，以致要研究敦煌问题还要到国外图书馆去找资料。此外，还要考虑时间、期限条件的限制。毕业论文必须在三个月到半年内完成，选题时要据此确定课题的大小和难易程度，一般来说宜选择花费时间较少的小课题，进行细致的研究，开掘深刻的主题，保证论文的质量。还有一点，毕业论文的撰写者有指导老师指点，要充分利用这一条件，尽量在老师擅长的专业范围里选题，以便能够得到全面的、具体的指导，包括指导老师研究方法、提供资料来源、提出修改意见等等。总之选题时除明确研究对象及所要解决的问题外。还应对论点、论据、论证方法有成熟的思考，扬长避短，发挥优势。

选题不但要扬长避短，而且要讲究技巧。常用的技巧有比喻、对比、对偶、顶针、回环、反复、设问、反问、倒装、引用、谐音、成语等。实践证明运用修辞来拟题目，既简明生动，又形象鲜明，而且纷呈异彩，新颖独到，充分体现了汉语所特有的表现效果，富有强烈的感染力。

二、收集整理材料

一篇毕业论文不是坐在房里可以凭空想出来的，任何研究工作都必须收集大量相关材料。如马克思和恩格斯在创立科学社会主义的过程中，深入地研究了德国古典哲学、法国空想社会主义和英国古典经济学，批评地继承了人类文化优秀遗产。列宁说：“《资本论》不是别的，正是‘堆积如山的材料总结为几点概括的，彼此紧密相联系的思想’。”通常情况下，收集材料既是选题、拟定提纲的基础，也是完成论文的保证。只有不断积累、充分占有符合写作课题的资料，论文的写作才能水到渠成、得心应手。

收集资料的方法主要有 3 种。①观察、实验：观察是获取直接材料的重要手段，进行试验也是写作者获取资料的基本途径；②调查、探访；③读书、学习。

我们可以通过图书馆、档案馆等渠道，利用图书目录、索引、文摘、专集、年鉴、百科全书等检索工具，查找有关的文献资料。在写毕业论文时，有三种资料必须收集到：①马列经典作家对某一问题是怎样说的，党的有关文件对某一问题又是怎样说的，因为指导我们思想的理论基础是马列主义，领导我们事业的核心力量是中国共产党；②有关专著和专业论文对某一问题又是怎么说的；③实际工作部门的调查报告、统计资料。统计资料要注意时间性和保密性，数字资料以时间越近越好，保密资料不能公开引用以防泄密。

在收集材料的过程中，还要根据论文写作的需要，对收集到的文献资料和调查、观察、实验中搜集的直接材料进行整理。整理材料就是按照选题的要求和材料的性质，通过归纳分类、调整取舍，将搜集来的复杂零乱的材料系统化、条理化，以便阅读和查找。

三、拟定提纲

拟定提纲主要是用简洁明了的语言把文章的轮廓大致定下来，把文章的逻辑关系视觉化。先说哪些，后说哪些，重点放在哪里。提纲可详可略，作者完全可以根据自己的写作特点、论文的长短等来确定。论文提纲类似专著中的章节，编写提纲可以有效地帮助作者理清思路，把握论文地逻辑构成情况。提纲不拟好，文章便难于写好。拟定提纲可按以下步骤进行：①按文章的主题列出论文的基本论点；②确定文章的总体结构；③进一步考虑每个方面阐述哪些问题；④按写作思路安排好材料；⑤推敲写作提纲，作必要的调整。由于个人看问题总有一定的局限性，拟好提纲后最好请指导老师进行补充修改，这样可以少走弯路。

四、撰写初稿

按照写作提纲，执笔写出论文初稿的过程，是整个毕业论文写作过程中的核心环节，前面所作的各项工作都是为这一阶段服务的。初稿的撰写是进行再创造的复杂思维过程，表达方式的选择与使用，段落的组织和衔接以及语言形式的运用，都是这一阶段要妥善处理的问题。因此，撰写过程中要充分应用逻辑的方法、辨证的方法、历史的方法与数学的方法，注意写作技巧，力求层次清楚、重点突出、语句通顺、用词准确。在论述过程中采用一定的数据、事实或他人的论述来证明自己的观点是必要的，但论文绝不是类似材料的堆砌，切记更不能把自己的阐述重点淹没在一般性的引用说明之中。此外毕业论文作为科学文献，在语言上必须突出体现科学语体精确、简明、平实、庄重的特征。

五、修改

文章是改出来的，我国古代就有“三分文章，七分修改”的说法。文章如果不经过修改，肯定会存在许多不成熟、不完善的地方。

论文的修改可从大处着眼，考虑其思想性、科学性、逻辑性及总体结构方面的问题，你应该进一步审视主题是否正确、是否有特色，考虑层次和段落的安排是否条理分明、分段是否恰当、结构是否紧凑等。论文的修改也应从小处着手，考虑遣词造句、标点运用等语言文字运用方面的问题。要裁去闲文，修改病句，删削冗笔，保证论文的通顺流畅，保证论文的可读性。

此外，论文的修改可以在写完初稿后马上进行，及时修改在行文当中发现的问题；也可以在初稿完成后放上一段时间再修改，在这段时间里，可以清理一下自己的思想，也可以征求别人的意见，再看一些相关的资料，集思广益，在看到初稿时心平气静更具理性，比较容易发现不完善、不妥当之处；也可以求助他人，求助在该学科领域里科研能力、写作能力较强者。毕业论文修改两遍是起码的要求。“文不厌改”，条件许可的话要多改几遍。

六、定稿打印

事情并未就此完结，还要进行严密校对，看是否有豕亥鱼鲁之误。经过多次校对无误，一篇学术论文才算大功告成。

复习思考题

1．试述毕业论文的概念。

2．试述毕业论文的基本要求。

3．试述毕业论文的格式。

4．试述参考文献著录规则。

5．参考文献著录的意义和作用是什么？

6．毕业论文的写作方法。

7．综合作业：以“学习文献检索课的重要性”为内容，写一篇符合规范要求的小论文（3 000 字左右）。

参 考 文 献

[1] 杨威理．西方图书馆史［M］．北京：商务印书馆，1988，140.

[2] 徐引篪，霍国庆．现代图书馆学理论［M］．北京：北京图书馆出版社，1999，5.

[3] 中国大百科全书总编辑委员会．中国大百科全书：图书馆学　情报学　档案学［M］．北京：中国大百科全书出版社，1993.

[4] 陈沛．搜商：人类的第三种能力［M］．北京：清华大学出版社，2006.

[5] 黄军左．文献检索与科技论文写作［M］．北京：中国石化出版社，2010.

[6] 李宝安，等．中文信息处理技术——原理与应用［M］．北京：清华大学出版社，2005.

[7] 王大可．数字图书馆［M］．深圳：海天出版社，2002：25.

[8] 王知津．工程信息检索教程［M］．北京：机械工业出版社，2008.

[9] 花芳．文献检索与利用［M］．北京：清华大学出版社，2009：46.

[10] 王立诚．科技文献检索与利用［M］．南京：东南大学出版社，2006.

[11] 陈树年．大学文献信息检索教程［M］．上海：华东理工大学出版社，2006.

[12] 赵静．现代信息查询与利用［M］．北京：科学出版社，2004.

[13] 许征尼．信息素养与信息检索［M］．合肥：中国科学技术大学出版社，2010.

[14] 孙丽芳．信息资源检索与利用［M］．北京：电子工业出版社，2009.

[15] 朱俊波．实用信息检索［M］．西安：西安交通大学出版社，2007.

[16] 柴雅凌．网络文献检索［M］．天津：天津大学出版社，2004.

[17] 马晓光，等．现代文献信息资源检索与利用［M］．呼和浩特：内蒙古人民出版社，2008.

[18] 黄如花．数字图书馆原理与技术［M］．武汉：武汉大学出版社，2005.

[19] 刘阿多．科技网络信息资源检索与利用［M］．南京：东南大学出版社，2005.

[20] 张海涛，等．信息检索教程［M］．北京：机械工业出版社，2006.

[21] 陈誉，等．西文工具书概论［M］．北京：北京大学出版社，1987.

[22] 刘荣乔．文书与文献管理［M］．北京：中国财政经济出版社，1998：3.

[23] 牟书海，等．扫描仪使用与维修［M］．北京：新时代出版社，2000：8.